王仲兵 著

深化国有企业改革
与国有资本出资人制度研究

SHENHUA GUOYOUQIYE GAIGE
YU GUOYOUZIBEN CHUZIREN ZHIDUYANJIU

中国财经出版传媒集团

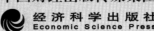

经济科学出版社
Economic Science Press

图书在版编目（CIP）数据

深化国有企业改革与国有资本出资人制度研究 / 王仲兵著.
—北京：经济科学出版社，2018.8
ISBN 978 - 7 - 5141 - 9679 - 5

Ⅰ.①深… Ⅱ.①王… Ⅲ.①国有企业 - 企业改革 -
研究 - 中国 ②国有资产管理 - 研究 - 中国 Ⅳ.①F279.241

中国版本图书馆 CIP 数据核字（2018）第 195770 号

责任编辑：杜　鹏　张　燕
责任校对：刘　昕
责任印制：邱　天

深化国有企业改革与国有资本出资人制度研究
王仲兵　著
经济科学出版社出版、发行　新华书店经销
社址：北京市海淀区阜成路甲 28 号　邮编：100142
编辑部电话：010 - 88191441　发行部电话：010 - 88191522
网址：www. esp. com. cn
电子邮件：esp_bj@ 163. com
天猫网店：经济科学出版社旗舰店
网址：http://jjkxcbs. tmall. com
固安华明印业有限公司印装
710×1000　16 开　15.25 印张　280000 字
2018 年 10 月第 1 版　2018 年 10 月第 1 次印刷
ISBN 978 - 7 - 5141 - 9679 - 5　定价：56.00 元
（图书出现印装问题，本社负责调换。电话：010 - 88191510）
（版权所有　侵权必究　举报电话：010 - 88191586
电子邮箱：dbts@ esp. com. cn）

序　言

数据显示，中央企业 2012~2016 年资产总额从 28 万亿元增加到 50.5 万亿元，比五年前增长 80.1%；累计实现利润总额 6.4 万亿元，比上个五年增长 30.6%；上交税费总额 10.3 万亿元，比上个五年增长 63.5%；2017 年 48 家中央企业进入世界 500 强；境外资产规模超过 6 万亿元，分布在全球 185 个国家和地区，业务已经由工程承包、能源资源开发拓展到高铁、核电、电信、电网建设运营等领域；国有资本布局调整成效显著，先后完成 18 组 34 家企业重组，中央企业由 117 家调整至 98 家；中央企业已经在载人航天、探月工程、深海探测、高速铁路、特高压输变电、第四代移动通信等科技创新领域取得了具有世界先进水平的、标志性成果；中央企业在社会责任方面不断加大对口帮扶和精准扶贫工作力度，中共十八大以来投入定点扶贫和无偿援助新疆、西藏、青海的资金超过 110 亿元，定点帮扶了占全国 42% 的 246 个国家扶贫工作重点县；中央企业积极履行政治责任，在实施"一带一路"、京津冀协同发展等国家战略时承担了一批重大项目，有 47 家中央企业与沿线国家合作共建了 1 676 个项目，有力提升了沿线国家互联互通水平，带动了当地经济快速发展；中共十八大以来党的领导和公司治理深度融合，98 家中央企业全部完成党建要求进章程，全部实现党委（党组）书记、董事长"一肩挑"，党建工作逐步从"软指标"变为"硬约束"。

可以说，中央企业经济责任、社会责任与政治责任的全方位骄人成绩的取得得益于我国以国有企业改革为核心的经济体制改革，中共十八大以来国企改革实际上一直是经济领域的重点话题，像国务院批转国家发展改革委《关于 2016 年深化经济体制改革重点工作的意见》就将"大力推进国有企业改革，着力增强市场微观主体活力"列为十大改革工作之首。国务院国资委 2016 年 7 月 14 日召开媒体通气会通报国企改革进展情况时指出：改革的组织领导体系和文件体系基本建立，"1 + N"政策体系基本形成。国资委主任肖亚庆在 2017 年 9 月 28 日国资委发布会上表示，国企改革"1 + N"政策体系中的 N 已出台 22 个文件。这意味着"1 + N"政策体系中的《关于深化国有企业改革的指导意见》与 22 个配套文件总体上形成了顶层设计和四梁八柱的大框架，前者是支撑国企改革总体框架的核心政策，后者是具有问题导向性质的专项文件，极大地强化了改革的系统性、整体性与协同性。"中央企业试点＋地方国企创新"模式推动了国有企业改革向纵深推进。

作为"1 + N"政策体系中"1"的《关于深化国有企业改革的指导意见》主体内容构建了深化国企改革的理论逻辑与操作框架。第一，应对国企予以科学定位，就是将国有企业分为商业类和公益类，实行分类改革、分类发展、分类监管、分类定责、分类考核是国企改革的基础与前提，也是后续改革的基础性设计；第二，匹配于国企定位应从微观视角完善现代企业制度，在推进公司制股份制改革的基础上健全公司法人治理结构，国企治理结构既具有公司治理的一般性又有着国家特性；第三，围绕国企定位及国家特性法人治理结构完善国有资产管理体制，要遵从国有资本授权经营体制以"管资本"为主进行国资委的职能界定以实现政资分开与政企分开；第四，对已实现政企分开的国企实施集团公司层面与子公司层面的混合所有制改革，进行混合所有制企业员工持股试点；第五，国有制下国企所有权具备可转让性的条件是国有资本出资人对控制权的要求和国有资产不流失，这也构成了前述四方面内容的约束性条件；第六，不管国企改革采用怎样的改革方式，国企党组织的政治核心作用不能削弱，要创新国有企业党组织发挥政治核心作用的途径和方式。

"1 + N"政策体系的思路和框架已广为人知，国务院国资委 2016 年 2 月也启动了"十项改革"试点，涉及落实董事会职权、市场化选聘经营管理者、推行职业经理制度、企业薪酬分配差异化、国有资本投资运营公司、中央企业兼并重组、部分重要领域混合所有制改革、混合所有制企业员工持股、国有企业信息公开工作、剥离企业办社会职能和解决历史遗留问题等方面内容。显然，国企仍然是实施国家战略的强大工具，中央企业也期望形成一种混合式商业模式，这种模式能有效地将市场规律与国家战略有机结合起来，直观讲就是中央企业的经济责任、社会责任与政治责任内生一体化，由此职业经理人商业利益导向、国有资本投资运营公司股东利益导向与党组织国家利益导向相互制衡。

"1＋N"政策体系是国企改革的框架规划和施工图设计，而"十项改革"专项试点意味着国企改革从"设计图"走向"施工场"。然而在"1＋N"政策体系落实过程中却出现了贯彻国企改革决策部署的以会议贯彻会议、以文件落实文件的消极状况，国企改革政策从中央到地方很难落地与执行程度不够实际上已经成为我国社会的一种常态。国企改革实践比较推崇"自下而上"和"自上而下"相结合的推进路径，然而"自下而上"与"自上而下"相结合终究需要确定交汇点，也就是"上"与"下"的均衡问题，否则就可能走向极端。这里的均衡问题就是解决比政策方针、号召甚至法律更能推动国企改革政策高效落实的基本条件，简言之，涉及义务与利益相匹配的直接推动者和更具操作性可视化的实施载体，即确定由谁去做和怎样去做的问题。

显然，全民所有的国有资产不宜由代表全民利益的全国人大直接运营，而是依据宪法和法律由全国人大授权国务院代表国家行使国有资产所有权并负有管理职责，全国人大及其常委会负有国有资产监督职责。国有资产监督管理委员会作为政府特设机构履行国有资产出资人代表职责，国有企业则以产权所有者代表身份经营国有资产。那么，在国有资本授权经营体制复杂的委托代理关系中，如何选择义务与利益相匹配的直接推动者呢？实际上分析相关制度变化已经可以看出其中的指向。《关于全面深化改革若干重大问题的决定》提出，国企改革的方向和目标是"发挥国有经济主导作用，不断增强国有经济活力、控制力、影响力"，《关于深化国有企业改革的指导意见》则突出了"做强做优做大国有企业"，而中共十九大报告更是聚焦于"推动国有资本做强做优做大"。这些制度对国企改革目标的定位从宏观的国有经济经由微观的国有企业而到股东的国有资本，三种不同的阐述与侧重有着重要差别。第一种定位于基本经济制度角度强调国有经济主导作用；第二种定位忽视国企价值多元性而强调了做好国有企业个体；第三种定位则从管企业到管资本战略转变视角，将国有资本视为国有股东投入的生产要素。显然，用国有资本替代国有企业与国有经济使得基于国家特性的治理机制得以构建，新国有资产管理体制下的国有资本出资人体系便成为国企政治维度与经济维度间的联结性制度安排。

2017年底召开的中央经济工作会议认为，我国经济已由高速增长阶段转向高质量发展阶段，中共十九大报告提出，要着力构建市场机制有效、微观主体有活力、宏观调控有度的经济体制。显然其是推动高质量发展的根本保障，这必然要求加快形成推动高质量发展的指标体系、政策体系、标准体系、统计体系、绩效评价和政绩考核体系，在这样的背景下，国企改革政策贯彻与落实应依托于怎样的更具操作性可视化的载体呢？国有资本出资人作为新主体将承担起中枢作用，既实际承载宏观调控又以市场主体身份阻止宏观调控直接干预微观主体活动，而以国有资本出资人为中心构建的广义会计制度则成为深化国企改革的动力体系。会计可以理解为描述特定主体运行过程及结果的语言体系，有其自身特定语境下的话语系统，比如政府主导性经济与市场决定性经济对会计话语系统就有不同需求，而高质量会计信息是透明市场和健康经济的关键基础。联合国贸易和发展会议（UNCTAD）2012 年日内瓦"第 29 届国际会计和报告准则（ISAR）政府间专家工作组会议"推出了会计基础设施的"会计发展工具箱"，会计基础设施是一套复杂的机构和监管要求以匹配特定经济体系。我国已经确立了充分发挥市场在资源配置中的决定性作用和更好地发挥政府作用的改革路径，对深化国企改革而言就是国家特性法人治理结构的完善，国家特性法人治理结构在确保国企行为与国家权力的同构性的同时也使市场机制深度融入，而会计又是公司治理核心，国家特性治理必然推动会计从更广义的制度设计视角实现对"1＋N"政策体系具体落实的承接，相应的广义会计话语系统也极大改善了政府所面临的信息不对称状况。

这样，国有资本出资人广义会计制度安排就成为"1＋N"政策体系微观层面有效的基础性实现机制的核心。国有资本出资人广义会计有着特定的情境特征：首先，国有资本出资人会计主体将作为国有资产名义所有者的全体国民实体化，这是新国有资产管理体制的创新层级，有效地联结了国家权力与市场规则，尽管国企产权结构与国家权力还有较强的同构性，但市场规则已得到很好的践行；其次，广义会计进行了更具针对性的整合，尤其是以深化国企改革的顶层设计为导向，并对"1＋N"政策体系中的专向文件进行特定应对，比如国有资产流失防范；再次，广义会计不仅能读懂"1＋N"政策体系，并且会通过自身变革创新国企改革理念与提升改革实践，尤其是广义会计实践作为已高度信息化的可视性产权工具会有助于改革路径智能化；最后，"1＋N"政策体系也使得广义会计制度在国有经济领域具有了明确的政治站位，实现了国际趋同与国家特性会计治理的双轮驱动。

由衷感谢北京市社会科学基金项目"北京国企混合所有制改革：多元股权制衡、董事会治理与整合信息披露研究（14JGB035）""2015 年度北京工商大学两科基金培育项目（LKJJ2015—05）"与"人才培养质量建设—专业建设—北京高校专业群建设（市级）（19005856024）（负责人：杨有红）"的资助。

王仲兵
2018 年 6 月 8 日

目　　录

第一章
国企改革：从宏观到微观的整体制度安排

国企改革是中国经济大变革的战略性环节，30 多年的国有企业改革使中国国有企业管理体制与经营机制发生了深刻变化，尤其是自 1992 年中央提出建立社会主义市场经济体制后更是被置于非常突出的地位，建立现代企业制度试点、加快建设资本市场、减员增效、兼并重组、抓大放小、政策性破产以及优化资本结构、施行债转股、三年脱困等改革措施的有效推行极大地改进了国有企业状况与优化了结构。国有企业名称也经历了从国营企业、国有企业到国有控股公司及混合所有制企业的多次变更，经历了扩大企业自主权、股份制改革、产权改革和国有资本布局及中央企业混合所有制改革等阶段。正如中共十八届三中全会做出的科学判断："国有企业总体上已经同市场经济相融合"。然而，腐败案件多、就业贡献少、工资薪酬高、资本效率低、管理活力低等问题仍然历史性地惯性延续至今；又比如，随着改革的推进，国务院国资委的成立推动了大型中央企业的构建及国有资产证券化，但也一定程度上造成了国民经济领域的"国进民退"。习近平总书记 2014 年 5 月 10 日在河南考察时首次明确提出新常态，并明确阐述了从高速增长转为中高速增长、经济结构不断优化升级、第三产业消费需求逐步成为新的经济主体三个特点。以此为基础，理论界认为，"新常态"后我国经济发展方式将从规模速度型粗放增长转向质量效率型集约增长、经济结构从增量扩能为主转向调整存量与做优增量并举的深度调整、经济发展动力从传统增长点转向新增长点。国企改革也应顺应新常态而成为经济体制转型的核心。

一、我国国企改革的根本认识

我国国企改革是经济改革的核心和关键，我国渐进式改革道路决定了国企改革必然是在不断思想解放与试错中前行，国企改革思路也呈现规律性演变，这表现为对体制僵化、活力不足的国资国企进行制度变革，国企改革通俗讲不是"腾笼换鸟"而是"给鸟换笼"。

1. 我国国企改革历程简要回顾

理论上，我国真正意义的国企改革是从 1984 年开始的。中共十二届三中全会提出发展社会主义商品经济。该阶段国企改革总体思路是，扭转计划经济体制下国家所有与经营的低效率，坚持政府保持对企业战略的控制权前提下将企业经营权下放以激励企业改善经营效率；国企改革目标是，使企业真正成为相对独立的经济实体，自主经营、自负盈亏、自我改造和自我发展；国企改革措施是，实行厂长（经理）责任制并在大多数国企实行承包经营责任制，小型国企实行租赁经营，少数有条件的全民所有制大中型企业实行股份制改造和集团化试点。该阶段国企改革基本特征是，扩大企业自主权而模仿市场经济中公司的治理结构，用公司治理结构优化代替所有制改革，该阶段国企改革没能实现有效激励与绩效提高却形成了"内部人控制"。

1993 年后的国企改革开始具有制度创新性，国企改革方向是在社会主义市场经济体制框架下建立现代企业制度。1992 年 10 月召开的中共十四大明确指出，我国经济体制改革的目标是建立社会主义市场经济体制；1993 年 11 月的中共十四届三中全会通过的《中共中央关于建立社会主义市场经济体制若干问题的决定》明确指出，我国国企改革方向是建立"适应市场经济和社会化大生产要求的、产权清晰、权责明确、政企分开和管理科学的现代企业制度"；1995 年 9 月中共十四届五中全会明确要求对国有企业实施战略性改组；1999 年中共十五届四中全会提出，宜于实行股份制的国有大中型优势企业通过规范上市、中外合资和企业互相参股等形式改为股份制企业。

2002 年 11 月的中共十六大报告提出深化国有体制改革，明确要求中央和省、直辖市、自治区两级政府成立专门的国有资产管理机构以改变部门分割行使国有资产所有者职能，中央和地方国有资产监督管理委员会 2003 年分别成立而统一了管人、管事和管资产权力。2003 年 10 月的十六届三中全会《中共中央关于完善社会主义市场经济体制若干问题的决定》指出"建立健全现代产权制度""产权是所有制的核心和主要内容"。2005 年 4 月证监会启动股权分置改革试点，2006 年末基本完成，资本市场功能回归为国企改革提供了全国范围的资源配置平台。该阶段国企改革的特点是以国有资产管理体制改革为基础的大企业产权多元化和治理结构建设为中心。

2013 年中共十八届三中全会决定提出要"积极发展混合所有制经济"，"国有资本、集体资本、非公有资本等交叉持股、相互融合的混合所有制经济，是基本经济制度的重要实现形式……允许更多国有经济和其他所有制经济发展成为混合所有制"，并且强调要"完善国有资产管理体制，以管资本为主加强国有资产监管"。显然，该阶段改革体现为国资国企双层同步进行，改革总体思路是实现国资监管由"管企业"向"管资本"转变、积极推进混合所有制改革、配合供给侧结构性改革以调整国有资本战略布局。

2. 公有制经济与国企改革总体方略分析

中共十八届三中全会通过的《中共中央关于全面深化改革若干重大问题的决定》指出，国有企业属于全民所有。这表明国企改革要真正树立国企产权归属全民的纲领，国企改革应该站在全民和社会公益的角度去进行，终极目标是使国企改革惠及全体国民。习近平总书记系列重要讲话指明了国有经济发展和国有企业改革方向，总体看可概括为命门论、基础论、加强论与防流失论"四论"，具体而言就是国有经济命门、国有经济是党执政的重要基础、国有企业只能加强而不能削弱、改革不能造成国有资产流失。"四论"意味着解读新一轮国企改革需要用广义政治经济学进行分析而非囿于狭义经济效率，因为不管具体改革思路如何，作为特殊组织的国企都首要表现为国家实现意志的一种工具，如果它能被改革成一般企业则就没有存在的必要了，比如国企在国家发生严重危机时总是被要求发挥特殊功能而更大规模和更高深度地进入特定经济领域。国企效率至少包括经营效率与社会分配公平效率两个层面，其实从政治经济学本原上看公有制只与社会公平有关，最初设想的公有制就是自由人的联合体，然而毕竟所有制的分配决定了产品的分配，离开生产资料所有制的分配不能解决社会公平问题，政府或行政权力控制便有了一定的位置，其中苏联公有制计划经济是一种极端状况，控制已经极尽所能却效率极低。解决路径是将公有制与市场经济相结合并让市场起决定性作用，公有制与市场经济间既存在一致性和兼容性，也有着一定的矛盾与冲突，可以说党的十八届三中全会提出的"以管资本为主管理国有资产"很好地解决了这种对立统一关系，构建了公平与效率相统一的体制机制。这也就表明公有制在资本形态上可以与市场经济有机结合，比如国有资本可由专业化人才团队运营而由国有资本出资人进行监督。

可以说，我国国有企业改革就是一个公有制企业如何不断适应市场机制的过程。早在中共十二届三中全会就提出，"增强企业的活力，特别是增强全民所有制的大、中型企业的活力，是以城市为重点的整个经济体制改革的中心环节"，"要使企业真正成为相对独立的经济实体，成为自主经营、自负盈亏的社会主义商品生产者和经营者"；中共十三大报告提出"按照所有权经营权分离的原则，搞活全民所有制企业"；中共十四大报告更是明确了社会主义市场经济改革目标是社会主义市场经济体制，并提出要使市场在社会主义国家宏观调控下对资源配置起基础性作用；中共十五届四中全会认为，实现公有制与市场经济有效结合最重要的是使国有企业形成适应市场经济要求的管理体制和经营机制；中共十八大则阐述了市场在资源配置中的决定性作用。这样，公有制与市场经济相结合作为社会主义市场经济的本质特征而明确了下来。

另外，生产资料公有制是我国政治制度的经济基础，党对国企的终极领导一直作为国企改革基本前提被强调。正如《关于深化国有企业改革的指导意见》中所说，国有企业是推进国家现代化、保障人民共同利益的重要力量，是党和国家事业发展的重要物质基础和政治基础。从这个角度看，国有资产保值增值的核心是国家整体经济发展和执政效力。明确党管国企原则而强化党对国企的领导表明要协调党的领导与现代公司治理，国企领导既要富于企业家精神又要恪守党的组织纪律。

国有企业改革在西方经济学逻辑和政治经济学逻辑上存在着冲突，前者坚持完全私有化而后者却坚守公有制主体原则，这显示出国有企业价值多元化问题。一方面，社会主义作为基本制度决定了我国必须坚持公有制主体地位，我国《宪法》（2004年修订）第六、第七条明确规定"公有制为主体，国有经济是国民经济中的主导力量"；另一方面，要更好发挥市场机制在资源配置中的决定性作用就必须改革国有企业。也就是说，我国国企改革的基准是在国有制框架内探索国有企业走向市场，因而也就有了如何均衡公有制主体地位与市场机制资源配置决定性作用的问题。显然，这是一个从宏观政治体制到微观运行机制的渐进市场化过程，均衡的基本路径就是新时期国企改革必须分类推进，因为国有制框架难以解决政企不分与所有权可转让性问题，而实际上也没必要对全部国有企业进行市场化改造，因此，可从产品性质及行业特性等维度制定功能导向标准而对国有企业分类改革。《关于深化国有企业改革的指导意见》将国有企业分为商业和公益两类，并实行分类改革、分类发展、分类监管、分类定责、分类考核以推动国有企业同市场经济深入融合。国有企业改革总体定位得以确定。实际上始于 1984 年的我国国有企业改革一直在分类进行着，比如 20 世纪 90 年代中后期的"放权让利、抓大放小"为特征的国企改革显然是一种分类。

3. 国有企业改革基本路径选择

通常用三个理论解释国企效率低，即：（1）公地悲剧理论。国有企业产权公有性导致资源滥用而企业管理者不会最大化企业利润。（2）"搭便车"理论。社会公众额外监督国企需要自己承担成本而产生的利润却为全民所共享，因而存在大量"搭便车"情形。（3）软约束理论。国有企业为政府管理并由其负责，管理者通过政治游说而不是提高使用率来提高企业利润。国企存在的问题可笼统地分为三个方面：一是政府对企业干预过多，一些竞争性领域依然存在行政垄断；二是国企分布行业太广，国资管理难度较高；三是国企经营效率不高。与此相应的国企改革应从三个层面展开：一是改革国有资本监管体制以解决国资委管得过多、过细的问题；二是国有企业分类监管与改革以实现不同行业国有企业采取不同方式监管；三是改革国有企业治理结构以解决内部运行效率不高的问题。

具体而言，股份制是公有制企业与市场经济相结合的一种有效实现形式，因此，公有制企业与市场经济相结合的基础就是企业公司化后的股份制（证券化），由此公司法人治理结构才得以构建。比如 2014 年 8 月中国光大（集团）总公司由国有独资企业改制为股份制公司，由财政部和中央汇金公司共同发起设立并更名为光大集团股份公司。在此之前的 2014 年 5 月中信集团已宣布向香港上市子公司中信泰富（Citic Pacific）注入 370 亿美元未上市资产而实现整体上市。

然而，既然是两者的结合就不应该简单地极端化任何一方，尤其是认为国有资本运行可完全建立于市场经济基础上而根本无须国家调控，甚至西方国家提出国企"竞争中立性"。公有制企业性质决定了国有资本产权的社会性与经济性，这也导致国企改革基本路径是以控制权改革为主还是以所有权改革为主之争。国企改革的最初做法就是从控制权改革开始的,扩大企业自主权成为国企改革的最初表现。比如 1992 年通过转换经营机制把 14 项政府权力转为企业自主权,然而不改变国有企业所有权而仅将经营权下放给企业的改革效果有限,由此国企控制权改革逐渐转为所有权改革,现阶段则表现为国企混合所有制改革,这也就是中共十八届三中全会对国企改革提出混合所有制的原因,同时意味着开始反思所有权与企业运行效率间的关系。

为优化国民经济的所有制结构,国家为此进行了相应的制度安排。中共十三大提出:"必须尽快制定有关私营经济的政策和法律,保护它们的合法利益,加强对它们的引导、监督和管理。"中共十六大就"完善保护私人财产的法律制度,放宽国内民间资本的市场准入领域,促进非公有制经济健康发展"提出了具体要求。2003 年中共十六届三中全会提出,"要依法保护各类产权""保障所有市场主体的平等法律地位和发展权利";2004 年将"公民的合法的私有财产不受侵犯"写入宪法;2007 年出台的《物权法》标志着产权保护制度正在逐步形成。尤其是党的十八大以来,国家对加强产权保护提出了一系列新要求。中共十八届三中全会提出,完善产权保护制度,保护各种所有制经济产权和合法利益;十八届四中全会提出,健全以公平为核心原则的产权保护制度,加强对各种所有制经济组织和自然人财产权的保护;十八届五中全会提出,推进产权保护法治化,依法保护各种所有制经济权益。2016 年 11 月 27 日发布的《关于完善产权保护制度依法保护产权的意见》是十八大以来完善产权保护制度、推进产权保护法治化精神和要求的行动纲领。

当然,国有企业改革关键并不是完全改变其所有制性质,而是应准确界定其在我国整个产业结构的位置并厘清其在整个宏观经济增长过程中的结构性作用。尤其应注意到我国国企与民企间的特殊产业关联关系,就是国企与民企分据上游产业与下游产业的垂直结构。上游国企是金融、能源、电信等中间产品和服务的供给方,而生产日常消费品及提供消费服务的下游民企是需求方,由此上游国企利润空间很大程度上取决于下游民企的需求状况,显然对上游国企提供的能源等需求减少必然导致煤炭、钢铁等产能过剩及国企利润率下降。实际上,通过控制上游要素放开下游市场是政府主导的发展模式的最主要特征,体现为政府垄断要素供给及政治权力控制经济权利,极易形成畸形的政商关系。从这个角度看,优化产业结构的必然路径就是对上游国企进行供给侧结构性改革。

二、我国国企改革的总体述评

从国企改革实践来看，解决政企不分是我国国企改革的起点。英国学者雷曼纳特姆研究表明，国有企业自诞生之日起便同时受政治或意识形态以及经济和实用主义两股力量的共同作用。国有企业最明显的特点是与政府部门间联系非常密切，国企既不是完全的公共组织也不是纯粹私人组织，而是介于两者之间，因此，国企呈现出政策导向管理与政商一体的商业模式。早在1978年的中共十一届三中全会就提出，"应该在党的一元化领导之下，认真解决党政企不分、以党代政、以政代企的现象。"该表述意味着从纵向关系塑造国企独立性。从1993年以来确立的国有资产管理制度看，国家所有权概念成为国企改革的基础，改革的根本性规则也就衍生于此，政企分开则指向了政府内横向关系上的政府所有权和管理权分开，这以国务院国资委2003年的成立为标志。鉴于政府对国企控制性产权和经营者人事权受各级国资委和组织部门掌控，国企仍然具有明显的政治关联性，更有甚者还出现了国企资本与地方政治结成利益共同体的迹象。国有企业现实中也存在诸多特殊行为，比如国企即使出现了贷款违约仍可凭政府背景获得融资；国企增加投资既有政治任务又无须太多考虑投入产出比等。

就国企改革理论而言，2003年国务院国资委成立之前存在充满创新精神的多样化改革方案，而之后却鲜有实质性的重大国企改革，出现这种状况的根本原因就在于国资委高度集权的国有资产监管降低了国企改革力度。国资委体系有着明显的垂直监管特征，国务院国资委不仅直接监管中央企业而且也对地方国资委进行指导监督，还以战略行业名义管理国有资本布局，国务院国资委实际上成为一个超级董事会。这就意味着国企在中国经济发展的宏观格局中成为目标变量而不是应该的约束变量。自此之后的10年间以国企兼并重组代替产权制度改革，以看似经济指标实则行政标准的"国有资产保值增值"作指引来做大做强国企，"国有资产保值增值"指引意味着国企进退并不必须以国家安全、国民经济命脉、公共服务及前瞻性战略性产业为导向，却以行业周期景气程度做标杆，对房地产、民用航空甚至食品制造和商贸流通业等不该进入的行业在其高景气时大举进入，对石油、电力等国有垄断行业却急于分拆上市或整体上市。实际上，国有资产保值增值的最终后果就是与民争利并使国有资产承担了不必要的市场风险；而微观层面的国有资产保值增值定位也使得国企效益面临失真风险，因为国企实现国有资产保值增值通常会依赖于针对国企的各种优惠条件。

国企改革都是以国资管理体制调整与改革为先决条件的，这是因为改革逻辑顺序应该是先宏观而后微观，体现在国企改革上就是先构建以管资本为主的管理体制而后再推动国企改革。在这点上，包括国有资产管理体制改革的国企改革具有广义性，而国有企业改革本身则具有狭义性。新一轮国企改革发布了《关于改革和完善国有资产管理体制的若干意见》，2016 年国务院国资委还新设 3 个监督局以加强国资监管。"管资本"逻辑实际上就体现为从《全民所有制工业企业法》到《公司法》的转轨。1987 年出台的《全民所有制工业企业法》规范国有企业，其立意是政企不分下的政府管企业；1993 年颁布的《公司法》为国有企业公司制转型及国有资产资本化创造了条件，其主张是公司独立地位和自我治理。由此国企转制就是由企业法规范转向由公司法调节，政府要改"管企业"为"管资本"，从而推进顶层国有企业整体改制。

经过多年设计与完善，国企改革整体框架已然明朗，国企改革"1 + N"体系框架已经形成，"管资本"宏观体制与微观机制的构建是核心。国企改革是一项复杂的系统工程，实质推进过程中一定要注意各项改革任务和政策措施的协同性。明确国企功能定位、推进混改、建立以管资本为主的国资管理体制和完善国企现代企业制度等各项改革任务不是割裂的，在具体推进过程中要注意其系统性、整体性和协同性。另外，国企改革应与构建公平市场竞争环境相衔接，这表明国企改革不仅要服务于自身的做强做优做大要求，还要服务于供给侧结构性改革要求与市场经济体制机制完善。处理国有僵尸企业、消解过剩产能及创新发展新产业等都应如此，必须避免政府过于积极主动介入挤压市场力量的正常运作空间。

国民经济宏观表现是经济增长，经济增长的宏观管理应着眼于整体而不是其中特定类别，国有经济虽然是国民经济主导，但国企只是国有经济多种表现方式之一，不能由其代表国有经济，因此，国企改革必须围绕中国经济增长及整体优化进行，而不能本末倒置、自成体系。由此对国企的再定位、国有资产保值增值指标的使用、做强做优做大的宏观经济导向等都需要重新思量。比如过于突出保值增值目标不利于更好地发挥国有资本在实现国家战略目标和社会利益最大化中的特殊作用。

三、供给侧结构性改革概述

2015 年 11 月 10 日，习近平总书记在中央财经领导小组第十一次会议上提出："在适度扩大总需求的同时，着力加强供给侧结构性改革，着力提高供给体系质量和效率，增强经济持续增长动力。"2015 年 11 月 18 日，在亚太经合会议上指出："要解决世界经济深层次问题，单纯靠货币刺激政策是不够的，必须下决心在推进经济结构性改革方向作更大努力，使供给体系更适应需求结构的变化。"2016 年 1 月 18 日，在省部级主要领导干部学习贯彻党的十八届五中全会精神专题研讨班上指出："供给侧结构性改革，重点是解放和发展社会生产力，用改革的办法推进结构调整，减少无效和低端供给，扩大有效和中高端供给，增强供给结构对需求变化的适应性和灵活性，提高全要素生产率。这不只是一个税收和税率问题，而是要通过一系列政策举措，特别是推动科技创新、发展实体经济、保障和改善人民生活的政策措施，来解决我国经济供给侧存在的问题。"2016 年 7 月 8 日，主持召开经济形势专家座谈会，对供给侧结构性改革提出了"有力、有度、有效"的新要求。

1. 供给侧结构性改革基本概念框架

需求和供给是宏观经济学分析经济增长问题的一个角度，基本的方法论就是总需求与总供给两种驱动性力量应该保持总体上的均衡，这时产品不会出现大量库存而挤压流动性资源，有效需求也不会受到抑制而无法被满足。总需求 Q 通常被描述为 $C+I+G+(X-M)$。其中，C 为消费；I 为投资；G 为政府支出；X 为出口，M 为进口，$(X-M)$ 为净出口。总供给（生产函数）Q 通常被描述为 $F(K、L、t)$。其中，K 为物质资本存量；L 为劳动力投入量；t 为技术水平。凯恩斯主义总需求管理假设经济增长不受供给约束，只要有需求就有供给。新古典经济增长理论则假设经济增长不受需求约束，总供给会自动创造总需求，因而不存在需求管理问题。实际研究通常是将两者结合使用的，即总供给代表了现实经济增长速度而总需求代表了潜在经济增长速度，总供给管理也就被定义为宏观主体通过政策工具组合使用使得两者趋于一致。

宏观经济学讨论经济增长问题通常分为结构改革和宏观需求管理（或调控），凡无法用宏观经济政策解决的增长问题称之为结构问题，对其进行的改革称之为结构改革。结构改革更多影响到 $Q = F(K、L、t)$ 所表达的供给面并最终体现为潜在经济增长速度的提高，西方国家结构改革包括深化资本市场、发展更为富有竞争性和灵活性的产品和劳动市场、培养熟练工人队伍、增加研发和新技术投资、降低准入"门槛"、简化审批制度、鼓励企业家精神等。宏观需求管理（调控）是通过宏观经济政策影响需求总量而使现实经济增长速度与潜在经济增长速度保持一致，实现充分就业和产能充分利用（"保增长"）。

当然，连续使用宏观需求管理并超过一定限度时，政府支出、投资需求及消费需求会因为边际收益递减而使得政策收益弱化，西方供给学派经济学家为突破"需求创造供给"的凯恩斯主义思维定式，提出供给经济学（supply-side economics）的要义是如何让供给变得有效。该理论认为，改善供给的关键是提供恰当激励：一是减少政府管制，促进企业家创新；二是降低税负提高个人和企业家工作积极性。供给经济学精神实质是对"小政府，大市场"、自由竞争和企业家精神的坚定信仰。如苹果公司研发的 iPhone 手机自动创造了巨大需求，美国消费旺盛背后是企业家源源不断的创新供给。供给经济学本质上是一种自由主义经济，体现为所有制的完全私有化与运行的完全市场化。供给的本原在于财富生产或价值创造，传统的投资、出口、消费"三驾马车"不是财富源泉而是价值实现的条件。供给侧结构性改革要实现放松供给约束、解除供给抑制。

2. 供给侧结构性改革总论

我国改革开放后除了在实施承包制初期和 1993～1997 年间自发启动总供给管理方法外，基本上都是通过出口导向和投资拉动模式实现总需求管理，比如 2008 年全球金融海啸后的"四万亿刺激计划"就是最典型例子。我国供给侧结构性改革实质上是适应全球化新变革，在制造业、消费领域、金融领域进行系统性、结构性的改革，是在"产业层面、调控层面、财税制度层面、资本层面"四个维度着重发力，进行新的部署，形成"供给侧改革"的重点领域和规模，以适应需求端的变化，既要在供给侧进行"去产能、去库存、去杠杆、降成本"的结构化重构，又要进行"价值链的转型创新，补短板"。

（1）我国供给侧结构性改革动因。我国宏观经济供求矛盾表现为部分产能过剩与部分需求未得到有效满足并存。比如，一方面产能过剩，另一方面国民蜂拥到日本买智能马桶盖；一方面国内奶粉行业陷入困境，另一方面澳洲、德国的奶粉被国人买到断货。有效供给能力不足带来大量需求外溢，消费能力严重外流。近些年，我国居民境外消费或国内"海淘"形式的跨境购买金额迅猛增长。海外购买力旺盛，说明国内需求空间巨大。2013年，型材、中厚板、热轧宽钢带等中高端产品产能利用率不足70%，电解铝产能利用率为69%，船舶产能利用率为75%。2013年上半年，中国钢铁工业协会86家重点统计钢铁企业中，38家企业亏损，亏损面达44%；2013年5月份统计显示，全国58家多晶硅企业只有7家开工，开工率只有35%。工农中建四行2015年10月末贷款总计35.69万亿元，较9月减少656亿元，是2009年央行公布信贷数据以来首次贷款规模负增长。

（2）我国供给侧结构性改革内容。我国经济供给侧结构性缺陷表现为要素价格扭曲导致资源不能有效配置，一些行业过度投资、过度发展；政府管制太多、法治薄弱，严重抑制了创新活动，减少了有效供给；企业普遍停留在低成本竞争阶段，目前供给现状是低端供给过剩、高端供给不足，无法适应居民消费升级的需求结构。总体而言，我国供给侧结构性改革可归纳为：第一，供给侧结构性改革核心思想是通过降低制度成本来推动经济高质量增长。第二，供给是从劳动、资本和技术等要素看问题，供给侧结构性改革的实质是增加要素投入量及提高全要素生产率。比如，劳动层面鼓励延迟退休和鼓励促进生育；土地层面建设开放透明、可自由交易的土地使用权流通市场；技术层面加大对教育和基础研究的投入等。中共十八届三中全会《中共中央关于全面深化改革若干重大问题的决定》提出，"让一切劳动、知识、技术、管理、资本的活力竞相迸发，让一切创造社会财富的源泉充分涌流。"《中国共产党第十八届中央委员会第五次全体会议公报》提出，"培育发展新动力，优化劳动力、资本、土地、技术、管理等要素配置，激发创新创业活力，推动大众创业、万众创新，释放新需求，创造新供给，推动新技术、新产业、新业态蓬勃发展。"第三，中央财经领导小组第十二次会议指出，去产能、去库存、去杠杆、降成本、补短板是工作重点，是供给侧结构性改革的突破口。

（3）供给侧结构性改革与企业改革。供给侧结构性改革核心内容之一就是放弃用政府来拉动内需以驱动经济增长的旧常态，而是转向以企业为核心提高效率的新常态。新经济增长模式的希望在于企业而不在政府，就是增加有效供给，主要是新产品、新服务、新技术的有效供给或是可持续低成本基础的低价格。乔布斯做智能手机时市场营销部下属问他是否要先做市场调查以预测销售，乔布斯回答根本不用做调查，因为现在还没有这样的市场需求，这个市场需求要等着苹果公司新产品创造出来，基于市场现有手机调查不能反映未来市场对智能手机的需求。再以腾讯微信为例，微信刚开发出来时没有人想到今天会有这么多人使用，虽然微信不收费但其后边服务全收费，比如推向客户的理财产品等。

供给侧结构性改革意味着国企改革将迎来实质性突破，改革直接目标是实现全要素生产率（Total Factor Productivity，TFP）增长。全要素生产率指各要素（如资本和劳动等）投入之外的技术进步等导致的产出增加，是剔除要素投入贡献后所得到的残差，最早由索洛（Solow，1957）提出，故也称为索洛残差。全要素生产率增长率指全部生产要素（包括资本、劳动、土地，但通常分析时都略去土地不计）投入量都不变而生产量仍增加的部分。全要素生产率增长率并非所有要素的生产率，"全"的意思是经济增长中不能分别归因于有关的有形生产要素的增长的那部分，全要素生产率增长率只能用来衡量除去所有有形生产要素以外的纯技术进步等的生产率增长。

四、供给侧结构性改革与国企改革

中央企业出现了值得深思的现象，比如上市中央企业成了"资金倒爷"，中央企业"不听话"，中央企业"行贿"，"当不了省长当董事长"，武钢养猪，"党中央、国务院了解中远，我就足够了"，国企"职业陪标"与"买标费"，业务招待费超8亿元总裁称"那扯淡的事，不用管"，中央企业评级

"过家家"，国企"职二代"，等等。李克强总理在2016年5月18日国务院常务会议上曾言："我在地方工作的时候问过一家国企的董事长：你们到底有多少家下属公司？他一开始回答80多家，第二次说100多家，结果我们的工作组下去摸底，发现竟有200多家！"有关部门负责人汇报时介绍，目前有34家中央企业的管理层级超过5级，最多的甚至达到了9级。"这些重重叠叠的子公司、孙子公司、重孙子公司，可能连股权都搞不清楚，因此必须下决心解决清理！"

1. 供给侧结构性改革与我国内生性国企改革

我国内生性国企改革与供给侧结构性改革一脉相承并成为其主体，这主要表现为国有企业改善资源整合力度、清理低效资产、盘活存量提高效能以提高国有资本配置效率。中共中央政治局2016年7月26日召开会议分析研究当前经济形势，部署下半年经济工作。会议称，要全面落实"去产能、去库存、去杠杆、降成本、补短板"五大重点任务，要采取正确的方略和有效办法推进五大重点任务，去产能和去杠杆的关键是深化国有企业和金融部门的基础性改革，去库存和补短板的指向要同有序引导城镇化进程和农民工市民化有机结合起来，降成本的重点是增加劳动力市场灵活性、抑制资产泡沫和降低宏观税负。

国有企业供给侧结构性改革主要包括：（1）以混合所有制经济作为国企改革的重要手段，破除各种形式行政垄断，实施国企股权多元化和国有股减持；（2）国资监管部门以"管资本、管股权"为主，不干预企业经营行为；（3）完善企业公司治理，形成具有自生能力、市场竞争能力的公司治理结构；（4）深化企业内部管理人员能上能下、员工能进能出、收入能增能减的制度改革，建立长效激励约束机制等。比如中共中央、国务院《关于深化国有企业改革的指导意见》提出"三个一批"，即清理退出一批、重组整合一批、创新发展一批国有企业。

2. 我国内生性国企改革的总体制度脉络

新阶段国企改革历程如下：（1）2013年11月，国企改革被列为《中共中央关于全面深化改革若干重大问题的决定》的重要改革内容。（2）2013年12月17日，上海市国资委发布了《关于进一步深化上海国资改革促进企业发展的意见》。（3）2014年7月15日，国务院国资委宣布在六家中央企业中开展"四项改革"。（4）2014 年 10 月、11 月，江苏与广东成为最先发布国企改革实施细则的省份，国有资本投资公司成为亮点。（5）2015 年，顶层设计"1＋N"方案相关文件年末陆续发布。（6）2016 年，国务院国资委发布十项试点改革方案，并推进两家国有资本运营公司试点。总体而言，本轮国企改革可以分为以建立现代企业制度为核心的公司制改革、以混合所有制为核心的产权改革和以管资本为主的监管体制改革三个板块。

国企改革"1＋N"方案。这里的"1"是具有顶层设计意义的国企改革制度，即《关于深化国有企业改革的指导意见》。截至 2016 年 12 月的"N"包括：《关于国有企业功能界定与分类的指导意见》《关于加强和改进企业国有资产监督防止国有资产流失的意见》《关于国有企业发展混合所有制经济的意见》《关于在深化国有企业改革中坚持党的领导加强党的建设的若干意见》《关于改革和完善国有资产管理体制的若干意见》《关于全面推进法治央企建设的意见》《中央管理企业负责人薪酬制度改革方案》《关于深化国有企业负责人薪酬制度改革的意见》《企业国有资产交易监督管理办法》《中央企业深化改革瘦身健体工作方案》《国有科技型企业股权和分红激励暂行办法》《中央国有资本经营预算管理暂行办法》《关于合理确定并严格规范中央企业负责人履职待遇、业务支出的意见》《关于推动中央企业结构调整与重组的指导意见》《关于国有控股混合所有制企业开展员工持股试点的意见》《关于建立国有企业违规经营投资责任追究制度的意见》《关于完善中央企业功能分类考核的实施方案》《关于完善产权保护制度依法保护产权的意见》《关于推动国有文化企业把社会效益放在首位、实现社会效益和经济效益相统一的指导意见》等。

国资委国企改革十项试点。主要包括：第一，关于落实董事会职权试点；第二，关于市场化选聘经营管理者试点；第三，关于推行职业经理人制度试点；第四，关于企业薪酬分配差异化改革试点；第五，关于国有资本投资、运营公司试点；第六，关于中央企业兼并重组试点；第七，关于部分重要领域混合所有制改革试点；第八，关于混合所有制企业员工持股试点；第九，关于国有企业信息公开工作试点；第十，关于剥离企业办社会职能和解决历史遗留问题试点。显然这十项改革试点都是单项的，而实践中的具体实施未来肯定是综合改革，2018 年 1 月 15 日召开的中央企业、地方国资负责人会议就提出，改革试点从单个走向综合，未来要实施"双百行动"，选取百户中央企业子企业和百家地方国有骨干企业深入推进综合改革。

2016 年国有企业改革"九项重点任务"。主要包括：（1）尽快完善"1＋N"文件体系，基本完成国企改革顶层设计；（2）深入推进"十项改革试点"，在国有企业改革重点难点问题上尽快形成突破；（3）以管资本为主推进国资监管机构职能转变，建立国有资产出资人监管权力清单和责任清单；（4）分类推进国有企业改革，对中央企业实行分类考核、分类监管；（5）加大公司制股份制改革力度，在中央企业集团和子公司两个层面大力推行公司制；（6）推进董事会建设，使绝大多数的中央企业建立起规范的董事会，完善公司法人治理结构；（7）推动中央企业重组调整，压缩管理层级和法人层级，优化国有企业结构布局；（8）强化国有资产监督，加强和改进外派监事会工作，防止国有资产流失；（9）坚持党对国有企业的领导，在改革中同步推进国有企业党建工作。

3. 国有资产监管的"管资本"特征强化

中共十八大明确了以管资本为主加强国有资产监管。我国国资改革从"管资产"向"管资本"转变，意味着政府与企业的关系转变为政府与资本的关系（从会计学角度理解，管资产实际上就是负债加所有者收益都要管，而管资本只需要管所有者收益，即管好股权而不再涉及企业的人和事）。这种转变也意味着两个重大的理论突破：（1）企业作为一种经济组织只是各类资本保值增值的载体，因此，政府作为控股方掌握的是国有资本而非国有企业实体，国有经济进退是国有资本投向调整而非国有企业进退。变国有资产管理为国有资本管理明确了出资人权责，因为从法律角度看，管资本的核心是管股权。（2）国有资产管理体制由实物形态"企业"转变为价值形态"资本"意味着要更新国有资本保值增值观念。比如国有资本保值增值计量及国有资产流失界定等标准制定是基于"双方交易"还是"公共选择"。

工业和信息化部、国家发展和改革委员会、财政部、人力资源和社会保障部、环境保护部、中国人民银行、国务院国有资产监督管理委员会、国家税务总局、国家质量监督检验检疫总局、中国银行业监督管理委员会、中国证券监督管理委员会等十一个部门，2016 年 7 月 26 日联合发布了《关于引导企业创新管理提质增效的指导意见》，从加强成本管理和控制、强化资源能源集约管理、重视资源优化配置与管理、加强质量品牌管理、创新内部市场化经营机制、加快推动创业创新、积极发展服务型制造、推进信息技术深度融合创新、注重战略管理、加强全面风险管理等 10 条路径着手，引导企业适应新形势和新要求，提高企业和产业竞争力。

主要参考文献

［1］张毅：《全面深化国有企业改革 充分发挥国有经济主导作用》，载于《国资报告》2015 年第 10 期。

［2］张春晓：《从七个方面深化国资国企改革》，载于《国资报告》2015 年第 7 期。

［3］黄群慧、黄速建：《论新时期全面深化国有经济改革重大任务》，载于《中国工业经济》2014 年第 9 期。

［4］马晓河：《把握供给侧结构性改革的关键》，载于《经济日报》2016 年 7 月 28 日。

［5］国家行政学院经济学教研部：《中国供给侧结构性改革》，人民出版社 2016 年版。

［6］刘胜军：《中国国企改革：回溯、亮点与突破》，载于《金融时报》2015 年 9 月 15 日。

［7］王小广：《深化国企改革是当前供给侧结构性改革的重头戏》，载于《区域经济评论》2017 年第 4 期。

［8］马骏、张文魁、张永伟、袁东明：《国企改革路线图探析》，中国发展出版社 2016 年版。

［9］周其仁：《有的国企明明赚钱能力很强，为啥还要对其进行改革?》，新华网思客 2017 年 7 月 21 日。

［10］肖亚庆：《解读十九大报告：深化国有企业改革》，载于《党的十九大报告辅导读本》2017 年。

［11］杨伟明：《"十三五"规划建议稿本质是加大供给侧的改革力度》，载于《首都国资》2015 年第 11 期。

第二章

新国有资产管理体制：基于国资委的再定位视角

国务院国有资产监督管理委员会（简称"国资委"）2003 年 3 月 10 日经第十届全国人大一次会议第三次会议表决设立，并于同年 4 月 6 日正式挂牌，其职能定位于完全代表国家行使出资人职责并监督国企向现代企业制度转变。然而作为国务院特设机构的国资委在其组建之日就处于尴尬境地，这主要体现为该机构既不像正规政府职能部门又不像企业，是介于政府与企业之间的职能含糊、定位不清的角色。本来为解决国有资产管理"九龙治水"而成立，却在逐渐强化的"管资产与管人、管事相结合"过程中形成了"婆婆 + 老板"的角色，习惯地沿用着过去主管局的管理方式和管理手段，一定程度上阻碍了国有企业成为真正市场主体的改革。国资监管表现出越位、缺位、错位现象，这主要由于国企所有权与经营权、出资人代表和企业管理层间角色职责等没有厘清而导致国资委长期把控国企所有权、经营权、分配权，太多干预本应属于企业的经营权领域，而所有权却缺位进而弱化了党的领导。《关于全面深化改革若干重大问题的决定》提出的从管资产到管资本转变体现了国资监管体制的实质性改革，《关于改革和完善国有资产管理体制的若干意见》则体现着新国有资产管理体制的整体框架与实施机制，而《国务院国资委以管资本为主推进职能转变方案》是国企监管体制改革的纲领性文件，科学界定了国有资产出资人监管的边界。可以说管资产转变为管资本的关键是调整优化国资委的监管职能，具体讲就是，国资委明确定位是前提、经营放权是核心内容、职能转变是重要任务、加强党建是特色。

一、2003~2014 年国有资产管理体制与国资委定位

尽管国资委的成立解决了国有资产管理"九龙治水"却又无人负责的积

弊，提出了政府公共管理职能与国有资产出资人职能分离的目标，为国有资产管理体制运行提供了组织层面保障，使得国企规模迅速做大并重新成为国民经济的最重要支柱，但总体而言，2003～2014 年间的国有企业改革理论与实践基本上围绕国资委展开，国资委在不断自我强化。我国国资国企理论在这期间是空缺的，更谈不上创新。

1. 国资委"管企业"定位弊端

国资委作为中央企业的监督者，掌管着中央企业的经营决策、人员任命、业绩考核等具体业务。国资委自成立起就对中央企业开展了一系列体制性改革，涉及公司制股份制改革、董事会试点制度、总法律顾问制度、治理结构优化以及推进主业突出而非主业资产剥离重组等。在规范中央企业经营管理行为方面，主要包括推动国有资本经营预算制度、重大资产损失责任追究制度、加强对中央企业负责人及中高层管理者绩效考核、加强境外投资行为监管、完善出资人财务监督体系、积极推动国有产权交易立法、推动落实产权进场交易制度及对产权交易和上市公司国有股份流转动态监测等。

以国资委对中央企业的管控为例，陆续发布了管控制度，比如 2005 年《关于上市公司股权分置改革中国有股股权管理有关问题的通知》，明确将市值纳入国资考核体系；2009 年《关于进一步加强中央企业全员业绩考核工作的指导意见》，鼓励使用平衡计分卡（BSC）等先进的考核方法；2010 年将经济增加值作为最重要的基本指标之一考核中央企业负责人业绩；2011 年《关于进一步深化中央企业全面预算管理工作的通知》，要求中央企业加强关键指标的预算控制；2012 年《关于加强"十二五"时期中央企业信息化工作的指导意见》，提出中央企业信息系统 2015 年底要实现所有层级和主要业务的全覆盖。国务院国资委 2014 年 1 月 10 日印发《关于以经济增加值为核心加强中央企业价值管理的指导意见》，提出提升以经济增加值为核心的价值管理水平。

2010 年 12 月，国资委提出中央企业"十二五"发展总体思路，即围绕做强做优中央企业、培育具有国际竞争力的世界一流企业的目标，重点实施转型升级、科技创新等"五大战略"，力争取得新突破。2010 年 10 月，国资委首次提出 13 个要素指标并开始研究制定《做强做优中央企业、培育具有国际竞争力的世界一流企业要素指引》等文件，就 13 项共性要素全面展开分析。包括：（1）建立起规范健全的法人治理结构；（2）主业突出，具有较强的核心竞争力；（3）自主创新能力强，拥有自主知识产权的核心技术；（4）发展战略性新兴产业具有明显优势；（5）国际化经营与运作能力较强，跨国指数较高；（6）拥有国际知名品牌；（7）具有合理经济规模与较强盈利能力；（8）内部改革适应国际竞争，健全激励约束机制；（9）集中有效的集团管控模式；（10）完善风险管理体制，拥有较强的风险管控能力；（11）管理信息化处于较高水平；（12）重视领导力建设，建立学习型组织；（13）具有先进独特的企业文化和较强的社会责任。

国资委自 2012 年启动并于 2013 年加大力度推动中央企业积极开展管理提升活动，更凸显国资委最初沿袭了资产管理思路，通过"管人管事"实现管理资产，表现为对所辖中央企业进行指导、监管甚至直接统一管理。这样做的弊端日益显现，国有企业政企不分、权责不清愈加严重，比如国资委既要进行监督又直接参与管理，甚至主导企业的重大决策，这就导致国资委有可能在出资人代表和政府监管机构的两种角色间反复切换甚至"双重套利"。也就是说，国务院国资委本质上是代理出资人，同时作为企业国有股东与国资监管人，这种制度二元性造成了国企定位与考核标准的二元性及严重的内部人控制问题。

2. 国资委强化董事会的努力

国资改革无法回避的问题之一就是国资委和所属企业之间的权责边界确定，而国资委放权幅度将决定国企现代企业制度的建设进展并进而影响企业经营业绩。世界银行曾于 2002 年提出中央企业应构建具有适当独立性的董事会来维系与国资委的关系，而中航油 2004 年期货巨额亏损与中石化 2007 年的高管腐败案也适时推进了董事会的普及进度。国资委 2004 年 6 月 7 日下发《关于中央企业建立和完善国有独资公司董事会试点工作的通知》，要求中央企业在 2010 年之前全部建立起规范的董事会制度，首批董事会试点中央企业包括宝钢、神华、中国诚通、国旅、国药、铁通等六家，当时外部董事尚未就位。国资委的构想是建立健全以外部董事制度为主要内容的董事会制度，将一把手负责制变革为分权制衡，实现决策组织与执行组织的分离，充分发挥董事会在重大战略决策、风险管控、经理层管理等方面的作用。这也意味着要通过个体董事权责明确实现最大限度地遵循市场规律运营国企。

2005 年 10 月，宝钢集团从国有独资企业转变为国有独资公司，同月率先成立了规范的董事会，五位外部董事全部到位且数量超过半数。2009 年 3 月，国资委明确规定中央企业原则上分设董事长与总经理，推进外部董事担任董事长、总经理担任公司法人的试点工作，到 2011 年，三大石油集团已完成了董事长和总经理分设。2014 年 7 月 15 日，国资委宣布在六家中央企业开展"四项改革"，其中包括新兴际华集团有限公司、中国节能环保公司、中国医药集团总公司、中国建筑材料集团公司开展董事会行使高级管理人员选聘、业绩考核和薪酬管理职权试点。2016 年，国企改革"十项改革试点"的第一项就是落实董事会职权。2016 年，国有企业改革"九项重点任务"就包括了推进董事会建设，使绝大多数的中央企业建立起规范董事会，完善公司法人治理结构。国资委 2016 年 8 月 17 日决定在中国航空发动机集团有限公司、中国航空集团公司、中国东方航空集团公司、中国南方航空集团公司、中国中钢集团公司开展建设规范董事会试点工作。建设规范董事会企业试点至此达到 85 家。

董事会制度一定程度上实现了政企分开和决策层同经理层的分开，然而问题依旧突出，不少中央企业外部董事有半数以上是中央企业退休原领导；董事会仍未能与股东会、监事会、管理层等协调运转、相互制衡；一些中央企业董事会甚至形同虚设。2014 年 6 月，审计署审计长刘家义向十二届全国人大常委会第九次会议做了 2013 年度中央预算执行和其他财政收支的审计工作报告，该报告第七部分"国有企业审计情况"显示，在审计抽查的 11 户中央企业 791 项重大决策事项中，230 项（29%）决策不规范，造成实际及潜在损失 134.68 亿元。以外部董事制度为例，中国远洋集团 2008～2013 年间因重大决策失误造成超百亿元巨额亏损及查明高管贪腐，而该公司 2011 年已引入外部董事制度。外部董事引入并没有达到预期的原因比较复杂，比如外部董事不是真正意义上的股东而是被聘用的董事，若激励和约束机制不到位则外部董事很容易被内化；外部董事没有实现职业化而多由专家、学者或退休干部兼职，尤其是有多家中央企业外部董事由同一个人兼任；外部董事和内部董事之间存在信息不对称情况，外部董事有时候看不到和内部董事一样的信息，甚至是得不到信息，等等。国企利益与外部董事自身利益关联不大，外部董事很难有强烈意愿去坚持意见，甚至成为政府意志在国企的简单延续。

另外，董事会虚化问题客观存在。中央企业政治属性和党管干部原则使得其董事长、总经理甚至副总经理均进入中组部或国资委的干部序列，这就意味着董事会缺乏对经营层的实质性制约权，经营层自然更倾向于对任命自己的党政单位负责，甚至排斥与抵触董事会，间接后果就是国资委派驻的外部董事的职能得不到有效发挥；随着中央企业整体上市进程加快，大部分资产注入上市公司而集团公司成为一个壳，上市公司有独立董事会而集团公司也保留董事会，这样就形成了双层董事会。中央企业董事会"花瓶化"隐疾渐显。

3. 国有资产管理体制初步变革

国资委既有行政职能又是产权代表的"两权合一"角色影响着中央企业董事会的有效运转，而国资委与中央企业间的管理权限配置又决定着国企部门的运营效率，中央企业面临着管理模式选择的新挑战。最初国资委计划直接持有上市公司股权以强化控制力，原国资委主任李荣融在2009年曾称国资委直接持有上市公司股权已经没有法律障碍，只是此后国资委迟迟未实现直接持股上市央企。当时的做法就是推进中央企业整体上市，存留母公司作为持股机构按照国资监管机构的决定履行股东职权，这实际上也有助于分散国资委直接持股风险，另外对于具有空壳性质的母公司可引入其他中央企业持股而成为股权多元化的切入点。国资委2011~2012年成立的中国国新控股资产管理有限公司原本是处理中央企业部分存续及不良资产的平台，但最终远未达到预期。这样，通过集团公司间接持有上市公司股权成为当时最普遍的模式。

通过国有资本经营平台公司间接持有上市公司股权，就是"国资委—平台公司—企业"的三层管理架构。这样就可以清晰界定国资委与国有资本经营平台公司的职权定位，形成国有资产所有权代理新范式，实现国资委"教练员"与"运动员"的职能分离。然而，尽管从2003年国资委成立之初就曾考虑在国资委与中央企业之间设置中间层以负责资本运营和投资，但出于稳步推进等多方面考虑，最终还是建立了国资委与中央企业之间的直接监管体系，这一定程度上导致国资委对中央企业管得过死、过严，而相对封闭的中央企业在不改变管理方式和股权结构情况下大量市场化尝试与原来的行政化管理体制没有本质区别。这使得中央企业丧失了市场中的独立地位和经营自主权，母公司变成了国资委的分公司、子公司或"车间"。国资委"保值增值、做大做强"的目标实质上混淆了政府宏观调控与企业微观管理的区别，而把每个行业作为具体企业来管理，并深入至企业经营管理各细节从而实施严格考核。从这个角度看，国资委本质上就是资本财团。因此，国资委自身更需要与中央企业建立一个适应要求的新关系和新秩序，国资委的职能转变是深化国企改革最重要的内容之一。

二、新国有资产管理体制与国资委的再定位

中共十八届三中全会通过的《关于全面深化改革若干重大问题的决定》首次提出"以管资本为主加强国有资产监管""改革国有资本授权经营体制，组建若干国有资本运营公司，支持有条件的国有企业改组为国有资本投资公司"。国资监管机构、国有资本投资运营公司和经营性国企的新国有资产管理架构会极大地推动我国国资改革从"管资产"向"管资本"转变，这也意味着政府与国有企业的关系转变为政府与国有资本的关系，国有资本投资运营公司承担着管资本职能，国资委由此应重新确认其权力边界以进行职能再定位。

1. 国资委的再定位思路

以管资本为主加强国有资产监管表明国有企业作为一种特定的经济组织只是各类资本保值增值的载体，政府作为控股方掌握的是国有资本而非国有企业实体，国有经济进退是国有资本投向调整而非国有企业进退。从法律角度看，管资本的核心就是管股权，而管好股权不再涉及企业具体事务。这也意味着新国有资产管理体制的总体思路是把监管者与出资人分开，因此，国资委就需要改变既是"出资人"又是"监管者"的角色定位混淆与矛盾的现状。当然也可以广义理解出资人监管，即对出资具有监管责任，然而自我监督的通常结果就是监管不力，2008年《企业国有资产法》实际上是将国资委定位为出资人而不是监管人。另外，还应解决政府既是国有资本所有者又是国有资本投资运营者的现状。也就是说，不解决国有企业的"政企不分"与"政资不分"，国有企业治理结构就难以实现根本性改善。而这显然需要国资

委的再定位。

国资委曾设想从三个方面进行再定位：一是真正回归"代表国家履行出资人职责"的角色；二是强化监事会对国企领导班子的监督职能，成为类似于银监会的外部监管机构；三是以类似于中央汇金投资有限责任公司的国有独资投资公司方式从管资产转变为管资本。《关于改革和完善国有资产管理体制的若干意见》明确规定国有资产监管机构具有出资人职责，但其定位是出资人监管范畴下专司国有资产监管，将国有资产监管机构行使的投资计划、部分产权管理和重大事项决策等出资人权利，授权给国有资本投资运营公司和其他直接监管的企业行使。这意味着国资委定位于出资人监管，而国有资本投资运营公司则行使国有资产出资人职责，换言之，国有资本投资运营公司是国资委的专职国有资本出资机构。这也意味着国资委管资本就管到国有资本投资运营公司而不再向下延伸。《国务院国资委以管资本为主推进职能转变方案》明晰了国资委作为国务院直属特设机构，根据授权代表国务院依法履行出资人职责，专司国有资产监管，不行使社会公共管理职能，也不干预企业依法行使自主经营权。

2. 国资委的职能定位

国资委的职能定位关键是其成为纯粹的国有资本监管者，不越级监管而且与国有资本投资运营公司有清晰的权责边界。也就是说，国资委的核心职能就是通过制定规则而发挥专业化监管优势以推进国有资产出资人监管的全覆盖。国有资本投资运营公司是独立的法人主体，国资委应将其原先行使的投资计划、部分产权管理和重大事项决策等出资人权利，授权给国有资本投资运营公司和其他直接监管的企业行使，应由企业自主经营决策的事项归位于企业，国资委只需通过委派的国有董事表达政府在重大决策等方面的意见。当然，国有资本投资运营公司作为国资委的全资公司，现阶段对其管控深度还是具有一定灵活性的，可以充分授权也可以部分授权。在充分授权的情况下，国资委较少干涉国有资本投资运营公司投融资活动、风险管控、资金管理等，而这些活动都交由完善的董事会、监事会、党组组织及管理层等公司治理来实施，比如国有资本投资运营公司的经营层选聘就应由企业自行以市场化的方式选聘与评价。

《关于改革和完善国有资产管理体制的若干意见》提出，国有资产监管机构主要职责在于管好国有资本布局、规范资本运作、提高资本回报、维护资本安全，更好地服务于国家战略目标，实现保值增值。《国务院国资委以管资本为主推进职能转变方案》明确了国资委作为出资人的监管权力和责任清单，直接列示的国资监管43项精简事项可以说是放权清单，大多涉及企业经营权，比如取消事项包括直接规范上市公司国有股东行为，指导中央企业内部资源整合与合作等；下放事项包括审批中央企业子企业股权激励方案，审批国有股东通过证券交易系统转让一定比例或数量范围内所持有的上市公司股份事项等；授权事项涉及制定中央企业五年发展战略规划和年度投资计划、经理层成员选聘等。显然，这些原属于国资委监管的事项转移给了企业股东会、董事会、监事会等主体，国资委内设机构也会相应调整，涉及企业具体经营管理的机构会缩减而体现出资人职责的机构会增加，像先前组织中国技能大赛、中央企业职工技能比赛的有关内设机构可能就会调整，而为强化国有资产流失监管已新设三个监督局。

3. 国资委监管重点

国资委的新定位实现了国有资产出资人监管职能和股东职能相分离，国资委应以新方式加强国有资本监管，要在三个方面实现转变，即从管理全口径国有资产向管理出资人投资资本转变、从管理企业经营管理者到管理投资企业股权代表转变、从管理企业重大事项向委托董事会授权管理转变。总体而言，就是由原先的出资人委托管理者资产管理转变为出资人对所有权的资本管理，管理模式也就由原先的行政事务性合规判断转变为市场化价值判断，由此国资委新监管的核心是转变产业领域实物形态"国有企业"仍是国有经济主要实现形式的状况，在国家层面推进国有资产资本化，由"管企业"转变为"管资本"，这也就有了国有资本投资运营公司的设立，这两类公司成为实现政企分开、政资分开、所有权与经营权分离的法律载体，也是国有资本出资人职责到位进而成为深化国企改革的突破口。

国资委对国有资本投资运营公司行使出资人权利主要涉及聘请或任命董事会成员、决定公司利润分配和董事会薪酬、审定公司重大投资战略、审查公司财务报表以及界定公司业务范围等。监事会监督制衡的治理功能是现代公司治理不可或缺的组成部分。国资委对企业内部运作的监管主要依靠国有重点大型企业监事会，因此，强化与创新国有企业外派监事会制度是国资委监管体制改革的核心内容。2000年我国首次针对国企外派监事会制度颁发了《国有企业监事会暂行条例》，2015年《国务院办公厅关于加强和改进企业国有资产监督防止国有资产流失的意见》明确指出要加强和改进外派监事会监督，2015年《国务院关于改革和完善国有资产管理体制的若干意见》也重申了加强和改进外派监事会制度。

4. 国有资产监管方式

改组组建国有资本投资运营公司意味着国资委必须进一步推进简政放权，这是因为，改革前国资委集"管人、管事、管资产"于一身，而新国有资产管理体制"管资本"要求国资委将权责在国资监管机构、国有资本投资运营公司与出资企业间进行科学配置，否则会导致国有资产流失或运营效率低下。《国务院关于改革和完善国有资产管理体制的若干意见》明确了国有资产监管机构与国有资本投资运营公司的关系，是政府授权国有资产监管机构依法对国有资本投资运营公司履行出资人职责。因此，如何明确划分国有资产投资运营公司与国有资产监管机构间的权责是该项改革成功与否的关键影响因素之一。《国务院关于改革和完善国有资产管理体制的若干意见》提出，国有资产监管机构按照"一企一策"原则明确对国有资本投资运营公司授权的内容、范围和方式，依法落实国有资本投资运营公司董事会职权。

国资委从管企业转为管资本意味着国有资本管理权由国有资本投资运营公司实施，由此看出国有资本投资运营公司董事会是联结国有资本出资人与被授权者的纽带。理论上，董事会制度的核心是独立行使职权，因为董事会是企业最高决策机构，决定着企业重大战略、投资决策、人事任免、薪酬分配等。其中，聘任权、考核权和薪酬权被视为董事会最重要的三项权力。比如为推进中粮集团的国有资本投资公司试点工作，国务院国资委就对集团董事会进行了18项授权，涉及资产配置、薪酬分配、市场化用人等多个方面。例如中粮集团自主决定五年发展规划和年度投资计划，董事会确定1~3个新业务领域经国资委备案在投资管理上视同主业对待；又如公司内部企业之间产权无偿划转、在法律法规和国资监管规章规定的比例或数量范围内增减所持上市公司股份事项等资产处置权；还比如中粮集团在经理层市场化选聘、考核和薪酬权上被授予更加充分的自主权。

三、新国有资本授权机制理论解析与实践难点

《〈国务院机构改革方案〉说明》在国资委设立之初就指出，这只是改革迈出的重要一步，许多工作要在今后的实践中不断探索并通过制定法律法规逐步加以规范。新国有资本授权机制的核心是重新构造了作为终极出资人代表的国资委履行统一监管职能，而国有资本投资运营公司是直接出资人，两者明晰各自定位并共融于国资委系统。其中，国有资本投资运营公司作为履行出资人职责的机构是新国有资产管理体制与社会主义市场经济体制相结合的市场主体，但政府、国资委以及国有企业间的关系本来就比较复杂，现又加入国有资本投资运营公司，四者的关系看起来更加复杂。比如，国资委还没有完全解决所有者缺位问题，国有资本投资运营公司就能有效化解了吗？从国有资产委托代理链条来看，恰恰是增加了一层授权机构，加大了监管失控的可能，尽管该项改革是本轮国企改革中最富创新性的新举措。另外，从资本运作角度看，国有资本投资运营公司是具有很强金融属性的类金融公司，如何充分发挥产业资本与金融资本的融合效应也需要深入探索。

1. 国有资本投资运营公司总体模式选择

我国经营性国有资产管理主要包括两种基本模式：其一是全国社保基金、信达与华融等资产管理公司、汇金投资控股公司等，它们的共同特点是都属于经注册的金融持股机构对国有资产资本化和证券化后的国有资本进行股权管理；其二是国资委以实物形态的"国有企业"为对象，以"管人、管事、管资产"的方式管理国有企业群，政府行政干预强与财务约束软使得国企很难与市场经济相融合，是国有资产管理体制改革的重点。《国务院关于改革和完善国有资产管理体制的若干意见》明确提出，政府授权国有资产监管机构依法对国有资本投资运营公司履行出资人职责，而**国有资本投资运营公司**对授权范围内的国有资本履行出资人职责，对所出**资企业行使股东职责**并承担起国有资产保值增值的责任。

就具体内容而言，国有资本投资公司旨在以服务国家战略、提升产业竞争力为主要目标，在关系国家安全、国民经济命脉的重要行业和关键领域，通过开展投资融资、产业培育和资本整合等，推动产业集聚和转型升级，优

化国有资本布局结构。国有资本运营公司则旨在以提升国有资本运营效率、提高国有资本回报为主要目标，通过股权运作、价值管理、有序进退等方式，促进国有资本合理流动，实现保值增值。就具体定位而言，《关于推动中央企业结构调整与重组的指导意见》提出，国有资本投资运营公司是中央企业调整重组的平台，比如规定将中央企业中低效无效资产以及户数较多、规模较小、产业集中度低、产能严重过剩行业中的中央企业适度集中到国有资本投资运营公司，做好增量、盘活存量、主动减量。就与所出资企业关系而言，若以财务性持股为主则建立财务管控模式，重点关注国有资本流动和增值状况；若以对战略性核心业务控股为主则建立以战略目标和财务效益为主的管控模式，重点关注所出资企业执行公司战略和资本回报状况。

显然，国资委是通过构建国有资本管理机构而实现履行出资人职责，新国有资本授权机制具体表现为三层次国有资产管理模式，而作为国有资本市场化运作专业平台的国有资本投资运营公司成为改革国有资本授权经营体制的核心，其新框架实质上就是新产业结构的形成，比如国有资本投资运营公司要有助于《中共中央、国务院关于深化国有企业改革的指导意见》提出的清理退出一批、重组整合一批、创新发展一批的国有企业"三个一批"的实现。

2. 国有资本投资运营公司实践

中共十八届三中全会《中共中央关于全面深化改革若干重大问题的决定》提出，支持有条件的国有企业改组为国有资本投资公司。《国务院关于改革和完善国有资产管理体制的若干意见》提出，选择具备一定条件的国有独资企业集团改组设立国有资本投资公司。国有资本投资公司试点无疑成为重中之重。国家层面上，国务院国资委2014年就启动了包括国有资本投资运营公司等"四项改革"试点工作，中粮集团和国投公司为国有资本投资公司试点企业。2016年，国资委确定诚通集团和中国国新两家为国有资本运营公司试点企业。随后2016年7月宣布神华集团、宝武集团、中国五矿、招商局集团、中交集团和保利集团为国有资本投资公司试点企业。相应地，地方国资委也在积极部署国有资本投资运营公司的试点。统计表明，已公布的中央和地方的国有资本投资运营公司试点企业超过100家。

以诚通集团和中国国新为例，前者发挥着承接辅业和不良资产的作用，其角色定位在一定程度上类似于国资委的资产管理公司，更多的是整合困难企业或通过资本运作缓解企业危机、助推国有企业发展。该企业先后接收了普天集团部分非主业企业、寰岛集团、中商集团等国有企业。后者定位为配合国资委推进中央企业重组及接收、整合中央企业整体上市后存续企业资产和其他非主业资产，同时在资本金注入和重组上市等方面对具有潜在市场竞争力的企业或者优质业务、国家产业政策鼓励的业务予以支持。从实际情况看，该公司仅收编了华星、中国印刷两家较弱小的中央企业及持有中国通号、中国铁物等公司的小部分股份，而未持有大型中央企业股权。另外，从多数地方国资运营公司实践来看，地方政府中间层公司实际上变异为"二政府"或"圈钱平台"。变异为"二政府"的中间层公司并不是真正追求国有资本回报，而是以股东之名干预企业经营；"圈钱平台"则是将国有企业股权注入后再用国企股权抵押融资。

国有资本投资运营公司实践标志着该类改革已经由政策制定阶段进入试点实施阶段，作为一项制度创新，在组织机构、公司治理、运营机制等方面与一般商业投资公司及现有企业集团公司等存在较大的差异，然而目前中央层面尚未出台具体的政策文件来指导操作落地规范。从中央企业和地方国企的运作实践看，中粮"产业链投资并购"模式、上海"金融＋实业"模式、深圳"资产存量盘活＋资本增量发展"模式及重庆"综合性投资运营模式"等都进行了有益尝试。

3. 国有资本投资运营公司运行模式选择

可以认为国有资本投资运营公司的出现是我国对淡马锡（Temasek）模式多年研究和学习的结果。新加坡主权基金淡马锡模式经常被提及，淡马锡模式就是构建政府、国资运作平台与企业的三层架构，政府掌控宏观层面而职业经理人负责微观运行层面。淡马锡作为一家以市场化方式运营的政府投资公司而成为政府进行国资运营的操盘手，拥有淡马锡100%所有权的新加坡财政部在公司内部起的作用很小，公司特殊的董事会构成、分层递进的控制方式和有效的约束机制才真正起到关键作用。淡马锡9名董事会成员中只有一名内部董事，其余均为来自国际国内知名企业的独立董事和来自政府部门的股东董事。股东董事由政府部门委派但不在淡马锡领取薪酬。开放的董事会结构保证了企业透明运作，避免了国有企业常见的内部人控制。新加坡法律明确规定，政府控股公司不得享受任何特权和优惠，必须在和私营企业、外资企业的自由竞争中获取利润。在公司治理层面，淡马锡控股以"积极股东"身份与其政联公司之间始终保持着"一臂之距"的交往。淡马锡通过持股或出售股权体现其经营方向，同时作为股东积极派其高管人员进入旗下公司的董事会参与决策，但尽量避免参与各个公司的日常经营和各项商业决策，使淡马锡旗下的企业能够充分依据正确的商业原则开展业务。淡马锡把对旗下企业的工作重点放在建立企业的价值观、企业的重点业务、培养人才、制定战略发展目标并争取持久盈利增长等宏观工作上。自律、无为而治的控股方式，确保了淡马锡旗下企业的不断发展壮大。

淡马锡是新加坡实现国家战略的一个重要工具，被李光耀家族强势控制的模式在一定程度上解决了国有资本产权人缺失问题；淡马锡投资理念是，一旦行业成熟到私营企业可进入时，国有企业就从中退出，淡马锡的核心作用是弥补市场失灵；淡马锡以追求盈利和股东利益最大化为目标，采取积极的投资策略和灵活的资本退出机制以实现国有资产保值增值。然而具有"国家资本主义"性质的淡马锡模式也日益显示出弊端，如国有资产信息不公开、公司高管由国家领导人亲属担任、利用司法压制质疑声音等。可以说淡马锡的成立和成功有其特殊的历史和政治经济环境，对我国国有资本投资运营公司改革具有一定借鉴意义，但无法照抄照搬。实际上，国有资本投资运营公司可参考模式还包括如通用电气集团的产融结合大型混业集团，如西门子VC及英特尔资本等的有孵化作用的公司内部投资机构，如黑石、KKR等的私募基金/风险投资公司等。事实上，国家发展改革委也认为各区域各地方可自行探索，试点的意义也正在于此。

4. 国有资本投资运营公司与所出资企业关系界定

国家对国有资本投资运营公司存在差异化定位。国有资本投资公司主要以实业投资为主，对出资企业的战略性核心业务进行控股，因此，应建立以战略目标和财务效益为主的管控模式，重点关注所出资企业执行公司战略和资本回报状况。国有资本运营公司主要以市场化资本运营为主，目标是推动国有资本合理流动，因此，应以财务性持股为主，建立财务管控模式，重点关注国有资本流动和增值状况。当然，这样的规定也不能走极端，管控手段综合运用效果会更好。国有资本投资公司以战略管控为首选，财务和人事等管控手段结合使用能保证战略落实到位；国有资本运营公司以财务管控为首要方式，但其他管控手段的综合使用有利于国有股权流动高效顺畅。

国有资本投资运营公司与所出资企业关系界定应围绕功能定位、权责边界、治理结构、管控体系、机制创新等内容展开，要强化这两类公司授权清单、投资准则、投资策略、风险管控、契约管理、信息披露等具体的制度设计，建立与权利让渡相匹配的责任承担和监督机制。比如中粮集团"投资公司管控运营模式转型"的核心就是集团主要通过派驻专职董事行使股东权利而不直接干预经营决策和业务运营，人权、资产配置权、生产和研发创新权、考核评价权及薪酬分配权等五大类关键权力全部充分授权给18家专业化公司（平台）。又比如国家开发投资公司按照"试点先行、一企一策"启动子公司分类授权试点改革后全面启动股权董事改革，推行专职股权董事制度并对决策终身负责以建立有效落实责权利的体制机制。

四、国有资本投资运营公司与国企改革基金

2016年8月18日，由中国国新发起并控股的中国国有资本风险投资基金股份有限公司成立，其定位于开发和投资技术创新、产业升级项目，实现创新资源的优化配置；2016年9月5日，航天投资控股有限公司代表航天科技集团联合其他13家中央企业和金融机构发起的国华军民融合产业发展基金创立，其使命是军工企事业单位改制、军工装备、军工资产证券化；2016年9月26日，中国诚通发起的中国国有企业结构调整基金股份有限公司成立，其专注于中央企业调结构、并购重组、专业化整合等；2016年10月17日，国家开发投资公司等51家中央企业参与首期出资的中央企业贫困地区产业投资基金揭牌，旨在聚合中央企业优势，吸引社会资本，积极探索产业化、市场化扶贫路子，带动贫困群众精准脱贫。从中央和地方的实践来看，国有资本投资运营公司都采用了产业基金和专项基金的操作模式，这在一定程度上代表了国有资本投资运营公司内部市场化企业经营机制的探索，尽管理论上国有资本投资运营公司层面不宜复制汇金或淡马锡模式。

国有资产管理体制由"管资产"向"管资本"转变意味着国有资本投资运营公司拥有更大的自由度，因而可能衍生出多样化的国企改革方式从而真

正实现国企市场化运作。比如国务院发展研究中心 2013 年首次向社会公开了其为中共十八届三中全会提交的"383"（三位一体改革思路、八个重点改革领域、三个关联性改革组合）改革方案总报告全文，其中明确提出"按照不同职能建立一批国有资本运营基金"，并指出国有资本运营基金按照国有资产职能分类应包括社会保障类基金、非营利性公共服务类基金、促进战略性产业稳定、竞争和创新类基金及国家安全类基金，这些基金应分别制定各类基金出资方式、经营目标和考核机制，比如社会保障类基金主要采取分散投资方式，其他类别基金可采取参股、控股以至独资等方式；国资委依据已定经营目标和考核机制对各类基金进行监督管理并任免其负责人。

国有资本投资运营公司的基金运行模式实质上沿袭了汇金公司实践，即政府出资主导设立基金以实现国企资本化并以市场化方式确保国有资产保值增值，在具体国有资产管理体制上表现为"国有资产监管机构—国有资本投资运营公司—基金（投资）—董事会—企业"。比如国家开发投资公司将股权投资基金作为进入前瞻性战略性新兴产业的有效途径和实现混合所有制的重要方法，先后组建五个基金管理公司推行专业化投资管理；中国国有企业结构调整基金的特点是资金组成多元化、投向集中化、运作市场化、管理专业化，诚通基金管理公司负责基金募集、投资、投后管理及退出。实际上，地方政府也在进行这方面做法的探索，比如《中共湖南省委湖南省人民政府关于进一步深化国有企业改革的意见》明确提出，"支持国有资本与创业投资基金、产业投资基金、政府引导基金等各类资本共同设立股权投资基金，参与国有企业改制上市、重组整合、战略投资和创新发展"。

当然，若结合国企混合所有制改革，国有资本投资运营公司基金运行模式还可以从更广义的角度考虑，比如扩展至共同基金模式，就是吸引共同基金进入，共同基金是由公众认购的，因此，引入共同基金改造国有企业能够在尽可能大的范围内给全民参与国有企业改革的机会，进而提供了一种分享国有企业发展和改革红利的可能性，也就使国有企业能够得到进一步社会化监督的机会。可以说共同基金参与国企改革是一种国企产权归属于全民的体现，比如社保基金的公众利益，同时也有利于吸引社会资本参与国有企业混合所有制改革。

五、新国有资产管理体制与整合信息披露

建立信息披露制度是提高国有企业透明度、完善监管和减少腐败的重要方法。《国务院关于改革和完善国有资产管理体制的若干意见》提出，要完善国有资产和国有企业信息公开制度，依法依规及时准确地披露国有资本整体运营情况、企业国有资产保值增值及经营业绩考核总体情况等。这意味着国资监管机构授权国有资本投资运营公司行使出资人职能对国有资本信息披露提出了新需求，主要体现在相互联系的三个层面：其一是国资委对国有资本整体效率信息的需求，用以反映国有资本整体布局、流动等宏观运营情况；其二是国有资本投资运营公司对国有资本价值创造信息的需求，用于反映国有资本的活力及抗风险能力；其三是国有资本投资运营公司对混合所有制国企国有资产绩效信息的需求，用以反映企业国有资产保值增值的实现情况。这三个层次的信息需求对应着国有资本从政治经济学视角的国家战略到宏观经济视角的资源配置效率再到微观经济视角的国有资产保值增值，因此，信息结构也呈现出微观企业信息向宏观决策信息的逐层汇总，而汇总信息应具备的质量特征则是技术性、制度性与体制性的融合。

国有资本投资运营公司信息披露是汇总信息质量的基础，因为这层面的信息对汇总信息起着承上启下的作用，尤其是国有资本投资运营公司是受权经营而不是真正意义上的国家所有权机构，尽管行使着出资人职责却一定程度上具有较为明显的经济学意义上的代理人特征，同时国有资本投资运营公司所投资的混合所有制企业很多已经进入资本市场，因此，其信息披露还必须遵循资本市场相应的规范体系，比如所投资的中央企业大盘股可能存在内幕交易问题，国有资本投资运营公司作为控股股东的护盘行为等。此外，国有资产监管机构还需要国有资本投资运营公司的信息以满足宏观决策需求。由此看出，国有资产监管机构必须明确国有企业信息披露标准并确保有效实施。

理论上，国有资本投资运营公司披露的信息属于国有资本出资人信息范畴，因而其首要质量特征是有助于社会公众知情权、参与权和监督权的实现，其中所有信息公开透明是基础，主要做法是采用结构化数据披露公司经营全

景，比如治理和管理架构、财务状况、关联交易、企业负责人薪酬等信息。实践上，防止国有资本投资运营公司信息失真需要国有资产监管机构对其财务等重大信息公开进行监管，又比如，在国资委网站开设专栏发布年度国有资本投资运营公司外派监事会监督检查情况。国有资本投资运营公司信息披露终极目标是建设阳光国企。

主要参考文献

［1］盛丹、刘灿雷：《外部监管能够改善国企经营绩效与改制成效吗?》，载于《经济研究》2016 年第 10 期。

［2］林毅夫：《国资委应对国企改革起什么作用?》，载于《中国国情国力》2003 第10 期。

［3］国务院国资委新闻中心、《国资报告》杂志社：《国企改革 12 样本》，中国经济出版社 2016 年版。

［4］荣兆梓：《国有资产管理体制进一步改革的总体思路》，载于《中国工业经济》2012 年第 1 期。

［5］肖亚庆：《国务院关于国有资产管理与体制改革情况的报告》，中国人大网 2016年 7 月 1 日。

［6］楼继伟：《国有资产管理体制改革从"管资产"迈向"管资本"》，载于《人民日报》2015 年 11 月 5 日。

［7］王倩倩：《国资监管：管而不死，放而不乱》，载于《国资报告》2017 年第 4 期。

［8］周丽莎：《以"管资本"为主转换国有资本监管职能》，载于《经济参考报》2017 年 8 月 17 日。

［9］张毅：《以管资本为主加强国有资产监管》，载于《人民日报》2015 年 12 月 3 日。

［10］国务院国资委党委中心组：《以管资本为主加强国有资产监管 为发展壮大国有经济提供坚强保障》，载于《人民日报》2015 年 9 月 17 日。

［11］王成饶：《国资委职能转变：自我革命决不会纸上谈兵》，载于《国资报告》2017 年第 6 期。

［12］邵宁：《自我革命：国资委的紧迫任务》，载于《国资报告》2015 年第 1 期。

第三章

国企混合所有制：概念、理论与实务

　　国有企业改革的本质是以效率、能力与市场为导向构建能够持续发展生产力的新型、动态的所有制结构体系，混合所有制是其中一种重要形式。作为非新生事物的混合所有制发展至今天已经有了全新的内涵，已经成为我国基本经济制度的重要实现形式。市场经济微观基础的多元化混合是现代市场经济发展的一种必然趋势，不同所有制经济生产要素的合理流动与优化组合是中共十八届三中全会所言"使市场在资源配置中起决定性作用"的基础。通常认为国有部门资本投入多但生产率偏低而民营企业生产率较高却无法获得足够资金，资本在国有部门和私人部门之间存在严重错配，这导致整个社会效率下降，因此，可将并存的多种经济成分浓缩为企业内部并存，变国家独资企业为国家控股或参股公司，在政企职能分离和国有企业经营机制转换的同时解决资本错配问题，也有利于进一步增强国有经济主导地位和国家宏观调控力量。从宏观层面看，皮凯蒂在《21世纪资本论》中认为中国公有资本比例很大，如果能够实现公有资本和私人资本良好妥协和平衡，这种真正的混合所有制经济会有助于实现更加公平和平等的社会；从微观层面看，混合所有制企业兼容了不同的所有制形式，在解决企业长期资金来源的同时也能激发企业家精神和创新。

一、国企混合所有制改革与概念界定

　　中共十八届三中全会《中共中央关于全面深化改革若干重大问题的决定》将混合所有制经济描述为"国有资本、集体资本、非公有资本等交叉持股、相互融合"，混合所有制成为我国基本经济制度的重要实现形式。

1. 我国混合所有制历史回顾与基本结论

混合所有制不是新生事物，但却鲜有成功。从公元前7世纪管仲开始就有食盐"官督商卖"，直至近代以来一直存在并不断探索，比如景德镇瓷器"官搭民烧"。近代（晚清）混合所有制主要指"官督商办"，即企业股份分为官股和商股，官股是政府或封疆大吏的代表，有"红顶"和品级（行政级别）但多数不出钱，商股就是民营资本和民营企业家股权，日常经营归商股，最终控制权归官股。官僚企业引入"企业家因素"是进步，但"官股"和"商股"不平等，不能真正按现代公司治理法则运行，最终结果就是官员掏空公司而"商股"退出。

1927～1949年南京国民政府时期的国民党秉承孙中山"民族、民权、民生"三民主义，"民生主义"主要思想是"节制私人资本、发达国家资本"，国家资本是以"中央国营企业、省营企业、市营企业、县营企业"四级国有企业组成的国有经济体系，私人资本就是民营企业。民营经济和国有经济要分工协作：凡是民营效果比国家经营效果好的，都应由民营资本来做；不能由民营资本做的或者有垄断性质的，都应由国家经营，当时条件下的一切天然资源与垄断性事业"悉当归国家经营，所获利益归之国家公有"，这些领域包括铁道、商港、煤炭、钢铁、石油、水力、航空、大商业等。政策实施结果是国有经济在国民经济中比重持续上升。

20世纪50年代民营企业（民族工商业企业）开始搞公私合营，最初是在私营企业中增加公股，国家派驻干部（公方代表）负责企业的经营管理，企业由"资本家所有"变为"公私共有"，公方代表居于领导地位；"资本家"丧失了企业的经营管理权；然后对民营股权采取赎买予以快速国有化或定息制度进行蚕食式国有化，十年定期期满，企业完全被国有化。

实践已经证明纯国有的所有制形式经营效率非常低。李鸿章曾言"事可归商办者，深忌改归官办"；清政府在1898年11月推出的《矿物铁路章程》鲜明提出发展经济主要要靠民营，而在民营的发展中必须警惕公权力对企业的干预。然而，权力资本化与资本权力化是中国特色资本主义的特点，基于此的混合所有制企业很可能演变为"挟官以凌商、挟商以蒙官"，或既不忠于政府更不忠于人民，而是"官民"之间上下其手直至"离间官民"。所有制改革的基本前提是由法律划定权力与资本的界限，以法律规避丛林状态。

2. 我国国企混合所有制制度演进与实践

"混合所有制经济"概念也并非首次提出，实际上，早在1993年中共十四届三中全会即提及企业财产混合所有。1999 年十五届四中全会提出发展混合所有制经济。2003 年十六届三中全会提出要大力发展国有资本、集体资本和非公有资本等参股的混合所有制经济。2012 年十八届三中全会更是明确要积极发展混合所有制经济，发展混合所有制经济是深化国有企业改革的"重头戏"。国务院国资委 2014 年 7 月 15 日宣布在中央企业启动国有资本投资公司、混合所有制经济、董事会授权、向央企派驻纪检组等 4 项改革试点，这标志着国企改革迈出实质性步伐，新一轮国企改革拉开大幕。2015 年 9 月 24 日国务院发布《关于国有企业发展混合所有制经济的意见》，成为混合所有制经济发展的统领性文件。国务院国资委 2016 年国企改革十项试点就包括了部分重要领域的混合所有制改革，2016 年 12 月 14～16 日中央经济工作会议强调"混合所有制改革是国企改革的重要突破口"并提出在电力、石油、天然气、铁路、民航、电信、军工等领域迈出实质性步伐，"6＋1"试点 2017 年进入实质操作层面。混合所有制改革成为国企改革的核心表明其应有效提升国企绩效，是供给侧结构性改革的重要抓手，有助于打破垄断而放大国有资本功能。

混合所有制改革之所以成为深化国企改革的重要突破口可从三个角度解读：其一是通过混合所有制改革有效提升国企绩效；其二是混合所有制改革是供给侧结构性改革的重要抓手；其三是混合所有制改革有助于打破垄断而放大国有资本功能。实际上，中央企业层面的国企改革推进速度较快，2013 年底至今的统计数据显示，中央企业 A 股上市公司已公布混合所有制改革方案或已实施混合所有制改革的高达 30%。2014 年 2 月中国石化在油品销售业务中引入社会和民营资本，实现混合经营。2015 年和 2016 年 7 月，东方航空分别引入达美航空和携程作为战略投资者。2015 年 11 月，南方电网在深圳前海成立混合所有制供电公司。2016 年 10 月，联通集团被列入混合所有制改革首批试点企业后先后与百度、阿里巴巴等互联网公司签署了战略合作框架协议。

2013 年 11 月至今，已进行混合所有制改革的国企上市公司共 147 家，按广义的混合所有制改革类型统计，员工持股占 25%、股权激励占 21%、整体上市占 16%、引入战略投资者占 14%、借壳占 10%、债转股占 7%、成立或参股非公有制公司占 7%。其中，中央国企占 38%，地方国企占 62%。就中央国企而言，代表性企业包括中国医药（2014 年 7 月，借壳上市）、中国建材（2014 年 7 月，子公司员工持股）、中国电信（2016 年 7 月，引进战略投资者）、中航工业（2016 年 8 月，增资扩股与引进战略投资者）、中船重工（2015 年 9 月，引进战略投资者）、中国兵器工业集团（2014 年 8 月，股权激励）、中国兵器装备集团（2016 年 8 月，员工持股与股权激励）、中石油（借壳上市）、中石化（2014 年，引入战略投资者）、中国联通（2016 年 10 月，引入战略投资者）、中国电子信息产业集团（2016 年 3 月，引入战略投资者与员工持股）、中国五矿（2014 年，员工持股与股权激励）、中国诚通（2015 年 2 月，引入战略投资者）、新兴际华集团（2014 年 10 月，员工持股与股权激励）、中国航天科工集团（2016 年 3 月，整体上市）、中国航空工业集团（2016 年 3 月，整体上市）、中国海洋石油公司（2015 年 9 月，引入战略投资者）、国家电网公司（2016 年 12 月）、南方电网公司（2015 年 12 月）、中国华能集团（2014 年 12 月，引入战略投资者）、中国大唐集团（2015 年 12 月，引进战略投资者）、长江三峡集团（2014 年 10 月，员工持股、引进公共资本）、东方航空公司（2015 年 9 月，引入战略投资者）、恒天集团（2014 年，股权转让与子公司引入战略投资者）、中国华录（2014 年 10 月，股权激励）、中信国安（2014 年 8 月，引入战略投资者）、交通银行（2015 年 6 月），等等。

电力、地产、化工、食品饮料和交通运输等行业混合所有制改革国企数量较多；广东、上海、山东最为集中；2016 年第三、第四季度混合所有制改革数量较上半年显著增加，混合所有制改革提速明显。另外，不同混合所有制改革方式带来不同经营效果，资本市场反应也各不相同。其中，引入战略投资者和实施股权激励的公司业绩提升力度较强，资本市场对借壳、整体上市、员工持股、股权激励的上市国企给予较高溢价。尤其需要注意的是，债转股在公告发布 1 周到 3 个月内也显示出较明显的超额收益。

国企"联姻"民资的混合所有制改革涌现热潮。辽宁省提出 2017 年深化国有企业改革，推进混合所有制改革，全省国有企业吸引各类资本 1 000 亿元；山东省从 2015 年底开始在 58 家省管二级企业开展混合所有制试点；江西省已先后完成了中国瑞林、江中集团、江西建工集团和江西盐业集团等企业混合所有制改革。2017 年，北京市属国企混合所有制改革在竞争类一级国企中推行，重心放在食品、农业、旅游、新能源汽车四大领域；吉林省提出筛选 10 家以上国有企业开展混合所有制改革试点；重庆市提出加快国企集团层面的混合所有制改革；四川、宁夏、甘肃等地纷纷提出积极发展混合所有制经济。

云南省"白药模式"将成为国企混合所有制改革突破的新样本与新路径。云南白药控股股东白药控股通过增资方式引入新华都，交易完成后省国资委和新华都各持有其 50% 股权，国有独资变为国有民营混合，真正从全面控制经营进化为管资本而放手经营权给管理层。2016 年 12 月 23 日，浙江台州开工了杭（州）绍（兴）台（州）高铁，中铁总公司作为股东方全程参与项目，"民营投资联合体"持股 51% 而成为中国首条民资绝对控股铁路，杭绍台高铁项目成为国企混合所有制改革的样本。

3. 国企混合所有制的含义

混合所有制是不同所有制经济按照一定原则实行联合生产或经营的经济行为，混合所有制改革实际上就是一个股权重组过程，国有企业通过混合所有制引进更多的民间资本以形成多元化的所有者产权监督格局而强化所有权监督。典型的混合所有制应该是没有"一股独大"和绝对控股股东的股权结构，股权结构呈现出国有资本、民营资本和员工资本共同组成的三元结构。混合所有制企业既不是国有企业更不是民营企业，混合所有制不是把非公资本国有化也不是把国有资本私有化，而是以融合经济为特征的新企业所有制形态。混合所有制的国企价值管理核心是以多元股权制衡为基础的董事会治理，而董事会治理的基本内涵是借助私人资本内生的激励相容效应和企业家精神来完善国企公司治理机制。随着经济发展和改革深化，产权多元、自主经营、治理规范的混合所有制经济组织将成为社会主义市场经济的主要微观主体。

需要指出的是，股份制不能简单地与混合所有制画等号，混合所有制与混合持股还是存在较大差异的。国有经济的影响力和控制力与市场机制决定性作用的并行实现需要中央企业建立混合所有制经济的组织架构，而该架构的核心是混合所有制国企股权制衡与董事会治理。显然，如果只是中央企业之间、中央企业与地方企业相互（交叉）持股并不是真正意义上的混合所有制股权结构，当然混合所有制经济下央企股权制衡董事会治理效应很大程度上取决于相关法律制度体系的完善，比如股东拥有公平的权利。因此，即使中国联通、国家核电技术公司等央企实现了股权多样化，也不能等同于混合所有制经济，因为这些中央企业股权多样化基本集中在政府机构、央企及地方国有企业之间的互相参股或持股。

可以明确的是，发展混合所有制经济意味着不提倡国有企业之间的联合而是不同所有制资本的联合，因为这样才能弱化企业所有制印记而强化市场主体地位。另外，国有企业实际控制者仅仅是国有资产所有者代表，而民营企业所有者才是天然的所有者，只有通过民营天然所有者的到位才能真正在混合所有制企业建立市场机制。同时，员工也是企业的天然所有者，因而应实施员工持股制度，甚至应优先于引进其他所有者。

二、国企混合所有制改革的理论突破

中国生产率损失严重的重要原因之一就是制造业内部国有和非国有部门之间资源错配，依赖改革红利的 30 余年经济增长已迫切需要消除所有制鸿沟以释放新的经济增长动力。2014 年 9 月中国石油化工集团全资子公司中国石化销售有限公司引入社会资本实施混合所有制尘埃落定。25 家投资者以 1 070.94 亿元现金认购增资后销售公司 29.99% 股权。其中，国内投资者 12 家，投资金额 590 亿元，占比 55.1%；产业投资者以及与产业投资者组团投资共 9 家，投资金额为 326.9 亿元，占比 30.5%；惠及百姓民生的投资者有 4 家，投资金额 320 亿元，占比 29.9%；涉及民营资本共 11 家，投资金额 382.9 亿元，占比 35.8%。然而如何认识混合所有制却存在争议，比如中石化出售油品销售板块 30% 股权是属于财务融资行为还是真正意义上的混合所有制改革？目前还没有一家国企突破集团层面招揽社会资本发展混合所有制；等等。不可否认，国有企业改革总体上遵从了先转变为国有股权混合所有制企业的渐进方式，混合所有制经济极大地突破了"二元所有制结构"而具有重大的理论创新性。

1. 国企现存弊端的混合所有制改革应对

国有企业亟须改变"半政府工具、半市场主体"的状态，而具有市场与法治基因的混合所有制才能让国企摆脱这种状态，宏观上也能消除所有制鸿沟以释放新的经济增长动力。我国经济理论界对国企改革的探讨总体上是围绕产权、充分信息与市场环境展开的，具体而言就是所有权改革与市场竞争二者谁更重要。国企改革认同所有者与经营者间信息不对称，但对于形成原因则有不同观点，存在着归结于产权不清与缺乏充分竞争市场之争。产权不清则没有真正市场与没有真正市场则产权难以界定便构成了悖论，而解决该悖论的基本思路是整体推进两者协同变革，推进国有企业混合所有制改革成为必然的制度安排。

2. 国企混合所有制改革目标

国企混合所有制改革目标通常包括四个：其一是除少数企业必须保持国有独资外，绝大部分企业逐步发展成混合所有制企业，其中，国有控股混合所有制经济占绝大多数；其二是在国有控股的混合所有制企业中逐步降低国有股权的比重，使股权结构更加合理，更好地放大国有资本功能；其三是国有企业经营机制得到进一步转换，现代企业制度更加完善；其四是国有经济结构布局更加优化，国有经济的活力和竞争力、控制力和影响力进一步增强。更深层次的问题是，混合所有制是路标与路径还是终点？是否会通过提供开放性、动态性股权结构使国企未来进一步民营化成为可能？在我国公有制为主导的基本经济制度下是否意味着不可以公有私营或公有民营？垄断企业是局部混合还是整体混合？混合所有制被国家作为基本经济制度的重要实现形式是一项在国际上并不多见而颇具中国特色的制度安排，这项制度安排在现实中会遇到很多挑战。现代经济学和各国经济发展的经验表明，竞争性较强的行业实施混合所有制，尤其是国企和民企相互长期参股，可能带来的问题要比解决的问题更多，要处理好国有股权的委托代理机制问题与国有资产流失问题，难度很大。这也就是为什么发达经济体在竞争性行业基本没有国有与民营相互参股，更鲜见纯国企的根本原因所在。实际上，如果体制机制设计不当，混合所有制会发展为一种新型的政商联盟，形成国有股与民营股的合谋寻租。

3. 国企混合所有制非国有资本选择

国企改革要真正树立国企产权归属全民的纲领，国企改革应该站在全民和社会公益的角度去进行，终极目标是使国企改革惠及全体国民，因此，应构建有效保障全民对国资经营的监督和利益分享机制。就国企混合所有制改革而言，就是应从制度上为普通老百姓、普通投资者及大众等的参与提供充分机会。比如西方的混合制多表现为共同持有，普通民众通过购买共同基金而改变公司一元结构并通过委任职业经理人以实现诉求。换言之，国企混合所有制改革对非国有资本选择在价值取向上应避免民间资本单纯成为为国有资本改革和发展服务的工具，尤其要规避混合所有制企业发展成国有控股公司非标准化融资的工具和渠道；又比如国有大型企业和民营企业巨头进行混合经营而可能会进一步加大行业垄断，混合所有制不能搞成新的合伙垄断。

4. 国企混合所有制改革下实际控制人缺失的治理

理论上，国有企业混合所有制改革可能会出现三种后果：（1）各类资本所有权所对应的股权相互制衡而没有实际控制人；（2）国有资本所有者仍然为实际控制人；（3）非国有资本所有者为实际控制人。随着民企股权占比逐渐增加，国有上市公司无实际控制人情况会越来越多，这对资本市场的影响值得深入研究。已出现两个实例：中国四维向腾讯公司转让股权，两者持股比例相差 1.3%，四维图新（002405）将没有实际控制人；中信国安集团有限公司引入 5 家民营企业战略投资者，中信国安（000839）和中葡股份（600084）两家上市公司也变得没有实际控制人。混合所有制最理想状态可能就是没有明显控股股东，股东之间通过现代企业制度相互制约。从这个角度看，一方面，混合所有制企业是与国有企业和私营企业并立的一种经济组织；但另一方面，英、美等国家实践又显示股权高度分散、没有明显控股股东的上市公司模式不是实现有效公司治理的产权基础。混合所有制强调的是出资主体的多元性即资本组织主体的多元化，强调了各类资本的重要性甚至是个人资本权利。通常认为国有资本是非人格资本而非国有资本是人格资本，混合所有制企业实际上是非人格资本与人格资本的合作与博弈，两者博弈中人格资本占上风，因此国有资本只参股不控股则容易出现国有资本权益受到可能的侵损，在这种情形下国有资本主要应该做积极的大股东而不是消极的财务投资者。

5. 对混合所有制企业非国有权益的保护

尽管民营资本已成为我国经济发展的重要资本力量，《国务院关于鼓励和引导民间投资健康发展的若干意见》及《中共中央　国务院关于完善产权保护制度依法保护产权的意见》等也为民营资本发展提供了相应的政治动力，而国企混合所有制改革制度安排又提供了两者融合的平台，但现实却是作为政府调控经济、配置资源和推动经济增长工具的国有企业得到了政府差异化政策偏向，国企作为当今中国经济中特殊的"政治关联"企业，民企与其平等保护及契约精神未被落实，非国有权益保护则未得到足够重视，混合所有制企业亟待建立有效制衡、平等保护的治理结构。实际上混合所有制公司治理在技术上比单一所有制、单一所有者公司治理更加复杂，因为混合所有制企业面临着政府、国企代理人与民营资本家之间的博弈与寻租行为，尤其是政府仍然拥有对混合所有制企业的管制权力及剩余控制权。比如混合所有制可能演变为国有股权代理人与私人股东合谋将国有资产或国有股权收益转移到私人股东和自己手上而引发国有资产流失，但更为可怕的后果是民营资本进入混合所有制企业后被蚕食式国有化。混合所有制改革中国有权益与非国有权益保护间要系统性建构，这也体现为一种政治权衡。

6. 中国建材混合所有制基本做法与简单述评

中国建筑材料集团混合所有制可归结为"央企市营"，通过以市场化方式进行重大战略调整，以合作上市、兼并收购、联合重组等资本混合方式共整合了 900 多家企业。该集团所属的混合所有制企业占比超过 85%，净资产中超过 2/3 是社会资本。通过发展混合所有制经济，中国建材用 220 亿元国有权益控制了 660 亿元净资产，进而带动了超过 3 600 亿元总资产。中国建筑材料集团 2006 年建立起外部董事占多数的董事会，形成"国资委—董事会—经理层"的委托代理模式。中国建材集团在集团层面国有独资的基础上逐步构建起上市公司、业务平台和生产企业三层混合的结构。具体而言，股份公司层面要优化股权结构，建设规范的混合所有制型的上市公司；业务平台层面积极引入财务投资机构，实现所有者真正到位；生产经营企业层面发展股东型管理层持股，形成 3~5 家员工持股公司。中国建材集团为这种混合范式匹配了利益融合、文化融合及管理融合的机制，从而一定程度上实现了国有资本撬动及价值提升。

然而中国建材混合所有制改革非真正意义上的彻底改革，主要问题在于：（1）中国建材混合所有制改革并非简单地卖资产，而是通过混合去放大国有资本的功能，这可能会给人一种混合所有制是做大国有资产规模的途径的嫌疑。增资扩股式混合所有制改革容易陷于圈民资境地，比如深陷亏损泥潭的中铝公司就将加速推进混合所有制改革作为脱困的途径之一。（2）中国建材220亿元国有权益控制660亿元净资产而带动3 600亿元总资产意味着高杠杆模式，从而影响盈利水平并增加违约风险。混合所有制效率评价的核心是企业真实利润来源于市场，而中国建材负债超过300%仍能从银行获得贷款且借贷利率和市场也没有相差太大，这表明央企有强烈扩张冲动但预算软约束使得国企债务有政府隐性担保而金融机构贷款也就比较"放心"，这些都表现为非市场化的制度根源。（3）中国建材商誉值高达423亿元，占非流动资产及总资产比例分别达到20.7%与14.5%。商誉值高的技术层面解释是高溢价收购，而更深层次的愿意包括了法律和制度不完善、上市公司壳资源紧缺、交易方式和手段富有阶段性特征、市场交易不够理性、人员素质有待提高等，因此应对商誉保持应有警惕。

三、国企混合所有制改革评判框架

《中共中央关于全面深化改革若干重大问题的决定》提出"积极发展混合所有制经济"，而2015年3月5日国务院总理李克强作政府工作报告时提出"有序实施国有企业混合所有制改革"。从"积极发展"到"有序实施"表明无序状态的存在，比如有省市针对混合所有制改革提出很多具体目标、指标，给人留下"一阵风"之感；有些地方不顾企业发展阶段和现实情况硬要"混"，从上到下、不同行业，层层"定指标、下任务"搞混改，等等。不仅如此，有些地方该"混"的"混"不了，不该"混"的又瞎"混"，"为混而混""一阵风""一窝蜂"现象显露苗头，暴露出一些地方没能把准中央有关国资国企改革精神的风险。从中央巡视组巡视中央企业所暴露的问题看，企业重组改制、投资并购、产权转让等国企改革重点领域，恰恰也是腐败行为的高发地带。

尽管中央对混合所有制概念进行了界定，但由于缺乏具体的操作指引而容易引发混乱，因此，理论上必须构建科学的资本理论与实现路径，在实践上要充分探讨混合的路径、方法、政策、操作模式等。比如混合方式是国有资本与社会资本直接对接还是社会资本利用基金专业管理团队参与的选择问题。国企混合所有制要真正成为同市场经济相结合的公有制包括国有制的有效实现形式，则必须构建国企混合所有制改革的评判框架。

1. 混合所有制经济与国有资本"政资分开"

理论上，混合所有制是市场经济环境下资本组合、生产要素重组从而产生出新的经济动力的重要制度安排，其实质是资本在国民待遇条件下的机会均等，而机会均等是社会公平正义的基础保障。也可以说，国有企业真正转变为市场化企业的方法就是在国有股权占国民经济总体比例不断降低的基础上变形为混合所有制经济中的"国有资本"。这主要体现为国家股东应该成为一个透明、可预见、公平和值得信赖的积极所有者。更具体地讲，混合所有制经济中的"国有资本"是"政资分开"基础上破除国有体制粘性而回归到资本本原的"国有资本"，而这也恰是非公有资本能够与之合作的基本条件，否则混合所有制很可能再次演变为国企圈钱游戏，即通过增资扩股圈民资的钱，比如深陷亏损泥潭的中铝公司将加速推进混合所有制改革作为脱困途径之一。

2. "政资分开"国有资本与混合所有制企业资本规则

"政资分开"打破了企业按所有制和隶属关系的划分，同时借助混合所有制的组织形式破除"所有制"对市场经济的割裂。这也印证了混合所有制含有改变国有股东"一股独大"与消除绝对控股股东之意，从而有利于打破大股东依赖症（利益输送或侵占）现象的发生，因为国有股东"一股独大"或绝对控股通常会导致管理层主要由大股东委派，而现代公司治理则是力推职业经理人制度。同时，这也一定程度上解释了国有混合所有制改革而出现无实际控制人现象的必然性。无实际控制人也能在一定程度上规避政府对不同所有制企业的差异化政策，政府必须放弃对国有资本各种形式的支持以实现混合所有制企业各资本主体的公平竞争。换言之，分散股权结构和缺少实际控制人一定程度上更有利于公司治理结构的完善，无实际控制人上市企业没有陷入决策效率低下及股权争夺困局意味着各股东构建利益一致。"政资分开"国有资本与非国有资本在混合所有制经济体内的资本规则构建在股权多元化及制衡下的董事会治理，确保各类资本的股权与控制权对称并解决公司控制权安排以实现非国有资本激励相容效应与企业家精神有机嵌入董事会治理。

3. 混合所有制企业资本规则与企业运营效率机制

提高国企运营效率是混合所有制改革的一个重要考量。混合所有制改革提升了国有企业透明度，但这是否能增强国企效率取决于管理层是否有动力做出必要的经营运作调整，因为国企混合所有制改革意味着国企作为国有资本实际控制人面临着价值管理模式的根本性转变问题，即从资产运营转变为资本运营后需要重构商业模式及其相应的管理方式，比如混合所有制改革后是否必须将经营权交给民营企业而国资只做资本化（股权）管理，抑或直接聘任职业经理人团队进行管理？可以说，当非国有资本力量介入国企改制并与原国企管理团队争夺或重构企业经营决策主导权时，双方应建立一种能够协商解决利益分歧的互信机制而不是为了各自利益而兵戎相见，最终牺牲企业整体利益。

4. 企业运营效率机制与信息披露体系

国企混合所有制改革本质上是一种新的经济机制设计，国有资本与非国有资本"混"的过程要建立在信息充分的基础上，信息有效性是评价所设计的经济制度优劣的基础，这样才有利于预防国企内部人拥有国有资产实际控制权而发生少数人侵吞国有资本或是避免形成新的民营资本垄断甚至是合伙垄断从而出现新的社会不公平。混合所有制改革已经成为新的中国市场特殊制度背景，对国有企业信息披露也提出了更高要求，国企混合所有制信息披露更具复杂性并亟待进行逻辑构建。比如通过信息披露可以显示非国有资本以增资扩股方式进入国有企业只是为了获取国有企业垄断收益或改变了垄断租金分配，还是通过提高劳动生产率方式赚取企业利润。国有资本整合会计信息披露体系应成为体现和保障国企全民所有制性质的基本机制之一，这也有利于将不同所有制企业受差异性政策的影响显性化，从而体现出社会公正程度。

5. 混合所有制改革"一企一策"与评判框架

鉴于不同国有企业功能定位、行业特性、规模等方面的差异化存在，对其进行混合所有制改革必须遵循"一企一策"原则而"分类实施"是混合所有制改革的重要方向，但这并不意味着对混合所有制改革的评价没有统一的评判框架。中共十八届三中全会《中共中央关于全面深化改革若干重大问题的决定》提出，混合所有制经济要有利于国有资本放大功能、保值增值、提高竞争力，而这三个方面的实现显然要遵循一些共有的市场活动准则与逻辑，这体现在对混合所有制改革的企业层面评判上，主要包括：（1）国企分类监管与混合所有制改革模式确定。企业选择国家所有制还是混合所有制的前提是准确界定国有企业功能以实现国企分类监管，而一旦选择了混合所有制改革就需要在外部环境上为其建立相应的司法体系以清晰界定国有资本与政府权力的边界，在此基础上再考虑混合所有制改革模式。比如是立足国有企业的"国企改革式"还是基于民营企业的"民企发展式"。（2）非公有资本选择标准与进入混合所有制企业方式。在战略合作对象的选择上应该有一定的标准而不能为混合而混合，要为企业借混合之机侵吞国有资产及国有企业管理层借助产权变化改变治理结构"化妆逃跑"等可能行为构建防范机制。（3）资本所有者和劳动者利益共同体的治理模式与按劳分配。混合所有制企业要超越"资本雇佣劳动"与"劳动雇佣资本"之争而创建适应混合所有制企业董事会运作最佳实践。比如根据混合所有制企业具体股权结构与制衡度选择合适的董事会运作模式，解决公司控制权安排问题。（4）混合所有制企业经营主导权配置与经营效率。（5）混合所有制企业有效监管机制与信息披露制度。发展混合所有制应遵循股权平等原则，保障投资者平等获取信息的权利。

　　6. 万科控制权事件对混合所有制改革的启示

　　万科是国有企业混合所有制改革的经典案例，自 2000 年引入华润集团作为"策略性投资者"及此后多次增减持股权而成为"华润单一优势股东"与"初创人相对控制"相结合的模式，国有大股东华润集团对万科采取"大股不控股，支持不干预"的政策，万科基本上摆脱了频繁的行政干预而由企业家掌控全局的非典型模式，由此万科成为国内罕见的经营者支配、所有者监督的现代企业制度样本，也是国有企业作为第一大股东监督不经营的成功改革模式。国有股东从主动控制经营到退居二线进行监督制约对改善公司治理结构和提高公司营运效率都有积极作用。然而，从万科反对"野蛮人"宝能收购的"毒丸计划"到引进深圳地铁的董事会决议，再到原第一大股东华润集团和现第一大股东宝能对董事会决议的一致反对，从中小股东诉讼到王石无法回避的"合伙人计划"，再到人们对未来股东会决议的揣测，万科控制权事件逐步演化为国有股东华润、民营股东宝能、地方国资深铁、万科管理层、中小股东甚至独立董事等利益相关方的博弈。

理论上，国企混合所有制改革实质上是部分民营化政策，但通常国有股东凭借拥有的多数投票权可以掌控混合所有制企业的重大决策，然而这就面临着混合所有制改革大背景下国有股东到底需不需要或者究竟应该在何种程度上干预企业的经营决策？国有股东与职业经理人间的关系如何处理？国有股权的意志如何体现？等等。尤其是国有股权代理人既不拥有公司剩余索取权也不承担决策后果，这种所谓的"廉价投票权"有可能导致国有大股东代表频繁干预公司而导致管理层无所适从。因此，国资国企如何当股东是一个战略定位问题，就是要明确国有资本是积极的大股东还是消极的财务投资者的问题。

四、中信国安集团混合所有制改革初步分析

"有这么一个大型国企，合并资产总额 826.35 亿元、合并净资产近 155 亿元，经营业务涉及信息产业、资源开发、房地产、旅游、葡萄酒、金融业务，旗下还控股了两家市值分别为 133 亿元、37 亿元的 A 股上市公司。您只要花 16 亿元现金，就可获得该国企 15.8% 的股权"。这是某报道的开篇，其矛头直指已完成混合所有制改革的中信国安集团（下称"国安集团"）。某媒体甚至以"中国版世纪大拍卖"来形容国安集团的混合所有制改革，将该国企改制案例与俄罗斯转轨时商业寡头与青年改革派对国有资产大肆掠夺相提并论。围绕中信国安集团混合所有制改革引发的诸多质疑表明了参与各方的担忧。国资方担心出现国有资产流失及向特殊利益群体进行利益输送或者在一些优势产业和民生领域失去控制力。民营方更关注于国资方以怎样质量的国有资产与社会资本重组，是"分蛋糕"还是"甩包袱"，以及相应话语权的取得。

1. 中信国安集团混合所有制改革概况

分析中信国安集团混合所有制改革不能忽视中信集团的战略定位，中信国安集团改制遵循了国家对中信集团推进整体改制的精神。2011 年中信集团完成股份制改革并开始实施筹划多年的境外整体上市工作。2014 年 4 月 16 日，香港联交所上市的"中信泰富"发表公告宣布以 2 269 亿元人民币对价

从最终控股母公司"中信集团"手中收购其主要业务平台"中信股份"的全部股份，这意味着中信集团通过中信泰富成功实现整体上市后便转变为一家国有控股而总部位于香港的大型综合类混合所有制企业集团，此次上市减持了25%中信股份，约500亿元筹资额以中信集团特殊分红的方式上缴财政部而实现了国有资产的全民所有，同时还为国有股进一步减持提供了平台。

然而，不容忽视的事实是中信集团并非完全意义上的整体上市。根据年报资料，中信集团2010年启动股份制改造时是将集团90%的净资产重组到中信股份，仍有约10%的净资产（这其中就包括中信国安集团）没有纳入。中信国安集团未被纳入的缘由在于其投资的有线电视运营业务按照国家相关政策规定无法进入海外上市公司，同时考虑到国安集团长期采用"负债经营"方式发展业务，其资产质量并无优势，将国安集团纳入整体上市范围可能会影响中信集团整体上市估值，因而主管部门要求国安集团另行改制重组。2011年4月，国务院相关主管部门对中信集团重组改制方案进行批复，要求中信集团对未注入中信股份的资产要加快整合处置力度，力争在三年左右时间按照市场化原则基本处置完毕。

2012年2月7日，国安集团就增资扩股改制重组工作向中信集团领导和职能部门做了汇报，基于中信集团总体发展战略，相关部门最终同意了对国安集团以增资扩股的方式进行重组改制。中信集团为国安集团改制制定了四项原则：第一，严格遵守国家的法律法规；第二，确保中信集团上市工作顺利完成；第三，确保国有资产不流失；第四，确保国安集团通过改制实现长远发展目标。经过多番商讨和必要的流程，国安集团改制最终确定为以现金增资扩股的方式进行。随后国安集团成立了四个引资小组在市场上寻找合适的投资方，对投资方设定了三个条件：其一是必须合法合规持续经营；其二是必须认可国务院主管部门备案的评估值；其三是必须现金增资。

引资初期有一家上海和一家山西的知名企业与国安集团签订了重组意向，但这两家企业希望通过部分购买股权与部分增资扩股的方式重组国安集团并成为控股股东，最终上述两家企业放弃参与国安集团的重组。之后中信集团采取市场化方式通过中介机构寻求投资者，表达重组意向的企业有十五六家签订了意向书，但囿于法规和担心国安债务问题而最终放弃。至 2013 年 8 月，六家企业同意以现金方式参与国安集团增资扩股，但在中信集团将方案上报国务院主管部门审批过程中，一家企业因市场变化退出了此次重组，中信集团和国安集团与余下五家企业再次协调后重新上报重组方案，并于 2013 年 10 月获得批准。华泰汽车集团 2014 年 7 月向各股东提出股权转让，其他股东放弃优先认购权并同意黑龙江鼎尚装修工程公司受让这部分股权。中信国安集团混合所有制改制前后变化如表 3 - 1 所示。

表 3 - 1　　　　　　　　　中信国安集团混合所有制改制前后变化表

混合所有制改制前股权结构		混合所有制改制后股权结构		
股东名称	持股比例（%）	股东名称	持股比例（%）	董事会构成（名）
中国中信集团有限公司	100	中国中信集团有限公司	20.945	4
		黑龙江鼎尚装修工程有限公司	19.764	2
		广东中鼎集团有限公司	17.787	2
		河南森源集团有限公司	15.811	2
		北京乾融投资（集团）有限公司	15.811	2
		天津万顺置业有限公司	9.882	1

显然，中信集团对中信国安集团的管理已经由改制前的管资产、管人与管事转变为只管资本。董事会 13 个席位中中信集团只占 4 位，因此必须接受外部企业监督，这也就意味着对原有机制的改进。

2. 中信国安集团混合所有制改革评判

中信国安集团混合所有制改革受到诸多质疑，这些质疑主要围绕股权、定价与信息披露展开，但如果仅限于这三个视角可能会得出并不严谨的结论。

（1）国安集团股权出让比例与控制权安排问题。从技术层面看，混合所有制改革成功与否的两个关键变量分别是"股权"与"定价"。就股权出让而言，当然出让给民营资本的股权比例越大则其进入的动力越强，也正是出让了高达 79.055% 的股权才使得国安集团混合所有制改革产生了巨大的市场影响，其实这符合中共十八届三中全会国有企业从一般竞争性领域退出的精神。更为具体的分析起点在于中信集团是在自身混合所有制改革背景下统一部署了国安集团混合所有制改革。可以认为中信集团进行了双层混合所有制股权改革，即作为第一层级的中央企业国有资本经营混合所有制与作为第二层级的国有资产资本化混合所有制。显然，这样的改革背景具有独特性，此前中央企业混合所有制实践多在二、三级子公司层面实施而央企母公司层面未有动作，但这恰是国企改革的既定方向，中信集团是央企层面引入非公有资本的首个破题者。另外，两层级混合所有制改革评价要从整体效果角度进行，也就是说，国安集团混合所有制改革的前提是有利于中信集团的整体上市，这是评价国安集团混合所有制改革的起点。

此外，还应辩证地看待控制权与决策权的关系，这很大程度上取决于未来市场公平竞争环境的构建。比如，中信国安集团混合所有制改革后五家民营战略投资者的控股权就一定拥有决策权？2014 年 8 月 5 日，中信国安（000839）、中葡股份（600084）两家公司分别发布《控股股东之母公司权益变动提示性公告》称，中信国安、中葡股份控股股东仍为中信国安有限公司，中信集团仍为国安集团第一大股东且国安集团管理层保持稳定。换言之，任何国有企业混合所有制改革是否都应秉持维系控股权原则是值得深入探讨的。

（2）国安集团混合所有制改革效果评价。国安集团是一家有近 20 家子公司纳入合并报表范围的大型综合性企业集团，主营业务涉及信息产业、旅游酒店业、葡萄酒业以及资源开发业务。从表面看，国安集团有较为丰富的业务，但不容忽视的是其控股母公司中信集团正在进行着一系列资源重整与业务重构，比如加大投资进入新领域，像通过对隆平高科股权增持而进入农业产业中科技含量最高、附加价值最大、对农业产业发展具有战略性和基础性作用的种业领域，同时开始清理下属辅业资产，这也解释了转让 79.055%股权引进民营资本能得到监管政策支持的原因。

此外，作为公司治理核心的董事会的运作模式是解决民营资本与国有资本决策权担忧问题的关键。作为中信集团第二层级混合所有制改革的国安集团通过国有资产资本化而实现企业国有资本保值增值，改革后的国安集团设立了股东大会执行委员会及办公室与股东建立日常联系以进行业务沟通，这无疑有利于增加公司管理的透明度以保护股东权益。另外，国安集团正在筹划职工持股计划和高管团队的长效激励机制。显然，这些民资股权的引入改变了公司营运和管理，可期的灵活机制应该能够为客户、员工、股东等各利益相关方创造更好的服务和收益。

（3）国安集团混合所有制改革的公信力问题。《中共中央关于全面深化改革若干重大问题的决定》明确指出"国有企业属于全民所有"，并提出"探索推进国有企业财务预算等重大信息公开"，《2014年政府信息公开工作要点》中首次明确提出要推进国有企业财务相关信息公开。国企混合所有制改革的公信力问题的核心是信息有效性。尽管国安集团不是上市公司而不需要履行信息披露义务，但过去转轨实践表明，信息透明、保障公众知情权、保证每个竞争者能公平参与国有资产竞价等都是国有资产转让应遵守的原则。国安集团混合所有制改革过程中有一个看似细节问题却被媒体放大，就是华泰汽车集团在2013年引资获得批准后将所持股权转让给黑龙江鼎尚装修工程有限公司，国安集团和中信集团对该事件并没有表现出应有的慎重而实施相应的尽职活动。

混合所有制经济需要在"民间资本参与国有企业改革"与"保持国有经济的活力、影响力、控制力"之间找到两者的平衡点，并由此构建完善的理论体系与法律制度。从中信国安集团混合所有制改革内容来看，涉及混合所有制及员工持股计划、董事会及职业经理人市场化选聘等，这些内容在企业层面是有机联系的，不应该人为地割裂。

主要参考文献

［1］马连福、王丽丽、张琦：《混合所有制的优序选择：市场的逻辑》，载于《中国工业经济》2015年第7期。

［2］郝云宏、汪茜：《混合所有制企业股权制衡机制研究——基于"鄂武商控股权之争"的案例解析》，载于《中国工业经济》2015年第3期。

［3］厉以宁：《在调查混合所有制中发现的几个误解》，载于《北京日报》2014年3月10日。

［4］张文魁：《中国混合所有制企业的兴起及其公司治理研究》，经济科学出版社2010年版。

［5］周新城：《怎样理解混合所有制》，载于《红旗文稿》2014年第7期。

［6］常修泽：《中国混合所有制经济论纲》，载于《学术界》2017年第10期。

［7］刘小鲁、聂辉华：《国企混合所有制改革的五个关键问题》，载于《中国证券

报》2015 年 10 月 26 日。

［8］宋文阁、刘福东：《混合所有制的逻辑》，中华工商联合出版社 2014 年版。

［9］黄速建：《中国国有企业混合所有制改革研究》，载于《经济管理》2014 年第 7 期。

［10］严学锋：《中国建材：混合所有制探路先锋》，载于《董事会》2014 年 10 月 11 日。

［11］周雪飞：《国企混改进行时：基本问题、路径及建议》，载于《国资报告》2017 年第 8 期。

第四章

国有僵尸企业：概念界定、机理分析与治理方略

产能过剩具有全球性而我国尤其明显，若处置不当就会产生系统性风险从而危及整体经济发展，处置僵尸企业是削减过剩产能的重要方式，任由僵尸企业数量不断增加会极大地影响企业部门活力而冲击实体经济。比如瑞银（UBS）数据显示，我国每创造 1 单位国内生产总值（GDP）的增长需要 6.5 单位的投资，是 10 年前的两倍。2016 年是推进供给侧结构性改革的关键之年，"去产能"是中央经济工作会议确定的 2016 年五大结构性改革任务之首，而处置僵尸企业是"去产能"的"牛鼻子"，成为供给侧结构性改革的关键点。国务院国资委 2016 年 1 月 15 日至 16 日召开中央企业负责人会议，明确提出力争用 3 年左右时间基本完成国有僵尸企业处置主体任务，到 2020 年前全面完成各项工作。2016 年 3 月 29 日国务院发布的落实《政府工作报告》的意见明确提出积极稳妥处置僵尸企业。2017 年政府工作报告强调，要更多运用市场化、法治化手段有效处置僵尸企业，推动企业兼并重组、破产清算。有地方政府也明确了 2017 年处置僵尸企业任务清单，如北京支持分类处置 50 户以上僵尸企业，山东计划处置僵尸企业 124 户，中央企业计划完成 300 户僵尸企业的处置任务。

一、供给侧结构性改革与处置国有僵尸企业

供给侧结构性改革目标是通过降低制度成本以提高全要素生产率从而推动经济高质量增长，我国内生性国企改革与此一脉相承并成为其主体，这主要表现为国有企业改善资源整合力度、清理低效资产、盘活存量效能以提高国有资本整体配置效率。国企改革、产能过剩和国有僵尸企业实际上相互关联，国有僵尸企业总体表现为低端产能过剩，微观层面是竞争性领域国企低

效率，宏观层面是从机制上阻碍不合理经济结构和经济政策优化。研究表明，僵尸企业占比例较高行业的产能过剩现象也更加严重，僵尸企业的存在打断了去产能过程；僵尸企业比正常企业更愿意增加员工数量，个别僵尸企业甚至还不断增加投资且投资效率普遍较低。这些都会加剧产能过剩。可以说僵尸企业浪费了土地、资本、能源、劳动力等资源而没有创造新价值，已经成为阻碍行业发展和经济增长的病毒。

1. 僵尸企业概念界定、标准量化

《牛津大辞典》对僵尸企业本源含义是从其对应单词 zombie 的"被某种巫术复活的尸体"的意思进行解释的，简单而言，是指早该关门但却因某些原因活下来的企业。实际上，匈牙利转型经济学家科尔奈早在 20 世纪 80 年代提出"软预算约束"理论，认为国家"父爱主义"催生了国有企业预算约束软化，而无望恢复生机的国有企业因得到政府隐性担保而免于破产倒闭，这成为国有僵尸企业的早期版本。经济学家彼得·科伊则进行了经济学范畴的界定，即指没有办法继续经营、应该破产但又没有实施破产的企业，这些企业以吸食银行贷款和政府资金为生。1987 年爱德华·凯恩提出，日本储蓄和贷款机构长期扶持大量资不抵债的企业是导致 20 世纪 90 年代日本经济危机的原因之一，僵尸企业是对这类企业的形象称呼。僵尸企业具有"吸血"长期性、依赖性特点，放弃救助可能造成更糟糕的社会局面而使其具有绑架勒索性，关闭僵尸企业意味着银行债务、资产处置及职工安置等难以承受的压力都转移给政府。僵尸企业被形象地描述为吸着纳税人的血、吃着反市场的肉、熬成毫无效率的汤、"反哺"企业领导和员工。僵尸企业的存在既不公平也没效率且人为破坏了市场机制的正常运转。

将企业形态以僵尸加以描述显然是比喻性的形容化定义，以之来界定僵尸企业的概念存在较大的不确定性与模糊性。对僵尸企业概念界定主要包括三类。(1) 政府标准，国务院常务会议将其定义为不符合国家能耗、质量、环保、安全等标准和持续亏损 3 年以上且不符合结构调整方向的企业。地方政府则对该定义进行了具体化，如山东按照利润不够支付企业信贷利息、已停止经营活动半年以上、生产经营活动基本处于停顿状态来确定三类僵尸企业评判标准；广东省将国有僵尸企业分为关停企业和特困企业；江苏省认为是无望恢复生气但因获得放贷者或政府支持而免于倒闭的负债企业。(2) 技术标准，通常用扣除非经常性损益后每股收益连续 3 年为负数作为标准，该标准是结果导向的，还可延伸出产品无市场、负债比例高等原因导向。WIND（万德）及同花顺数据库就采用了每股收益标准。另外，还可从破产法视角判别，就是丧失偿付能力而不能清偿到期债务，具备破产原因且达到破产法规定的申请破产条件，但依靠借贷或补贴尚能持续运营。（3）CHK 标准，即企业实际支付利息小于最优惠利率水平则意味着该企业享受银行补贴而可能是僵尸企业。针对该思路存在的两个明显缺陷，即企业可能比优质企业还优秀因而匹配比最低利率还低的融资成本及企业因借新还旧而账面表现为正常还本付息，前者可能使更优秀的企业被误认为是僵尸企业，而后者则可能漏掉僵尸企业。CHK 标准进行了两点相应补充，就是引入利息保障倍数（利息覆盖率）与持续信贷标准，持续信贷标准包括上年末债务占比总资产超过50%，本年度外部贷款仍在增加且本年度息税前收益少于最低利息。中国人民大学国家发展与战略研究院的《中国僵尸企业研究报告——现状、原因和对策》认为，企业在当年和前一年都被 FN-CHK 方法（企业获得的贷款利息率低于正常的市场最低利息率）识别为僵尸企业，则该企业在当年就是僵尸企业。

　　现阶段对僵尸企业界定还尚未取得一致标准，目前国家相关部门对僵尸企业主要提出了描述性概念和一般性原则，各方对僵尸企业认知尚未完全明确和统一，比如将注册未开业或自行停业的休眠企业当成僵尸企业，大企业把专为投标注册设立的"空壳"公司视为僵尸企业，将三年无所得税入库的市场主体看作僵尸企业，将企业发生解散乃至被吊销营业执照却不依法清算注销的市场主体等同僵尸企业，等等。这样看来，现阶段对僵尸企业的概念界定呈现出开放性，因而也就给市场带来了不确定性，但总体来看，尽管僵尸企业概念界定多样化但核心是企业缺乏市场自生能力。

　　2. 国有僵尸企业现状

　　中国人民大学国家发展与战略研究院的《中国僵尸企业研究报告——现状、原因和对策》指出，国有企业和集体企业中僵尸企业占比最高，实践也表明国有企业由于特殊的管理体制、特殊职工身份等而更容易成为僵尸企业，凡是国企特别是国有僵尸企业主导经济的地方则民营企业很难发展，创新与创业也就更加艰难，比如我国资源性行业和重工业中的国有僵尸企业是导致国有企业利润下滑的主要"出血点"。对于国有僵尸企业规模,国资委负责中央企业而地方政府负责当地僵尸企业摸底排查工作。比如,2016年5月18日国务院常务会议提出,用3年时间处置中央企业子公司中345户大中型僵尸企业,多为中央企业三级企业。又比如,广东省国有僵尸企业截至2015年底共有3 385户,涉及在职职工与退休人员分别为66 802人与57 855人;山东省政府2016年6月4日宣布计划用3年时间完成321户省管僵尸企业处置工作;湖北省国资委摸底显示共有105家省属国有僵尸企业;甘肃省排查出110余户企业处于停产、半停产状态,负债超过1 500亿元;辽宁省无资产、无生产、无偿债能力的"三无"僵尸企业达830多家,涉及职工16.5万人。

从僵尸企业的主要产业分布来看,主要包括受经济周期影响的资源型产业、钢铁等产能过剩产业、应倒闭而未倒闭的劳动力密集型产业及数量多但比例不高的房地产业,而银行及非银行金融、传媒、计算机与休闲服务等行业僵尸企业比例最低。从僵尸企业主要地域分布来看,西部地区僵尸企业比例高、中部地区及中等发达地区僵尸企业出现比例高于东部和发达地区。除此之外,我国僵尸企业还包括大量的地方政府投融资平台公司,这类公司已构成地方国有企业主体,它们多表现为主营业务盈利能力差并且利润高度依赖于非经营性收益。从僵尸企业特定外部特征来看,大型企业中僵尸企业比例较高、经营时间长的企业中僵尸企业比例高。总体来看,僵尸企业的这些特征表明过去资源投向低效率行业、地区和企业的倾向明显,这也就是我国经济结构性问题所在。

二、产能过剩多边博弈困局与国有僵尸企业形成机理

国有僵尸企业的存在有其历史政经发展背景,其形成是一个非常复杂的问题,既有我国"三期叠加"的影响,也受制于产能过剩多边博弈困局,这就需要辨析国有僵尸企业形成机理,也有助于防止市场因素与非市场因素的混淆。

1. 产能过剩实质与多边博弈困局

产能过剩是政府和市场作用严重失衡的产物,而去产能过剩则存在于多边博弈困局中。具体而言就是:(1)中央政府与地方政府博弈。现在去产能

的做法是从中央政府到地方政府层层分解去产能指标，而研究发现各地方政府设定的多个去产能行业目标之和都已经超过中央拟定的该行业全国去产能目标。（2）政府与企业博弈。这种博弈兼具权力边界与利益冲突问题，前者主要体现为资源配置主导权而后者则是政府与市场利益冲突，实际上很多产能本来就是政府规划出来的，如曾被国家指定为战略性发展行业的诸如汽车、光伏和风电等都面临产能过剩率超过 50% 的尴尬局面。还有就是正常企业被政府施加就业和产量扩张等压力而变成僵尸企业。政府与企业的博弈最终表现为两者间的合谋。（3）政府与金融机构博弈。两者博弈的结果通常是银行信贷歧视的发生，政府和国企巨额负债最终都反映在银行和央行资产负债表上，比如政策性贷款的利益捆绑使银行、国企与国企员工三者陷入难以解脱的囚徒困境，用银行贷款维持国企亏损运营必导致银行坏账风险剧增，央行不断增发货币将通胀风险转嫁给全体国民。（4）政府、企业与居民部门杠杆博弈。过剩产能实际上就是我国债务问题本质，也就是企业通过负债扩大资产规模而提升产能，政府安排企业减杠杆与居民部门加杠杆并不意味着产能转移到居民部门。（5）贸易部门与非贸易部门博弈。实际上就是内外均衡政策的博弈，比如与"一带一路"沿线国家国际产能合作和国内过剩产能退出。

从上述产能过剩多边博弈困局来看，国有僵尸企业的存在一定程度上是无法全然根除的一种社会现象；就经济发展而言，国有僵尸企业的存在有其必然性，而且可能会周而复始地出现，因为绝大多数国有僵尸企业都有其特定的历史背景。国务院国资委曾表示，国企改革是供给侧结构性改革中最需要攻坚的部分，而清理国有僵尸企业以促进市场出清更是难中之难。总体而言，国有僵尸企业是典型的"改革不彻底的产物"，这从国有僵尸企业形成缘由可看出：（1）国有企业改制初期盛行"固化存量、优化增量"的部分改制而不是整体改制，优质资产剥离成立新公司而劣质资产留给存续企业，部分存续企业成为僵尸企业前身；（2）因需成立的临时性企业在完成或部分完成使命后遗留下来的企业；（3）企业自身经营机制低效却仰仗银行机构大量贷款资金投入或政府补贴支撑，其结果只能是越维持越僵尸状况；（4）经济过热催生产能过剩而促成僵尸企业的形成。

以东北特殊钢集团有限责任公司为例，该企业 2004 年由地方钢企跨省整合而成并经历人员和资产剥离、持续落后产能淘汰及债转股后开始产能扩张与生产线升级改造，多次入选中国企业 500 强榜单，领先产品具有相当强的竞争力。然而 2016 年 3 月 28 日因未能兑付"15 东特钢 CP001"债券本息而出现实质性违约，这是地方国企首例债券违约事件。尽管该公司努力运用滚动融资周转维持正常运营且在董事长意外离世和债务违约后仍"积极调整品种结构，全力组织生产市场急需的盈利产品"，但结果是 2015 年前三季度未分配利润 − 7. 62 亿元、资产负债率 84. 35%。从扭亏为盈走出困境到重新"返贫"等待救援的"过山车"式国企改革除归咎于经济和行业的周期变化外，未完成国企改革遗留的症候是主因。如果改革只能实现顺周期效应则表明改革未触及更深层面，如市场和企业家精神尚未成为推动国企成长的动能而还依赖于政府的不适当干预和过度保护。

2. 国有僵尸企业形成机理初步分析

国有僵尸企业的形成受多方面因素影响，如行业周期、盲目扩张、政策性亏损、技术落后、企业内部管理等，然而从僵尸企业的常规界定标准看，政府与银行是形成国有僵尸企业的最主要根源。

（1）政府在帮助国有僵尸企业存活。这主要表现在两个方面。其一是获得政府政策支撑且能轻易获得银行贷款进行扩张，比如地方政府对经济发展多采取保护主义政策。也就是说，国企有政策做靠山则市场机制自然就会被扭曲而导致过度投资、生产效率低落以及不良信贷等问题发生。其二是政府补贴本质上是为了让企业获得资金扭转不利局面而现实却成为对国有僵尸企业的隐形担保，财政补贴过度支持是导致僵尸企业大量存在的重要原因。截至 2016 年 4 月 7 日，已发布 2015 年报的 16 家上市煤炭企业 2015 年共获得政府补贴 20. 9 亿元，较 2014 年获得的 11. 6 亿元政府补贴同比增加 80%。

（2）银行愿意放贷给国有僵尸企业是因为这些企业基本上都获得了来自政府的担保，地方政府各种有形无形的压力迫使银行机构放松贷款标准、降低贷款条件去支持过剩产能行业，而支持过剩产能也与银行自身利益高度契合，因为地方政府给钢铁、煤炭、水泥等对 GDP 贡献较大行业背书及持续补贴安排，企业愿意承贷就意味着批发贷款已投放而银行利润便会形成，为此银行甚至与地方政府及企业（集团）签订战略合作协议以上门"送贷"，银行也就省去了细分市场和研究产业等方面的耗费。当企业出现市场变化甚至陷入严重亏损时，"救企业就是救自己"的非理性避损思维促使银行动用新金融资源并同地方政府一起"积极"救助，银行资金不论是续贷还是新增投放到国有僵尸企业实质上都是资金沉淀而并未真正再次流动起来，其后果就是维持和推高了过剩产能而出现国有僵尸企业。汇通网数据显示，国企产出对 GDP 贡献不足 1/3，但从银行获得的贷款约占 50%，并且公司债发债规模约占 80%。实证分析表明国企利润因为长时间以来的信贷优惠而被夸大。"银行—国企模式"结局就是银行不良率不断上升而国企债务率也快速增加的"双输"。

（3）企业破产制度不健全及配套体系不完善。我国当前去产能政策强调兼并收购国有僵尸企业而不是破产清算，这相当于把安置失业工人和处置不良资产的责任推给了其他企业和银行。实际上这还是在用典型的行政方式处置国有僵尸企业，体现为政府干预和过度保护下的习惯性职能错配行为，行政补亏、银行续贷及行政式兼并重组等都无助于厘清政府功能定位，而与此形成鲜明对比的是全国法院审理的破产案件数量近年来整体上呈下滑趋势，通过破产程序退出市场的企业很少，比如我国适用破产程序案件的数量不足美国的 0.2%、西欧国家的 1.16%。这反映出我国破产重整制度起了逆向调节作用，主要根源在于我国重整制度的基础还是大陆法系管理人制度，行政力量特别强使得管理人制度行政化与法院强裁制度滥用。另外，清理僵尸企业最大阻力之一是人员问题，而《劳动合同法》相关条款使得国企职工"下不来""裁不掉"等问题突出。企业与职工不分的后果就是形成保企业就是保职工的预期，而实际上保国企员工就业是推动国企演变为国有僵尸企业的因素。

（4）国家对国企考核指标使用上的不当。全面理解"做强做优做大国有企业"的内涵而避免简单的"做大"，实践已经表明，国企一味做大必然陷入产能扩张的"囚徒困境"而导致更多产能过剩以致形成更多僵尸企业。《中共中央、国务院关于深化国有企业改革的指导意见》强调"坚定不移做强做优做大国有企业"，然而无论是国企还是民企都有做大做强的情结，认为只有大而强的企业才有竞争能力，而对国企绩效考核也遵循着这样的逻辑，比如当前中央政府考核地方官员业绩的一个重要标准是当地经济发展状况，该指标实质上就是当地 GDP 增速，而加大投资是提高 GDP 增速的有效手段，这需要本地企业迅速做大规模，追求销售额与总资产增大成为企业经营目标。

　　上述四个方面推进了国有企业经营风险债务化并外溢演化为社会成本，而且它们往往交织在一起，国有僵尸企业可以说是银行、政府与企业三者间市场机制被扭曲下的资源错配的结果，即国有企业在政府信用背书基础上占有大部分优质银行贷款资源，这些资源因非市场化导向被配置在盈利能力较差领域而导致资源错配。可以看出，国有僵尸企业的产生是市场经济与政府干预共同作用的结果，甚至可以说国有僵尸企业的出现一定程度上是政府、企业和银行间"政企合谋"的结果，而国有僵尸企业清理也就是发挥市场在资源配置中决定性作用和更好发挥政府作用的过程。

　　3. 国有企业的企业家精神缺失

　　这是国有僵尸企业形成原因中经常被忽视的企业自身微观因素，也就是说，国企企业家将最主要精力放在获取政府补贴和银行救助上以维持企业生存，而不是聚焦于国企内生能力的提升，比如新华网报道称2017年"两会"期间有人大代表结合自己亲身经历说一家民营企业产品优质但"连一个国产螺栓都不敢买"的情形。国家尽管已经出台了《关于国有企业功能界定与分类的指导意见》，但国企仍然处于半行政化与半市场化之间；《中共中央、国务院关于深化国有企业改革的指导意见》虽然明确了到2020年造就一大批德才兼备、善于经营、充满活力的优秀企业家，但国企核心领导依然以行政方式任命且并未真正承担商业风险。受政府束缚的国企领导人还不是严格意义上的企业家，中共十八届三中全会提出的更好地发挥企业家作用尚难实现，只有通过简政放权才能杜绝国企企业家把行政习气、裙带关系带到企业并摆脱非生产性行为而专注于企业活力提升。

三、国有僵尸企业清理的整体制度安排

　　诺贝尔经济学奖获得者莫顿·米勒曾提及日本"失去的十年"就是救助僵尸企业的结果。研究表明，僵尸企业占比与行业全要素生产率增长率具有显著负相关关系，最终导致经济增速逐渐下降。国有僵尸企业清理过程实质上是重塑政商关系以切断国有僵尸企业形成机理，比如国企和国有银行"连体双胞胎"（siamese twins）关系就意味着金融市场受到权力严重干预而形成国家资本误配，这导致国企利润因信贷优惠被夸大并影响到国企缺乏改善经

营水平的动力；民营企业则热衷于政治关联而与地方政府建立利益交易关系以获取低于市场价格的土地、贷款、用电等各类生产要素，有效率的民营企业就此可能失去对主业发展的积极性而逐渐变成了国有僵尸企业。清理国有僵尸企业必然面临人员分流安置、企业债务处理及资产处理，即"人往哪里去"和"钱从哪里来"两大重要问题。总体上看，处置国有僵尸企业必须厘清政府与市场的界限以避免行政过度干预。国有僵尸企业清理的整体制度安排包括了直接与间接两个层面，其中直接层面是应对国有僵尸企业形成机理，主要包括下面的第 1～5 方面的内容；间接层面则是从宏观上调整经济资源在企业群体中的配置，主要指下面的第 6～8 方面的内容。

1. 国有僵尸企业清理的责任主体

国有僵尸企业大多依附于国有企业集团，但与集团主业没有关联却造成集团组织体系臃肿和复杂化，因此，中央企业集团公司应是处置国有僵尸企业的责任主体，这也有利于中央企业集团进行"一企一策"具体安排，通常可考虑把国有僵尸企业处置工作纳入监事会重点监督检查范围，只是中央企业应该是真正合格的市场主体。当然，这也意味着要改变考核制度以激励国有僵尸企业处理，因为把处理低效无效资产纳入考核体系而同时放宽企业利润考核无疑给企业提供更多动力去处置国有僵尸企业。

2. 银行机构不良贷款的显性化

处置国有僵尸企业应设计出使银行给僵尸企业提供贷款的动机减弱甚至主动暴露不良贷款的监管机制。通常银行给僵尸企业持续提供贷款需要使贷款对应的投资项目显示出效益，典型做法是高估抵押品价值和项目未来盈利水平并配合使用较低折现率，另外，银行还会隐瞒企业已出现的诸如经营款拖欠、"摆账资金"粉饰企业报表抬高授信等情形。银行这样做的动机很大程度上源于不当的业绩考核体系和追责机制，因为银行对利润增速有考核而不良资产处置和冲销则侵蚀利润，并且对发生的不良贷款通常是终身追责的。解决银行不再为僵尸企业输血的基础是实现不良贷款显性化，也就是重估不良贷款价值以计量资源误配程度。另外，对于有效保全银行资产应构建债权人一致行动平台和机制以防止个别债权人单独行动而影响处置大局。

3. 国有僵尸企业财政补贴的规范与限制

我国目前各类行政补贴名目繁多，甚至出现重复补贴和反向补贴，清理政府补贴并停止给国有僵尸企业财政补贴是实现市场出清的重要制度。政府应充分发挥国有资本预算功能以解决国有僵尸企业，这是因为，国有资本预算是进行国有资本进退调整的重要手段，应实现规范和限制对企业的财政补贴，这也体现为国有资本预算对公共资源的保护而使其不被滥用。比如企业间并购重组是清理国企僵尸企业的主要途径，为此政府要把对产能过剩企业的补贴转为对兼并重组方优势企业的补贴。同时，精准补贴失业职工远胜于补贴僵尸企业，因为把企业与职工分开意味着政府和企业的边界就清晰了。

4. 利用市场化手段并强化《企业破产法》作用的发挥

僵尸企业出清存在行政和市场两种方式，国内倾向于行政方式而不是市场方式，并且多是在地方政府参与下以幕后谈判的方式解决，但实践表明行政方式救助僵尸企业会使问题变得更严重，如僵尸企业更有争取债转股的动机、借重整名义逃废债务以保护僵尸企业等；又比如华润集团以其多元产业格局下企业体系的内部协同而优先考虑煤炭分流员工，但该做法很可能不仅使产能过剩和盈利能力弱的问题得不到根本解决却造成其他企业僵尸化。市场化破产法实施是改革方向，可以说依照《企业破产法》实行企业破产重整与清算是从法制层面划清政府和企业关系而实现企业市场运行，破产出清国有僵尸企业是目前较好的市场化退出方式。2016 年最高法院公布《关于在中院设立清算与破产审判庭的工作方案》要求直辖市应至少明确一个中院设立清算与破产审判庭，省会城市、副省级城市所在地中院应当设立清算与破产审判庭。鉴于法院受理国企破产不仅要债权人和股东同意，还需上级主管部门、地方政府的批复及要求有企业维持稳定的预案等，因此，政府和法院的合理分工是国企破产首要解决的问题，当然清理国有僵尸企业并不意味着降低对可能的国有资产流失防控，合理评估国有资产价值是基础。

5. 上市国有僵尸企业退市的投资者保护

国有企业从上市求生到补贴保壳再到卖壳解困的资本市场运作实质上就是政府有形之手支撑上市僵尸企业，上市国有僵尸企业具有更大的危害性，比如作为大股东的僵尸企业占用上市子公司资金以补充维持自身资金链不断裂、上市僵尸企业利用稀缺"壳资源"获利及上市僵尸企业借助所谓"重组"题材圈钱等。清理上市国有僵尸企业有利于 A 股市场供给侧提升活力，其退市能够起到较好的资源优化配置效果，但不应忽视公平的投资者保护，也就是说，在投资者保护和国有僵尸企业清理这两个目标间合理权衡。上市僵尸企业退出需要系列配套政策支持，资本市场注册制的推出才能真正遏制上市僵尸企业炒作，从而使退市制度能真正发挥作用。

6. 国资管理体制的市场化重构

改革开放至今，国有企业改革一直是经济体制改革的中心环节，已经进行了"转换企业经营机制""建立现代企业制度""政企分开与两权分离""结构调整，抓大放小""股份制与深化国资管理""管资本"等多轮重大改革。然而，数据显示，我国僵尸企业基本上都是国有僵尸企业，也就是说，国有企业中有国内最大的僵尸企业群体，而非僵尸国有企业还存在程度不一的僵尸化倾向，比如企业整体能生存但局部业务出现持续性亏损或者整体经营趋向持续恶化、国企总资产规模大却建立于巨额亏损和债务等。因此，要从根本上解决僵尸企业问题除了淘汰过剩产能、停止资金输血外，更应清楚地认识国有僵尸企业存在的根源在于国资管理制度环境，清理僵尸企业要兼顾结构调整与产权改革，否则会不断形成新的僵尸企业。

7. 国企管理机制的优化

从微观层面看，国有僵尸企业所表现出的运营效率低下、资源配置低效及产能扩张无序等问题与国企管理层相关，国企管理层的特定行为是导致多行业出现严重产能过剩的重要原因。现阶段，国企高管定位于政府官员还是职业经理人仍然不清晰，但总体上看多是希望通过扩大企业规模、贡献 GDP 增长、提高就业率等实现政府系统升迁，而不是追求企业利润、创新和可持续发展。另外，即使国企高管专注于提升企业经济效益与效率，但现阶段激励机制却使其无法分享企业利润增长而缺少提升企业盈利能力的动力。这两种状况的存在都会把国企高管对国企的控制权和影响力转化成个人的私利，其后果就是管理层掏空行为的发生。另外，尽管国有僵尸企业外在表现为债务出现问题，但根本原因却在于商业模式和管理机制存在致命缺陷，尤其是国有企业呈现出政策对标式管理与政商一体商业模式，即使银行对其实施债转股也无法生存。

8. 国企信息披露体系的完善

国企改革的基础之一是实现充分信息，通常认为信息不完全会导致市场失灵而意味着政府干预，但政府干预又可能出现政府失灵，由此看出充分信息是在厘清市场与政府间的边界。尽管国企出于上市、融资发债等目的推行财务信息公开，国资委也探索建设统一的国有企业信息公开平台以支持中央企业信息公开工作，但"管人、管事、管资产"体制使得国企报告语言自成体系，而"管资本"体制则意味着信息必须按市场规则披露。清理国有僵尸企业极可能遭遇僵尸企业管理者与地方政府合谋而隐瞒企业真实经营情况以骗贷，这需要尽快统一国有僵尸企业的确认标准而建立健全国有僵尸企业数据库，尤其是这类企业民间借贷、三角债、多角债等特殊债务信息，在清理国有僵尸企业取得阶段性成果后可考虑构建国有企业僵化指数以实现对经济运行僵化状况的常态化监控，这也有利于建立及时纠错机制。

四、国有僵尸企业清理的再思考

国企改革是中国经济大变革的战略性环节，也被认为是一项世界性难题，尤其在我国面临着改革优先还是稳增长优先的政策取向问题，这在国有僵尸企业清理上体现明显，也存在保增长的短期目标与促改革的长期目标间的均衡问题。国有僵尸企业代表了一种供给结构错配的特定国企形态，清理国有僵尸企业可以归结为关停并转等方式退出、重组合并而重新配置资源、转换新运营方式以实现有效供给、扩大出口以开辟新市场和加快产能输出等五大路径。但不管选择何种方式，当前复杂的国内外经济形势下的预期管理显得尤为关键，政府限制过剩产能主要依赖市场和破产来解决的政策信号对稳定市场预期十分重要，清理国有僵尸企业的基础是厘清政府与市场的边界，这也有助于预防僵尸经济的形成。事实上，2016 年 6 月 6 ~ 7 日，第八轮中美战略与经济对话框架下经济对话高度关注中国僵尸企业处置就强化了市场化预期，真正意义的国有僵尸企业处置实际上就意味着恢复市场机制，并借势改革导致国企低效率的体制弊病。

另外，还存在选择性国有僵尸企业清理问题，即淘汰国有僵尸企业并未指向大型国有企业，而现阶段被清算企业多为小规模企业。援引英国《金融时报》网站 2017 年 2 月 28 日报道，2017 年 2 月 28 日中国最高法院表示中国法院系统 2016 年共受理 5 665 件破产案，比 2015 年增加了 54%，大约 3 600 件审结案件中的 85% 导致了破产清算，然而其中很高比例的破产清算来自中小型民营制造企业，而国务院国资委曾在2016年梳理出中央企业需要专项处置和治理的僵尸企业和特困企业2 041家，涉及总资产达3万亿元人民币。这表明有些国有僵尸企业受到各级党委政治庇护，这其中就包括法院持有保护大企业经营的动机。这样的后果就是会继续催生出经济效益低下甚至无经济效益的国有实体的特殊行为及与其相关的其他形式结构性脆弱。

对比规模较小的东北特钢集团与规模较大的中国中钢集团公司，前者债务发生违约时政府并未制订有针对性的救援计划，而后者却得以至少5次延长债券回售登记期，尤其是后者2014年9月爆出贷款逾期，债权人委员会核查发现其截至2014年12月末的整体债务逾1 000多亿元，涉及金融机构债务近750亿元，牵涉境内外80多家银行。经过银行、企业、国资委等利益各方反复博弈，中国银行2016年12月9日公告称中国银行、交通银行、国家开发银行、农业银行、进出口银行和浦东发展银行与中钢集团正式签署债权重组协议，采取"留债＋可转债＋有条件债转股"模式，将经德勤审计后的金融机构600亿元左右债务分为规模各约300亿元的留债和转股，其中留债利率在3％左右，总共能减免利息负担130亿元。

中钢集团成为本轮债转股首例中央企业是存在争议的，因为这轮债转股的负面清单包括僵尸企业、恶意逃废债企业及有可能助长产能过剩企业等，然而，由于各部委对僵尸企业只有定性而没有制定统一的定量指标，这使得在实际操作层面很容易被曲解和利用。以银监会《关于钢铁煤炭行业化解过剩产能金融债权债务处置的若干意见》为例，该《意见》提出对资产负债率较高、在国民经济中占主要地位的钢铁煤炭骨干企业按照市场化和法治化原则开展债转股工作。显然，在未清晰厘清骨干企业和僵尸企业前，中钢集团即使处于过剩产能行业也可以骨干企业遭遇暂时困难为由而使自己不背上僵尸企业之名。再从银行角度看，即使国家发展改革委划定了过剩产能行业且地方政府确定了僵尸企业名单，但银行业却处于信息不对称地位而难以辨析是否为过剩产能行业僵尸企业。

由此可以看出，这些因素的存在意味着国有僵尸企业清理充满了道德风险和逆向选择，也就为国有僵尸企业提供了机会，中钢集团被认为2008年就应破产，但靠输血支撑到现在，而且从其业务重组方案宣称的发展四大优势产业来看也没有显示出具备核心竞争力的资产，其实质上就是国有僵尸企业而不仅仅是财务高负债，但现实却是中钢集团实施了债转股而东北特钢进行了破产重组。因此，为了规避国有僵尸企业绑架经济政策，国有僵尸企业清理应主要由市场决定而不能过于依赖行业地位、企业规模等政府主观判断，行政性国有僵尸企业清理必然引发严重的寻租活动。对中钢集团实施债转股有着一定程度的维持稳定意味，而这无疑延缓了导致中国经济效率低下的国有僵尸企业的清理进程。各级国有僵尸企业清理在处置过程中应当是平等的。

此外，对国有僵尸企业清理可能带来的国有资产流失问题要特殊处理，这是因为市场化与法制化国有僵尸企业处理意味着债权人履行职责之前必须让国有股东减资（通常为100%），这显然会引发国有资产流失的争论。理论上，国有僵尸企业资产已经没有价值因而不存在流失问题，存在这方面争论的实质是保护银行债权人权益（公民存款）还是保护特定部门所有权益的问题。

主要参考文献

［1］何帆、朱鹤：《一颗老鼠屎和一锅老鼠屎——僵尸企业系列研究之二》，载于《财新网》2016年1月13日。

［2］易艳刚：《僵尸企业生与死——学者与记者的对话》，载于《新华每日电讯》2016年5月17日。

［3］社论：《清理僵尸企业需要断舍离》，载于《第一财经日报》2015年10月13日。

［4］董希淼、杨芮：《商业银行如何走出僵尸企业困局》，载于《新华网》2016年6月4日。

［5］定军：《国务院清理僵尸企业亏损三年以上央企"出清"》，载于《21世纪经济报道》2015年12月10日。

［6］谢玮：《僵尸企业生存实录》，载于《中国经济周刊》2016年第3期。

［7］赵珂：《无限输血不是办法 中央要求尽快淘汰僵尸企业》，载于《央广网》2015年11月21日。

［8］张栋、谢志华、王靖雯：《中国僵尸企业及其认定——基于钢铁业上市公司的探索性研究》，载于《中国工业经济》2016年第11期。

［9］朱鹤、何帆：《中国僵尸企业的数量测度及特征分析》，载于《北京工商大学学报（社会科学版）》2016年第4期。

［10］吴佳柏：《中国经济中的僵尸企业》，载于英国《金融时报》2016年3月4日。

第五章

国有资产流失防范：理论建构、实务辨析与机制创新

从 20 世纪 90 年代初开始的多轮国企改革，共同聚焦点都包括国有资产流失防范，但现实却是国有资产流失的敏感性迟滞改革进程，国有资产流失话题每每都使得政府政策不同程度地收缩，国有资产流失已经成为国企毁约的惯常理由甚至导致国企改革因此停步，2004 年"郎顾之争"使得国企改制被叫停就是明证。然而，国有资产流失又一定程度上存在国有资本"掠夺之手"现象，新华都实业集团董事长陈发树购买云南红塔所持云南白药股权纠纷案败诉案件凸显该现象。可以说，国有资产流失防范不当会形成"为民争利"同"与民争利"间的冲突，使得国企改革形成产权不相容的不利局面。国有资产流失与公有制产权特点有较强关联性，公有制经济产权责权利关系较私有产权更复杂，尤其是公有制环境中不受监督的权力最容易滋生腐败，因此，需要创新适应公有制产权保护制度的国有资产流失防范机制。始于 2013 年的最新一轮国企改革更是为防范国有资产流失而强化了监管政策，这同样存在着利弊权衡问题，否则会出现国有资产流失防范带来高社会成本的后果。总之，国有资产流失是一个宪政问题，不论是国有经济本身还是党的执政基础乃至社会舆论与国民心理承受度上，国有资产流失防范一直是国企改革的焦点与国资管理的永恒主题。

一、国有资产流失的实质与概念体系

防范国有资产流失是深化国企改革必须坚持的原则和底线，然而有时涉及国有资产改革方案最终都不同程度地出现少数人牟取私利而侵吞国有资产。多轮国企改革实践显示社会对国有资产流失的判断多来自个体主观认识而无

客观标准，比如国有企业所有权在市场上交易是基于"价格"还是"价值"作为评判标准是值得探讨的；国企改革应该怎样追求"保值增值"值得深思，是追求国民财富保值增值还是政府财富保值增值；国有资产流失应站在整体社会福利增长角度，还是国有企业微观个体国有资产交易角度进行评判；等等。这些问题的核心是对国有资产属性的正确认识及国有资产流失概念的精确界定。

1. 国有资产属性演变

国有资产本质上是全体国民所有，但不能将国有资产流失也上升到全民财产或国民财富的高度，全民财产或国民财富对应着国有资产的名义所有者，名义所有者基本上不能真正行使所有者职能，而国有资产流失对应的是国有资产名义所有者的代理人。对国有企业组织而言，名义所有权不是不重要，但实际的控制权、收益权和转让权的配置才是具体而微的，实际情况也恰恰是国有经济活动是由各类代理人来进行的。而且不做这种区分就会模糊国有资产流失概念的边界而使得深化国企改革无法进行，但不能否认所有者激励与约束是前提。以员工持股计划为例，如果将国有资产流失上升到全民财产角度进行评判，则肯定存在国企全民财产由少数人持有的国有资产流失之虑，变通的做法就是不能把存量国有资产的一定比例量化给员工而只能实施新增利润基础的增量改革。又比如政府用财政补贴竞争性国企、中央企业研发资金利用率低、中央企业过高的福利支出等都可视为国有资产流失，从国有资产全民所有性质看，这些都是隐性国有资产流失。当然也存在将两个概念近似等同的事件，比如，2015 年 7 月 8 日国务院国资委发文要求各有关中央企业在股市异常波动期间不得减持所控股上市公司股票，同时支持中央企业增持股价偏离其价值的所控股上市股票。这就是中国资本市场的中央企业"爱国护盘"，该事件可以称得上中央企业运用资本工具推进市值管理，而稳定股市行情也就间接地实现了资本市场各类投资者的资产保值增值，显然资本市场各类投资者属于国有资产名义所有者的范畴。事实上，从国有资产名义所有者角度是可以构建国有资产流失概念的，比如以全民收益来评判国有资产流失程度，只是这样构建的评价指标体系又过于理想化且主观性太强，因为这同样陷入名义所有权对国有资产要求权的不可计量。就法律层面而言，国有企业从 1988 年《全民所有制工业企业法》的主体制度转变为 2008 年

《企业国有资产法》的财产客体制度也凸显可操作需求。

然而，对国有资产本质认识的变化却也显示出了极端性。不可否认的是，国有资产形成之初是政治的，直接体现出国家的政治意愿，公有制下国有资产的首要之意就是公有资产，其功能的发挥是通过政治过程而不是市场安排来满足公共利益的，这种政治过程的直观体现就是中央计划体制，就是把整个国民经济办成一个超级国家公司，其运营必须由最高权力当局决定，通常由中央政府和中央政府主席来行使国家行政权力。随着社会主义市场经济体系的初步建立，名义所有权下的计划经济较大部分为国有经济所替代，其他经济成分作为补充，政府顺理成章地成为国有经济代理人从而行使国有资源配置权，公有资产主体也由抽象的国家转变为较具体的政府，公有资产进而转变为国有公产，即政府作为抽象的国家的代理人开始以非完全的政治进程安排公共利益的提供。伴随对社会主义市场经济认识的深入，政府作为抽象的国家的代理人更直接地以市场化方式进行国有资源配置，并且这种国有资源配置更多的是以国有企业为主体实施的，而国有企业又以现代企业制度作为治理框架，国有企业政企分开与自主经营的要求使得国有公产越来越具有了国有私产的特征。随着国有资产管理体制的诸多弊端的出现，尤其是党的建设很大程度上被忽视，甚至有中央企业在深化国企改革方案中几乎不提党的建设，而《关于在深化国有企业改革中坚持党的领导加强党的建设的若干意见》指出坚持党的领导是国有企业的独特优势，这意味着国有资产要面临新制度的规范，但最危险的就是国有私产化对国有资产属性的冲击。

上述国有资产属性的演变具有体制特征，尽管从制度层面看，国务院国资委 2010 年首次提出 13 个要素指标并开始研究制定《做强做优中央企业、培育具有国际竞争力的世界一流企业要素指引》，其中包括了自主创新能力强、拥有自主知识产权的核心技术；拥有国际知名品牌；具有先进独特的企业文化和较强的社会责任等方面的内容，但从技术层面看，不管国有资产属性建立在哪个体制特征视角，对这些国有资产属性的确认与计量却都局限于账面价值，企业隐性国有资产被忽视，比如中央企业数字资产价值增值效应、公共资源商业性开发潜力等。当然，对国有资产属性的认识也影响到隐性国有资产的确认与计量，不同体制机制下的国有资产价值范畴是不同的，也可以说国有资产属性特征决定着国有资产价值边界。从这个角度看，供给侧结构性改革提出提高全要素生产率，就意味着企业国有资产应该作为生产要素来看待，其价值创造就要与相应的生产方式、商业模式及运营模式等相匹配。

总体而言，国有资产价值不能简单地以等价交换来绝对地计量。实际上，《中共中央、国务院关于深化国有企业改革的指导意见》提出国有经济活力、控制力、影响力、抗风险能力明显增强的目标对国有资产功能实现提出了更高要求。比如现阶段国有企业尚处于半行政化和半市场化之间，呈现出政策对标与政商一体商业模式，其投资决策极可能将国有资产的经济性与政治性统筹考虑。换言之，国企定位决定着国有资产价值及实现方式，而国企定位无疑与国有资本宏观配置直接相关。

2. 国有资产流失概念辨析

1988 年 5 月成立的国家国有资产管理局于 1998 年发布的《关于国有资产流失查处工作若干问题的通知》从四个方面对国有资产流失进行了界定，即：（1）造成国有资产流失的违法主体必须是国有资产的经营者、占用者、出资者或管理者；（2）违法主体必须对违法行为的发生具有主观故意或者过失，即具有过错；（3）必须是违反法律、行政法规和规章的行为；（4）必须有国有资产流失的结果发生，或不加制止必然产生国有资产流失的后果。2003 年，财政部印发了《2003 年国有资本保值增值标准值》。2004 年，国务院国资委公布的《企业国有资本保值增值结果确认暂行办法》明确规定了国有资本保值增值率的计算方法，指出当企业国有资本保值增值率小于 100% 则国有资本减值，即国有资产在一定程度上流失。2005 年 9 月，国务院国资委在《关于上市公司股权分置改革中国有股股权管理有关问题的通知》中明确提出要将市值纳入国有资产考核体系。2008 年颁布的《中华人民共和国企业国有资产法》第十条规定"国有资产受法律保护，任何单位和个人不得侵害"。2010 年，国务院国资委正式将经济增加值作为最重要的基本指标之一考核中央企业负责人业绩。2011 年底和 2012 年初提出在中央企业全面推行经济增加值动态监测与价值诊断，要求中央企业 2012 年抓紧建立健全经济增加值动态监测制度。2014 年，国务院国资委下发《关于以经济增加值为核心加强中央企业价值管理的指导意见》，要求中央企业力争用两个任期左右的时间，建立基本完善的价值管理体系。

显然，《关于国有资产流失查处工作若干问题的通知》与《中华人民共和国企业国有资产法》将国有资产流失的评判标准建立在两个基本特征上，即国有资产流向非国有产权主体与非国有产权主体没有合理补偿国有资产的流出。从产权角度看，国有资产流失实质上是公共资产私人化，是一种隐性私有化形式，比如国企腐败就属于一种公共资产私人化的制度性问题。对国有资产流失的具体计量则使用了国有资产价格概念，即凡是发生了国有资产流动就用其现行交易价格来衡量等价交换程度。对于常规的国有资产绩效考核则采用了基于财务报告的国有资本保值增值率指标。由此固守某一具体指标（或价格）就成为国有资产流失防范的核心内容，这样即使发生了国有资产自然流失，政府也极可能会使用行政手段来维护其所谓的可接受价格，这种行为也极易阻碍国有资产从无效系统向有效系统的流动。

当然，市场经济环境下政府过度依赖行政手段维护国有资产流转价格是不现实的，独立的第三方资产价值评估开始提供专业支撑。2016 年 7 月 2 日通过的《中华人民共和国资产评估法》第三条就明确指出"涉及国有资产或者公共利益等事项，法律、行政法规规定需要评估的（以下称法定评估），应当依法委托评估机构评估"。实践中资产评估业务的 80% 以上属于国有资产评估，而且国有企业与非国有企业间资本转让、并购、重组、股权交易等活动随国资国企改革不断深化更趋频繁。然而资产评估终究只是提供了资产价值的参考价格（底价），实际成交价通常选用或高于参考价格但极可能与目标成交存在差异，而该差异是否被认为是国有资产流失则很大程度上取决于国有资产交易本身的特性，因此，为规范企业国有资产交易行为而颁布了《企业国有资产交易监督管理办法》，对国家出资企业产权转让、增资、资产转让等国有资产交易行为做出详细规定。从这两个法规来看，为确保国有资产交易价格不会导致国有资产流失而从价值评估与交易程序进行了监管。

二、国有资产流失实务辨析

民营资本以低于净资产价格引入国有资本通常会获得好名声，而国有资本以低于净资产价格引入其他所有制资本则被打上"资产贱卖"和"利益输送"的标签。红塔集团 2009 年 9 月 10 日与陈发树签订《股份转让协议》，陈发树以每股 33.54 元购买其持有的占云南白药总股本 12.32% 的 6 581.39

万股权，22.08 亿元转让总价在随后 5 个工作日内一次性支付。附加条款约定："本次股份转让事项须报相关有权国有资产监督管理机构审核批准后方能组织实施"。2012 年 1 月 17 日中国烟草总公司以"为确保国有资产保值增值，防止国有资产流失，不同意本次股份转让"为由拒绝了此次股份转让交易。2014 年 7 月 23 日最高人民法院判决红塔集团自判决生效之日起 10 日内向陈发树返还 22.076 亿元本金及利息，红塔集团仍持有云南白药 12.32% 的股权。国资审批在该事件中成为挡箭牌，但云南白药此期间股价从 43.92 元/股涨至高价 119 元/股是重要导火索，显然协议签订后的云南白药股价上升被归因于协议签订时股价低估而得出国有资产流失的结论，国有资产流失已成为国企毁约的惯常理由，甚至可以说国有资产流失本身体现了一种伦理评价标准。

1. 国有资产流失的基本类型

国有资产流失现象是客观存在的，这意味着国有资产流失存在着风险点和制度死角，比如中央巡视组发现贪腐和监督不力是中央企业国有资产流失的最大黑洞，而一些大型国企"塌方式腐败""系统性腐败""链条式腐败"就是明证。实践中的国有资产流失现象可从多个角度观测。最常见的是国有资产体制性流失、国有资产掠夺性流失与国有资产交易性流失的划分。其中，国有资产交易性流失也可称为国有资产市场性流失。国有资产体制性流失的明显现象就是国有企业不改革而出现国企经营者以国有资产流失换取个人腐败利益。最典型的国有资产体制性流失当属腐败，盲目投资及管理不善等也位列其中。比如国企与同类型民企相比其生产成本高出的部分实质上就是一种国有资产体制性流失。国有资产掠夺性流失则特指国企管理者侵蚀与掏空国有资产。比如官商勾结大肆低价收购国有资产，地方党政部门勾结民企侵吞国有资产等行为。国有资产交易性流失是指运用各种手段、各种渠道将国有资产转化成非国有资产，比如国有资产交易过程中不评估、低评估而隐蔽资产。实践中，以国有资产交易性流失为由拖延改革而放任国有资产体制性流失现象时有发生。

还有一种较常用的分类是转移式国有资产流失、消耗式国有资产流失与效益性国有资产流失。转移式国有资产流失发生在资产评估、审计、尽职调查、招投标、采购管理、薪酬分配、生产经营管理、资金管理、法律纠纷、对外并购、对外投资、担保、管理层收购、资产处置等多个环节，通常表现为国有资产高买低卖、国有资产评估操纵、对外乱投资等。消耗式国有资产流失是指国有资产未发生流转而导致国有资产价值损失，通常表现为对僵尸企业的救助、经营决策失误、效益低下或达不到应有回报等。也可以说，国企不改革国有资产就会一直流失。效益性国有资产流失是指国企效益处于低谷而被以亏损为借口在资产评估中人为地压低资产价格、人为地下调转让价格等，企业效益差相较于企业效益好而出现较大估值差距，即因国企效益不好带来国有资产贬值。反之，垄断国企以优质资产与民企进行混合所有制改制实质上是一种利益输送而造成国有资产流失。另外，还不能忽视管理性亏损甚至是刻意形成的管理性亏损所导致的国有资产流失，这是因为管理性亏损实质上可能转化为少数人的福利。

另外，也可以将国有资产流失划分为非法侵占导致国有资产流失、行政干预导致国有资产流失。前者通常表现为政府公职人员与国企代理人合谋、交易人与国企代理人合谋、政府公职人员与交易人合谋而国企代理人不知情或未主动参与等致使国有资产流失；后者通常表现为借助行政权力明示、暗示或诱导国企代理人行为或者行政权力介入管理者选用机制而人员错配等致使国有资产流失。国资监管系统、地方政府及国有企业经营者间的博弈也造成了形形色色的国有资产流失，比如确实出现了地方党政部门勾结民企侵吞国有资产的现象。

国有资产按照流失形式可分为显性流失与隐性流失。前者表现为国有资产转换的直接经济后果就是国有资产流失，比如非公允关联交易、违规向民营企业让利、与中介机构恶意串通高值低估等；而后者却是以间接经济后果形式体现为国有资产流失，比如过高福利支出、不恰当在职消费、劳动激励不足及出工不出力等。国有资产隐性流失往往隐藏于看似正常业务活动之中而具有很强的迷惑性，比如资产属于全民所有的中央企业做大成本而减少红利上缴以使利润留存体内循环，实际上就是一种国有资产流失；国有企业境外各自为战的恶性竞争导致低廉报价或接受昂贵价格而形成的国有资产流失。

当然，还可基于国有资产流失原因分为非法侵占导致国有资产流失与行政干预导致国有资产流失。前者表现为各种针对国有资产的合谋行为，如政府公职人员与国企代理人之间、交易人与国企代理人之间、政府公职人员与交易人之间等；后者通常表现在借助行政权力明示、暗示或诱导国企代理人行为或者行政权力介入管理者选用机制而人员错配等。

2. 国有资产流失的基本方式

《中共中央、国务院关于深化国有企业改革的指导意见》将防止国有资产流失作为核心内容排序在第二重要位置。《关于国有企业发展混合所有制经济的意见》对国有资产流失的表述贯穿全文并罗列了"暗箱操作"、低价贱卖、利益输送、化公为私、逃废债务等具体现象。《国务院办公厅关于加强和改进企业国有资产监督防止国有资产流失的意见》提出，加强对国有企业权力集中、资金密集、资源富集、资产聚集等重点部门、重点岗位和重点决策环节的监督。另外，不同研究者基于观测视角不同而提出了多样化的国有资产流失方式，比如罗飞（2012）认为，国有资产内部流失逐渐替代外部流失而成为国有资产流失的重要方式，形式上表现为小金库；周婧（2014）探讨了国企资产置换国有资产流失问题；等等。实际上，从贱卖国企到管理层收购再到利用"混合"机会浑水摸鱼，国有资产流失方式也呈现出多样化并"与时俱进"。上述各类规范表明，造成国有资产流失的风险点依然存在，要实现有效监管以防范国有资产流失则必须找到国有资产流失的漏洞与制度缺陷，因此，需要辨识国有资产流失的基本方式，可从宏观、中观与微观三个视角进行解析。

（1）宏观视角的国有资产流失与国有资本布局相关。国有资本的正确配置是降低国有资产流失可能性的前提，因为不正确的国有资本配置必然会导致国有资产遭侵吞或运营效率降低。《关于国有企业功能界定与分类的指导意见》将国企划分为商业类和公益类实质上就是这方面的体现，因为国有企业如果承担相互矛盾的职能就有可能从中进行利益输送，当然国有资产分类错误实质上就会形成国有资源错配而使国有资产面临流失的潜在风险，而且国有资产功能分类影响到国企改革的其他方面，比如中央企业重组整合模式选择、国有企业绩效考核体系构建、国有僵尸企业清理等，显然，这些活动都对应着相应的国有资产流失防范问题。

（2）中观视角的国有资产流失与国有资产管理体制相关。旧的国有资产管理体制的核心特征是国资委"管企业"体制，政府作为全民所有的国有企业的代理人是授权各级国资委管理国有资产的，而国有企业又是由管理层进行具体运营，由于各级国资委承担着国有资产保值增值的终极责任便进行国有资产层层管制，"管人、管事、管资产"的国有资产管理体制恰恰使国有资产流失有了更大的可能，这是因为该体制无法回避国资委和所属企业之间权责边界的确定。"管人、管事、管资产"体制面对的是企业国有资产实物形态，加之国资委将具有宏观性质的国有资产保值增值作为微观指标来考核中央企业，这些做法实际上混淆了政府宏观调控与企业微观管理的区别，是把每个行业视为具体企业来管理并为此制定深入到企业经营管理各个细节的"关键业绩指标"（KPI）以严格考核。另外，国有资产保值增值状况可能会掩盖国有资产流失情况，所以存在着频繁发生国有资产流失个案而国有资产整体保值增值状况良好的现象。比如政府以各种方式不断地向国企注入资产掩盖了国有资产流失，此种情形造成了社会公众的损失。

旧的国有资产管理体制必然导致国有资产流失概念界定及外延的泛化和国有资产保值增值微观化，这使得国资委过多强调企业国有资产保值增值，其带来的严重后果是运用政府行政或者国家机器的力量与民争利，具体表现为：①过度强调国有资产保值增值可能导致其掠夺性或垄断性甚至靠政策实现，比如以产业政策、产业安全为由保证国有资产保值增值，但这是以牺牲社会利益和民众福利为代价的；②极端追求国有资产保值增值会造成国有资产虚估增值危害，这将导致企业将其承担的风险转嫁给社会，比如估值虚高会带给交易人高风险或无交易人接盘而难以盘活国有资产创造效益；又比如政府护盘股市的一个可能原因是国企股高价位才能避免国企混合所有制改革贱卖国有资产之嫌。

传统国有资产流失防范的基本理论及实现机制是与旧的国资监管"管企业"模式相适应，深化国企改革新国资监管"管资本"为主模式将国有资产流失防范推向新范式。《国务院关于改革和完善国有资产管理体制的若干意见》就强调了"以管资本为主加强国有资产监督"的顶层设计。"管资本"体制更在于国有资产价值形态，国有资本经营预算也就相应地取代企业国有资产基础管理。习近平总书记在吉林考察时提出"三个有利于"标准，其中首要标准就是国有企业改革要有利于国有资本保值增值。由此应该实现"国有资产流失"概念向"国有资本流失"概念的转变。国有资本保值增值的观念要求创新国有资产流失的认识，比如要科学界定是国资委还是国有资本运营部门来负责国有资本保值增值，国有资本保值增值计量及国有资产流失界定等标准制定是基于"双方交易"还是"公共选择"，保证国有资本出售价格能够反映其真实市场价值的国有资本公允估价机制，等等。国有资本流失也会出现新方式，比如国有及国有控股上市公司市值管理与国有资产流失防范间的关系，像资本市场出现过股价上涨不停牌重组而股价下跌重组的国资贱卖现象，甚至故意操盘使国有企业股价大跌以达到侵吞国有资产的目的；国有资本投资运营公司未能实现投入国有资本获得公平合理的股权而带来国有资本收益减少甚至亏损等。

（3）微观视角的国有资产流失是一种特殊类型的国有资产损失。从技术层面看，作为独立市场主体的国企和其他企业一样都会面临机会风险，或是在市场竞争中取得风险收益或是承担风险损失，后种情况是国有资产损失还是国有资产流失呢？

首先，必须明确的是，国有资产流失与国有资产损失尽管存在一定关联，但在概念边界上却是清晰的，即国有资产流失之所以不能简单地等同于资产损失在于其公有制产权背景，不同所有制间的转换带有很强的政治色彩，这也是深化国企改革必然聚焦于国有资产流失防范的原因。

其次，国有资产流失可视为特殊的国有资产损失，其特殊在于主观故意或过失地违反法律、行政法规和规章。也就是说，国有资产流失必然表现为国有资产损失，只是造成损失的原因具有特殊性并且表现为不能容忍。从中央纪委及国资委巡视结果看，国企腐败现象易发多发，国有企业监管不力及权力寻租等构成了国有资产流失的重大风险点，造成国有企业资产遭受多种形式的损失。理论上，国有资产损失在企业管理实践上表现为公司治理结构、商业模式选择、资本结构动态调整等影响因素的综合经济后果，而国有资产流失却单单表现为国有资产转换过程中国有资本出资人承担损失。国资委党委、中央纪委驻国资委纪检组 2017 年 3 月 22 日召开案件通报会，对中国铁路物资（集团）总公司和中国冶金科工集团有限公司两起国有资产重大损失案件进行通报。中央纪委驻国资委纪检组组长江金权在通报案件情况时指出，各中央企业要切实落实国有资本保值增值责任，维护国有资产安全，防止国有资本流失。

三、国企改革"1＋N"方案与国有资产流失监管体系

2014 年 3 月 9 日习近平总书记在参加全国两会安徽代表团审议时明确提出"要吸取过去国企改革经验和教训，不能在一片改革声浪中把国有资产变成谋取暴利的机会"。国企改革"1＋N"方案为国有资产流失防范进行了监督机制的顶层设计，统领性文件《国务院办公厅关于加强和改进企业国有资产监督防止国有资产流失的意见》要求国有资产监管机构坚持出资人管理和监督的有机统一。国企改革"1＋N"方案使得"全面覆盖、分工明确、协同配合、制约有力"的国有资产监督体系初步成型，企业内部监督、出资人监督、专项监督与社会监督的高效顺畅监督协同机制基本构建，核查移交和整改机制、监督意见反馈整改机制、监督问责机制、监督工作会商机制、重大决策失误和失职渎职责任追究倒查机制、反腐倡廉长效机制等机制日益健全。然而不容忽视的是，深化国企改革"1＋N"方案为避免出现"中国版世纪大拍卖"而对国有资产流失防范进行了多视角建构，但不同视角的差异化监管会导致博弈而增加监管成本却未必能带来预期的监管效果。因此，一方面，应对各监督形式进行科学定位以规避无限扩大某些监督力量；另一方面需要系统建构具体的实施机制。

1. 国有资产流失监管的计量基础

国有资产流失防范的基础工作包括充分数据支撑，正如中央财经领导小组第十二次会议明确供给侧结构性改革方案的首要方向是"情况要摸清，搞清楚现状是什么，深入调查研究，搞好基础数据测算，善于解剖麻雀，把实际情况摸准摸透，胸中有数，有的放矢"。从技术层面看，就是从国有资产损失中辨析国有资产流失的量化分析，这是因为国有资产流失在财务上必定表现为国有资产损失。交易中的国有资产损失具有显性特点并由相关财务报表数据直观体现，比如，菲斯曼等（Fisman et al.）2015 年对中国 649 家国有企业 2 121 宗交易研究发现，国有资产"贱卖"在伪装交易和关联交易中的确发生且比折扣价还低 5%～7%；更早的还有杨丹 1999 年提出的国有资产流失主要表现为国有资产或股权低价转让；邓峰 2015 年研究则认为简单地将国有资产流失界定为国有资产转让对价偏离市场现值/公平现值的程度明显

错误；而张春霖则在 2004 年的研究中就明确提出，界定国企改制中国有资产流失关键是严格区分资产评估底价和目标成交价，提高出售过程竞争性和透明度情形下确保成交价高于底价才能实现真正的国家利益最大化；陈钊 2009 年进而认为，建立充分竞争的市场环境以实现信息充分披露而消除信息不对称才能防范国有资产流失。然而这些观点之争并未否认国有资产交易价格应对市场交易规则的遵守。

经营中国有资产流失计量难度较大并导致未能形成明确的法律法规规范，尽管经营中国有资产损失通过特定方式对相关财务报表数据进行调整也能得到但具有一定的主观性，尤其是不可能针对所有制差异而制定不同的核算规则。这意味着通用核算规则形成的相关财务报表数据不能直观反映特定国有资产损失，也就无从发现其中的国有资产流失，体制性国有资产流失计量就是明证。以中央企业国有资本收益上缴（国有企业强制分红）为例，基于国有企业利润失真基础上的分红实质上就是国有资产流失，比如国企经营成本中的信贷成本很可能未被合理计算，因为国企能够相对容易并以相对低廉的价格获得银行信贷资源，这意味着银行对国企进行了补贴，若这部分利润的红利没能返还给国有股东则国有银行的利益受损就形成国有资产流失，就是说国企没有向国有银行支付市场化信贷成本造成了国有资产流失。

显然，通用核算规则认为，国企信贷成本是市场化结果已经引致利润信息失真，这无疑是国有资产流失隐性化的计量驱动因素，另外，高额补贴、廉价土地和自然资源等也是重要影响因素。尽管《第五轮中美战略与经济对话框架下经济对话联合成果情况说明》提出："中方继续致力于保证各种所有制经济依法平等使用生产要素，公平参与市场竞争，同等受到法律保护。中方将建立主要由市场决定生产要素价格的机制"，而且通用核算规则中的公允价值计量若能得到充分使用会一定程度上遏制国企特有的利润失真，但鉴于转轨市场经济中的国有企业政商一体商业模式客观存在，公允价值计量尚不能调整扭曲了的市场价格及资本配置效率，国有企业财务数据终究要受到政绩观的诠释。当然，公允价值计量也开始发力于国有企业绩效评价方面，国有资产保值增值测算的经济增加值（EVA）使用是其范畴的有效拓展。

2. 非国有权益保护与国有资产流失防范

混合所有制改革是国企改革的重要突破口，防范国有资产流失是国企混合所有制改革的"红线"，《国务院办公厅关于加强和改进企业国有资产监督防止国有资产流失的意见》具有统领性设计意义，但实质上该《意见》也一定程度表明了国有股东在某些特定事项上拥有话语权，这是因为国企改革主导者主要是政府或国有投资主体，保护国有资本出资人产权权益被置于最重要地位从而忽略或轻视其他出资人的权益。换言之，混合所有制企业单单强调国有资产流失对非国有资本而言有失公允，比如存在因国有企业卖给民营企业后成长起来而被认定为国有资产流失的事件，把改革红利当成流失实质上是以民营资本流失为代价的。

非国有资本对防止国有资产流失具有非常重要的作用，因为民营企业参与国企改革有助于国有资本回归生产要素本质并对其形成天然监督。《中共中央　国务院关于完善产权保护制度依法保护产权的意见》的有效实施会推动混合所有制企业国有资产流失防范与非国有权益保护间的制衡，最终构建混合所有制企业创新产权保护机制以实现各类资本共同增值。混合所有制企业创新产权保护机制的核心是架构"破除所有制身份歧视"的多元资本平权治理结构并为此变革企业价值管理模式，由此也为国有资产流失防范向国有资本流失防范的转换提供了微观基础。

3. 党组织参与公司治理与国有资产流失防范

《关于在深化国有企业改革中坚持党的领导加强党的建设的若干意见》影响着国企改革路径且用法律形式明确了党管企业，指出坚持党的领导是国有企业的独特优势，要把加强党的领导和完善公司治理统一起来，明确国有企业党组织在公司法人治理结构中的法定地位。2016 年 7 月 31 日新兴铸管股份有限公司（000778）发布《章程修订案》，在公司治理结构中新增党委和纪委并明确其七大职权，比如新增条款提出党委职权就包括参与公司重大问题的决策，研究决定公司重大人事任免，讨论审议其他"三重一大"事项；2016 年 10 月 30 日西南证券发布公告称，董事会通过了《关于修改公司章程的议案》，将在公司章程中增加"党委会"章节，增加的内容包括党组织机构设置及其人员编制纳入公司管理机构和编制、公司为党组织活动提供必要条件并将党组织工作经费纳入公司预算，从公司管理费中列支；等等。

习近平总书记在 2016 年 10 月 10～11 日召开的全国国有企业党的建设工作会议上指出，国有企业党委（党组）要履行主体责任，严肃查处侵吞国有资产、利益输送等问题。这表明国有企业是党和政府执政基础的理念体现在新一轮国企改革中就是强化党的领导，而强调党管国企的最直接目的就是要抑制腐败、避免国有资产流失。国企党委回归很大程度上是应对国企代理人问题、防范经理层权力失控的新尝试，确保董事不与管理层合谋以损害国有资产需要有介于企业内部监督和外部监督之间的党委监督，党管国企是对国企管理层既得利益的必要调整和部分国企管理者的必要约束。国企党的建设内嵌到现代企业制度意味着国有企业党委既肩负管党治党任务又负有国有资产保值增值责任，而国企负责人是党在经济领域的执政骨干，肩负着经营管理国有资产、实现保值增值的重要责任。国有企业党组织参与公司治理有效抑制内部人控制下的国有资产流失的机制需深入探讨。

四、国有资产流失防范容错机制与负面清单管理

以较大的国有资产流失为代价换取更合理的市场秩序建立也是值得考虑的，政府应该寻求国有资产保值增值与加快市场化转轨间的平衡。国有资产流失固然存在公平性问题，但过于强化国有资产流失防范而导致国有企业改革滞后同样是一种市场不公平。换言之，国企改革中的国有资产流失成为改革后国企绩效提高的成本，则这样的国有资产流失是否应该被容忍？这也就涉及防止国有资产流失的终极目标问题，也间接体现出中共十八届三中全会所强化的"控制"概念，控制必须以"做大"国有资产为核心？可以说，国有资产流失防范偏差会迟滞国企改革进程，不恰当的国有资产流失防范会使市场机制配置资源成为空话，甚至导致国有资本"掠夺之手"现象发生而造成混合所有制企业多元产权不相容，进而影响、阻碍混合所有制企业经营效率的提高。比如把国有企业存量股权量化给个人导致企业国有资本减少简单地认定为国有资产流失而只做增量改革，如《山东省国资委关于开展混合所有制改革试点工作的通知》明确规定："战略投资者和企业职工应主要以增资扩股方式参与改革，原则上不涉及企业存量资产。"更有甚者，国企在向战略投资者或个人增发新股时也单纯地将最高评估价作为存量资产计价。这些规定虽然一定程度上降低了国有资产贱卖的可能，但却难以使国有企业通过资产尽快变现而实现国有资本投资方向转型，同时大大缩小了改革空间。

1. 国有资产流失防范容错机制内涵

深化国企改革面临着巨大的不确定性，建立容错机制有其必然性，实际上改革"摸着石头过河"与容错机制是一脉相承的，我国 2016 年《政府工作报告》明确提出要健全激励机制和容错纠错机制。实际上，中共中央在《关于新形势下党内政治生活的若干准则》中已经指出，要"探索建立健全容错免责机制，鼓励探索、宽容失败，为干事者撑腰打气，充分调动干事创业积极性"。江苏省《关于全面深化国有企业和国有资产管理体制改革的意见》专门设置了"容错机制"，即有关单位和个人在推进国有企业改革中依法决策、实施，且勤勉尽责、未牟取私利，改革措施未达到预期目标的，应当给予包容。青海省《关于建立容错机制鼓励支持省属出资企业改革创新的意见（试行）》提出了"四个区别对待"和"三个免责范围条件"，配套建立"三项工作制度"，鼓励省属国有企业敢为人先、改革创新，又宽容失败、允许试错。浙江省《关于激励干部干事创业治理为官不为的若干意见》明确建立鼓励创新、宽容失败、允许试错、责任豁免的机制和办法。江西省《关于支持、保护和激励党员干部改革创新、担当有为的意见》明确对改革创新未达到预期效果或造成负面影响和损失的（重大安全责任事故除外），属于不可抗力导致，或无失职行为并同时符合 6 种相关条件的干部可免予追责。上海市出台《上海市人民代表大会常务委员会关于促进改革创新的决定》后，上汽集团和上海纺织控股等企业把宽容失败这样的容错机制写入了公司章程。

容错机制可以理解为是总结历史上国资改革经验教训而制定的，可在一定程度上提升改革动力。从理论上说，容错就是允许犯错误，但"错"本身的界定标准需要经过社会各界民意的充分讨论并建立"错"的底线。显然最重要的底线是遵守党纪国法，另外，错误必须是为推动改革而引致并且改革创新是出发点，还有就是要符合程序。当然容错机制的存在并不意味着放任"错"而不采取措施，配套制度安排包括：（1）建立规避犯错机制，如科学的决策监督体系以避免决策失误；（2）建立容错机制实施的动态评估机制，如"错"本身的合理性需要有公开性保障；（3）建立及时有效的纠错机制和恶意犯错的责任追究机制，如根据偶得且可用的改革创新最佳实践及时改变先前做法以避免更大风险。

另外，还应考虑国有资产损失责任终结者制度。国有资产流失防范容错机制一定程度上缓解了国企改革具体操作者的不必要顾虑，但仍然会有"秋后算账"等担忧从而迟滞改革进度。因此，在遵循国企改革国有资产流失防范的信息公开、运作透明、监督全面的过程理性基础上，还应实现国有资产流失防范责任终极认定的结果理性，就是由特定机构或组织对授权范围内的国企改革所涉及的国有资产损失情况进行市场化、国有资产流失与否等进行终审，通过终审则意味着事后市场出现任何变化也不对国企改革操作者追究国有资产流失责任。国有资产损失责任终结者制度的核心理念是以程序正义解决结果正义，尽管国有资产转换效果未达预期但流程全部合法合理，则结果由特定机构或组织对国企改革操作者进行担保或背书。

2. 国有资产流失防范的负面清单管理

国有资产流失是国企改革的一条红线，但《国务院办公厅关于加强和改进企业国有资产监督防止国有资产流失的意见》提出"坚持放管结合，提高效率"的基本原则，明确了正确处理好依法加强监督和增强企业活力的关系，尊重和维护企业经营自主权。该基本原则总体上表明防范国有资产流失不应是独立原则，国有资产流失防范也应建立容错机制以避免因担心背负国有资产流失罪名而错失改革良机。然而，这里存在一个值得探讨的问题，就是国有资产流失"红线"的划定标准，否则容错机制反而会使国有资产流失防范复杂化，基本思路是改变当前对国有资产流失概念界定与计量模式及分类监管等的国有资产实物基础为国有资本价值基础，使国有资本流失防范更具有市场化与法制化，并由此将容错免责办法具体化和清单化。

《国务院办公厅关于加强和改进企业国有资产监督防止国有资产流失的意见》明确指出国企内部人控制严重、企业领导人员权力缺乏制约，要求加强董事会内部制衡约束。因此，可考虑在国有企业内部人控制方面引入权力清单和责任清单用以约束国有企业负责人行为，在防范国有资产流失上可采用负面清单管理。此后，包括江苏、浙江、深圳、重庆等多个地方省市都纷纷开始制定相关细则，根据地方国资的特点建立国有资产监督管理的"权力清单"和"负面清单"，出台专门的投资经营责任、资产损失责任追究办法以严防国有资产流失，比如重庆市正在制定《市属国有重点企业投资监督管理办法》，并修订了《市属国有重点企业境外投资监管办法》，内蒙古、吉林、青海等 31 个地方国资委建立了监督工作内部协调机制，广西、海南、西藏等 25 个地方国资委建立了国有资产信息公开制度，山西、安徽、宁夏等 17 个地方国资委建立了国有企业信息公开制度。

《国务院办公厅关于建立国有企业违规经营投资责任追究制度的意见》（下称《意见》）进一步明确了九大方面 54 种需要追责的情形，范围包括集团管控、购销管理、工程承包建设、转让产权及上市公司股权和资产、固定资产投资、投资并购、改组改制、资金管理、风险管理等，并规定了时间表，强调在 2020 年年底前全面建立覆盖各级履行出资人职责的机构及国有企业的责任追究工作体系，形成职责明确、流程清晰、规范有序的责任追究工作机制。实际上国企效率不高的主因一定程度上是企业领导利用信息优势和国企制度缺陷故意制造亏损而将全民资产化公为私，对于这种内部人腐败只有通过强化制度问责来避免。

该《意见》列举了九个方面 54 种情形，这实质上就是对国有企业经营投资决策开列的一张"负面清单"。理论上避免国有资产流失在概念上的主观随意性与防范上的极端性对策之一就是制定负面清单，否则过度聚焦国有资产流失防范可能会异化国有资本生产要素特质而不利于打破国有资本体制粘性。当然，明确的负面清单也容易引发国有资本私有化倾向，因为未列负面清单项目是不受限的。明确的负面清单将国有资产流失防范的界限清晰规范既能防止监督过度也能防止监督不足，确保国有企业在合理有效的监督下拥有充足活力。

主要参考文献

［1］陈仕华、卢昌崇：《国有企业党组织的治理参与能够有效抑制并购中的"国有资产流失"吗?》，载于《管理世界》2014 年第 5 期。

［2］陈钊：《非对称信息下的国有资产流失》，载于《新华文摘》2008 年第 10 期。

［3］杨丹：《国有企业资产转让定价行为分析》，载于《经济研究》1999 年第 12 期。

［4］袁志刚：《关于国有资产流失问题的若干思考》，载于《经济研究》1995 年第 4 期。

［5］黎桦：《国企改革与国有资产流失风险的耦合性及法律治理》，载于《北京理工大学学报（社会科学版）》2016 年第 31 期。

［6］国有资产管理局：《关于国有资产流失查处工作若干问题的通知》，1998 年。

［7］高梅娥：《论国有资产流失的原因及治理策略》，载于《中国集体经济》2015 年第 6 期。

［8］王仲兵：《关于资本保全的几个问题》，载于《财会研究》1997 年第 11 期。

［9］姚玉洁、王骏勇：《国有资产流失——体制黑洞还是监管漏洞》，载于《当代经济》2005 年第 2 期。

［10］王仲兵：《关于国有资本保值增值的几个理论问题》，载于《华北电力大学学报（社会科学版）》2005 年第 2 期。

第六章

国企治理新机制：特质性、制度通道与高管薪酬

在 2013 年和 2014 年进行的五轮巡视中，70 多名国企高管在 2014 年应声落马。中央纪委巡视过程中发现一些企业高管存在营私舞弊、收受贿赂、权力寻租等问题，严重影响了企业的正常运行和健康发展。2015 年 2 月，中纪委圈定 26 家中央企业开展首轮专项巡视，中央巡视组发现中央企业存在的五大"通病"：纪检监察力量薄弱、落实中央"八项规定"和作风建设存在问题、利益输送与权力寻租、干部管理不规范、"三重一大"执行不力。统计显示，本轮巡视落马的中央企业高管 20 余名，17 家中央企业被点名批评，交通、民航领域还被揭"行业性腐败"滋生。中央企业巡视发现的问题从根本上讲是党的领导弱化，主体责任缺失，管党治党不严，党的路线方针政策未能得到有效贯彻。国企已经成为腐败"重灾区"、多发地，国企已经成为滋生腐败的理想"温床"，甚至有国企负责人职务消费腐败的"陈同海漏洞"说法。

实际上，国企整体上出现了程度不一的党的领导被弱化问题。许多国企领导日常工作几乎没有党建工作内容，党务工作排不上议事日程，党管干部原则丧失，董事会取代党委会已经不是个案。比如原中冶集团党委会与董事会套开，有的年份甚至全年未形成一份党委会会议纪要，在并购重组唐山恒通集团公司这一重大事项中未起到决策把关作用；中国铁路物资总公司不仅有令不行、有禁不止，党的领导弱化、管党治党缺失，还对下属企业疏于管控，有的业务员未经现场验收就通过 QQ 聊天确认收货；国务院国资委 2014 年下半年开始实施向中央企业派驻纪检组试点和纪委书记不允许兼职的改革，在此背景下 2015 年就任中远集团纪检组长的徐爱生在一则内部讲话记录中披露中远集团与中海集团合并方案通篇没有一个字来强调党的领导。

习近平总书记在听取 26 家中央企业巡视结果报告的讲话中严厉指出，中央企业党的领导弱化，主体责任缺失，党的纪律松弛，顶风违纪突出，权力寻租盛行，侵吞国有资产管理监督缺位，违规决策频繁等问题突出，并特别强调全面从严治党在国企尤为紧迫。中央纪委驻国务院国资委纪检组组长、国资委党委委员江金权表示，"党的领导是政治领导，问责首先要问政治责任"，"中央企业领导人员作为党在经济领域的执政骨干，承担着经营管理国有资产、实现保值增值的重大责任"。国有企业党委既肩负管党治党任务，又负有国有资产保值增值责任。正如习近平总书记在一系列讲话中曾论及国企经营不是完全靠市场决定的，还要靠政治决定，这个政治决定就是要符合国家整个经济社会发展大目标。

中国铁路工程总公司党委 2016 年先后对涉嫌违规决策、选人用人、巡视整改不到位等 15 起问题涉及的 50 名二级企业领导班子成员进行严肃问责，给予党纪处分 21 人次、政纪处分 45 人次、组织处理 5 人次；南方电网公司党组 2016 年以来共对 21 个问题的相关党组织和责任人进行问责，涉及 11 个基层党委、36 名党员干部。可以看出，中央通过巡视监督起底国企腐败问题，把"巡视红利"转化为发展动力，进而倒逼国企改革，破解企业党风廉政建设方面的突出问题。不受制约的权力会带来腐败，属于政治问题的腐败显然要从党内解决，国企党委强势回归是现实条件下制约权力的唯一可行办法。

一、中国特色现代国有企业制度

西方现代企业管理制度引入国企改革并初步形成管理体系，一系列有效的管理工具得以实施于国企并提升了国有资本运营效率，但这也导致现有国企管理体系的效益论而国企党建被边缘化和党的领导被弱化，党的路线方针政策在国企得不到有效贯彻。比如国企对生产经营情况建立了一整套考核办法，但没有形成科学的党建工作考核评价机制。我国国企发展有着不同于西方企业的现实特殊性，就是我国国企的政治属性，这是因为国企运营资本来自全体国民，国企重大决策就要兼顾经济、政治及社会三个方面，显然党委参与国企决策有助于正确履行其政治责任。同时国企营运资本的全民性还意味着国有资产管理体制更复杂的代理关系及更可能的内部人控制，国企作为特殊群体的利益诉求在利益格局日趋固化中被强化，而这些都是国企权力失控的结果，国企党委的有效制约是现实选择。马克思曾说：理论在一个国家实现的程度，总是取决于理论满足这个国家的需要的程度。党管国企是我国社会主义市场经济改革更规矩、更规范的新阶段，也是国企改革由单纯的工具价值追求向工具价值与社会价值有效均衡转变的必然过程。

1. 国企领导机制演进

自 1956 年中共八大到 1984 年间，我国国营企业名义上一直实行的是党委领导下的厂长负责制和党委领导下的职工代表大会制。1978 年 7 月中共中央颁发《关于加快工业发展若干问题的决定（草案）》对此进行再次强调。1981 年 7 月中华全国总工会、原国家经委、中央组织部共同制定的《国营工业企业职工代表大会暂行条例》规定，职工代表大会（职工大会）是企业实行民主管理的基本形式，是职工群众参与决策和管理、监督干部的权力机构。1982 年 1 月中共中央、国务院颁发的《国营工业企业厂长工作暂行条例》规定，厂长是受国家委托的企业行政负责人。1982 年 5 月中共中央颁发《中国共产党工业企业基层组织工作暂行条例》明确了企业党委是企业的领导核心。上述《暂行条例》对国营企业三个权力机关的权利责任做了初步规范，形成了党委集体领导、职工民主管理、厂长行政指挥的国营企业领导体制。随着改革深化，该领导体制存在的诸多矛盾日益显现，比如实际运行中的"党委发号召，厂长作报告，代表举举手，工会跑龙套"现象、责任制度上的"大家都负责，大家都不负责"等。

1984 年 10 月 20 日十二届三中全会通过的《中共中央关于经济体制改革的决定》明确提出实行厂长（经理）负责制。中共中央、国务院为此在 1986 年 9 月 15 日同时颁发《全民所有制工业企业厂长工作条例》《中国共产党全民所有制工业企业基层组织工作条例》和《全民所有制工业企业职工代表大会条例》，对国有企业领导体制进行全面改革；并于同年 11 月 11 日又发出了《关于认真贯彻执行全民所有制工业企业三个条例的补充通知》，强调从党委领导下的厂长负责制到厂长负责制的转变是企业领导体制的重大改革。由此全民所有制工业企业厂长（经理）作为企业法人代表处于中心地位，厂长（经理）实际上无人监督，因为在处理党政工关系时只强调党组织的保证、服从、服务职能，党组织监督职能被极大削弱。

厂长（经理）负责制经 1986 年 11 月到 1991 年 9 月的实践发生了重大调整，厂长（经理）成为行政中心而党委是政治核心。1992 年，中共十四大提出，建立社会主义市场经济体制和国有企业建立现代企业制度目标，国务院发布《全民所有制工业企业转换经营机制条例》。1993 年，中共十四届三中全会发布的《中共中央关于建立社会主义市场经济体制若干问题的决定》提出建立现代公司制度，党中央第一次阐述国有企业产权改革。1997 年，中共十五大提出，按照"产权明晰、权责明确、政企分开、管理科学"的要求对国有大中型企业进行规范的公司制改革。1999 年，中共十五届四中全会《中共中央关于国有企业改革和发展若干重大问题的决定》明确了公司治理是现代公司制度的核心。2003 年，中共十六届四中全会通过的《中共中央关于加强党的执政能力建设的决定》提出："国有企业党组织要适应建立现代企业制度的要求，充分发挥政治核心作用。"在这一阶段，尽管也在 1996 年 12 月 11 日召开了第一次全国国有企业党的建设工作会议，但该阶段最显著特征就是建立与完善法人治理结构阶段对国有企业领导人的权力监督问题也并没有给予足够重视。

2003 年国务院国资委成立，防止国有资产流失、加强国有企业产权管理体制、探索国有资产分级监管体制成为工作重点，各级国资委积极推进国企法人治理结构规范化建设取得较大进展。国资委最初通过"管人管事"实现"管资产"完成了"做大"任务，进入世界 500 强的中央企业数量持续增加；国资委 2004 年出台了《国务院国有资产监督管理委员会关于国有独资公司董事会建设的指导意见（试行）》，积极推进董事会试点实现"做优做大"；中共十八届三中全会明确了国资监管当从管资产为主向管资本为主的转型，确定了中央企业"做强做优做大"目标以增强国有经济活力、控制力、影响力、抗风险能力。自国资委成立的 10 年间，国资体制性改革、中央企业经营管理行为规范等出台都极大地提高了中央企业国际竞争力水平，但对党组织在其间的职能定位尚未提到应有的高度，尽管 2009 年全国国有企业党建工作会议提出要建立确保党组织发挥政治核心作用的公司治理结构。

中共十八大加快了党的活动、党的工作、党的建设的法治化进程。中央组织部、国务院国资委党委 2013 年《关于中央企业党委在现代企业制度下充分发挥政治核心作用的意见》明确了党委发挥政治核心作用的内涵、要求和规则程序，首次规定党委或党组应在重大决策做出前先开会，然后由党组织主要负责人与董事会和经理层的非党委成员沟通；党委成员在开总经理办公会和董事会时要充分表达党委意见；党委成员在总经理办公会和董事会后要向党委反馈决策结果；党委发现有不符合国企责任的行为要向上一级党委报告。在该文件基础上根据全面从严治党要求和国有企业党建工作新情况新问题，2015 年 7 月中共中央办公厅印发的《关于在深化国有企业改革中坚持党的领导加强党的建设的若干意见》强调，在协调推进"四个全面"战略布局的伟大进程中必须毫不动摇坚持党对国有企业的领导，毫不动摇加强国有企业党的建设。

　　总体来看，我国国企领导体制经历了党委领导下的厂长负责制、厂长（经理）负责制、党组织发挥政治核心作用、建立和完善公司法人治理结构、国有企业党组织在公司法人治理结构中的法定地位等阶段，有过党的一元化领导，也出现过"核心""中心"之争，但最终的演进方向是改变国企党委依赖或依附生产经营领导权来实现政治领导的现状，而从宏观决策到微观国企进行整体性制度安排。国企领导机制演进表明党的性质、执政党的地位、社会主义企业的性质决定了加强党组织对国有企业的领导，党的领导与国有企业经营管理在宗旨、目标、方向等方面是一致的，有利于提升国有企业效率。这也意味着党对国企的终极领导是国企改革的基本前提，是国企党建制度设计上的重大创新，也是国有企业的独特优势，加强党的领导实际上是国企深化改革的先决条件。

　　2. 现行国企领导机制创新

　　中共十八大以来习近平总书记提出并反复强调了一个重要论断："中国共产党的领导是中国特色社会主义最本质的特征"。2015 年 1 月 13 日习近平总书记提出"加强党对国有企业的领导，加强对国企领导班子的监督，搞好对国企的巡视，加大审计监督力度"。2015 年 6 月 5 日，中央深化改革领导小组召开第十三次会议对国企改革方向给出了明确答案，即"确保党的领导、党的建设在国有企业改革中得到体现和加强。要坚持党管干部原则，建立适应现代企业制度要求和市场竞争需要的选人用人机制。要把加强党的领导和完善公司治理统一起来，明确国有企业党组织在公司法人治理结构中的法定地位"。习近平总书记在吉林考察期间着重强调，要坚持党的建设与国有企业改革同步谋划、党的组织及工作机构同步设置，实现体制对接、机制对接、制度对接、工作对接，确保党的领导、党的建设在国有企业改革中得到体现和加强。

作为国家治理体系重要组成部分的国企有其独有的政治属性和社会责任，《中国共产党章程》《中国共产党党组工作条例》等党内法规明确规定了国企党组织的地位作用。坚持和加强党对国有企业的领导，是党的性质决定的。在中国，离开了党的领导，就不叫央企、不叫国有企业。从实践角度看，国企负责人都是先接到党内职务任命后才是行政任命再履行公司内部应有手续。国企负责人不仅是企业的管理者，更是企业党组织的负责人。中央企业负责人有意或无意地淡漠党的观念、弱化党的领导，希望国企从严治党能放宽标准而等同于私企或外企，这实际上就是"国有企业特殊论"。全党是同一部党章、同一套纪律，全面从严治党，国有企业必须置身其中，坚持党的领导不能搞特殊。

党对国有企业的领导是政治领导、思想领导、组织领导的有机统一，在企业发展大方向、重大事项决策、政府政策落实等方面发挥领导核心作用。党管国企强调了控制力方向以对国企领导班子进行全方位监督，比如有利于打破管理层内部人控制而提升国企治理开放性、形成科学的权力机构以惩治和预防腐败、破除国企盘根错节的利益关系而减少制度寻租空间等。党管国企充分体现了具有高度公信力的党组织对微观国企运行机制的制衡，这种制衡实现了党领导下的国有企业经济属性、市场属性与政治立场的一致，企业经营管理要体现出爱党、忧党、兴党、护党的良好政治氛围与环境。

企业法人治理的实质就是一种权力结构。协调党的领导与现代公司治理、使国企领导既富于企业家精神又恪守党的组织纪律就应该对现行国企领导机制进行创新，即党对国有企业的领导保证了国企法人治理、党委政治核心与职工民主管理"三个体系"良好融合，形成了党委政治保障、董事会决策控制、监事会监督与管理层决策执行的国企领导新格局，建立与企业发展战略目标相一致、与企业发展模式相匹配、与企业经营管理方式相协调的党建工作机制，从而极大地提升了国企活力，否则国有企业法人治理结构就不健全而难以适应我国政治结构的要求。可以说我国特色现代国企制度就是把党组织的政治优势与现代企业制度的体制优势相结合的产物。

二、国企法人治理结构特质性

2015 年 6 月 5 日召开的中央全面深化改革领导小组第十三次会议审议通过的《关于在深化国有企业改革中坚持党的领导加强党的建设的若干意见》明确提出："确保党的领导、党的建设在国有企业改革中得到体现和加强。要坚持党管干部原则，建立适应现代企业制度要求和市场竞争需要的选人用人机制。要把加强党的领导和完善公司治理统一起来，明确国有企业党组织在公司法人治理结构中的法定地位。"2017 年 4 月 24 日国务院办公厅发布的《关于进一步完善国有企业法人治理结构的指导意见》指出，党组织作为独立的治理主体应强化责任意识，明确权责边界，建立与其履职相适应的责任追究制度。理论上，党组织参与公司治理是国企回归本原的结果，这也必然会引发国企公司治理深层次变革与深远影响。

1. 国企法人治理结构特质性

加强党对国有企业的领导有助于确保中央政策被认真遵守以及杜绝腐败方面发挥更主动作用，这也再次肯定了国有企业仍然是国家对国民经济施加影响力的有效工具。由此国企法人治理结构特质性在于国有企业中政治组织与经济组织以相互嵌入的方式实现有机结合，比如党委书记与董事长"一肩挑"制度安排，从组织上确保党委（党组）意图在重大问题决策中得到贯彻、党委监督可保证董事不与管理层合谋以防止国有资产流失，但如果政治组织成为具体事务最终决策者则会造成党政不分并进而加剧政企不分，因此，党组织不能直接成为企业生产经营决策和指挥中心。新兴际华集团在《公司党委（常委）会议事规则》中提出，只要是涉及企业战略规划、体制机制调整、关停并转、薪酬调整等事关企业改革发展稳定、涉及员工切身利益的重大决策事项，都必须先经过党委会讨论。实际上，协调党的领导与现代公司治理，使国企领导既富于企业家精神又恪守党的组织纪律确实是一件复杂的事情。

国企法人治理结构特质性的具体表现是党组织与现代企业法人治理结构双向进入，即党委书记担任董事长、董事长兼任党委书记，党组织成员依照法律进入董事会、监事会、经理层，董事会、监事会、经理层成员依照党章党规担任党组织职务，推进中央企业党组（党委）专职副书记进入董事会。2000年1月中共中央组织部首次明确提出"双向进入、交叉任职"，该国企领导体制用党的方针政策指导企业战略决策，实现了党组织参与重大问题决策与董事会依法决策的结合；用党的核心理念和工作方法引领企业治理模式，实现党组织工作制度与公司法人治理结构运行规则的结合。在国资委党委推动下，已建立规范董事会的83家中央企业已全部完成；已有2490家设立董事会的中央企业二、三级单位实现了"一肩挑"，党组织在公司治理中的法定地位进一步明确。

国企法人治理结构特质性的具体载体是《公司章程》。第三次全国国有企业党的建设工作会议召开之前的相当长时期，很多国企章程中关于党建工作只是简单沿用了《公司法》的有关表述，即在公司中，根据中国共产党章程的规定，设立党的组织、开展党的活动。公司为党组织的活动提供必要条件。公司章程是企业内部的根本法，把党建工作要求写入国企章程推动了党组织领导核心和政治核心作用组织化、制度化、具体化，从源头破解了党的领导和党的建设弱化、淡化、虚化、边缘化问题。国资委党委推动中央企业把党建工作要求纳入公司章程，目前集团层面已全部完成，3076家中央企业二、三级单位实现了党建要求进章程。新兴铸管股份有限公司2016年7月31日发布的《章程修订案》明确了公司治理结构新增党委和纪委及其七大职权；新增条款指出，董事会决定公司重大问题时应当事先听取公司党委意见；公司党委对董事会、总经理办公会拟进行决策的重大问题讨论研究并提出意见和建议。中国航天科工集团公司控股的航天信息股份有限公司修改公司章程的议案获得股东大会通过，修改的章程总则增加了党组织发挥领导核心和政治核心作用，把方向、管大局、保落实。

国企法人治理结构特质性的保障是具有专业素养的专职党建政工人员配置。中央企业专职副书记实现标配，2 636家中央企业所属二、三级单位配备了专职副书记。以中国兵器装备集团公司为例，加强党建工作，健全完善集团总部党群工作部机构和职能，处室由3个增至4个，人员编制由9人增至18人；调整20个单位纪委书记兼任的行政职务，完成多家单位专职纪委书记选拔和配置工作。2014年国务院国资委评选出首批教授级高级政工师，最年长者60岁，而最年轻者41岁。另外，还应改革完善国企党组织监督体制，纪检监察等合署办公，以建立党领导的集中、统一、权威、高效的企业纪律监督体制。

国企法人治理结构特质性的考核机制。中央巡视组在对中央企业党组织的专项巡视中发现"重业务，轻党建，对党建工作缺乏考核硬指标"较为普遍，用清单制明晰党委书记职责并依此进行阶段和年终考核，因此，应设计科学的考核体系。国资委计划制订中央企业党建工作考核评价办法，该办法将明确中央企业党委（党组）的主体责任、书记的第一责任、专职副书记的直接责任、班子其他成员的"一岗双责"，从责任体制、责任内容、责任履行、责任考核与监督、责任追究五个方面对中央企业党建工作提出了全面要求。中国电子科技集团公司在向国资委报告经营业绩的同时还报告了党建工作，改变了过去业绩好坏看经营指标而不同步考核党建工作的状况。

2. 国企法人治理结构特质性的特殊问题

习近平总书记明确指出，中国特色现代国有企业制度的"特"在于党的领导融入公司治理各环节，企业党组织内嵌到公司治理结构，明确和落实党组织在公司法人治理结构中的法定地位，要处理好党组织和其他治理主体的关系，明确权责边界，做到无缝衔接，形成各司其职、各负其责、协调运转、有效制衡的公司治理机制。国务院国资委在《求是》杂志上撰文称，企业重大决策必须先由党委（党组）研究提出意见建议，涉及国家宏观调控、国家战略、国家安全等重大经营管理事项的必须经党委（党组）研究讨论后再由董事会、经理班子做出决定。显然，明确党组织在公司治理中的法定地位一定程度上淡化了公司治理过分强调委托代理关系模式，也是中国特色国家治理体系的重要组成部分。这是因为党的宗旨要求国企党委应该超越各利益主体和利益集团而总揽全局以协调各利益方的矛盾，代表党和国家监督保障国家利益和各主体合法权益。

国企法人治理结构特质性的核心问题是科学认识党企关系以协调解决"新三会"与"老三会"之间的关系，基本做法就是党组织负责人要和决策层、管理层人员之间交叉任职。与西方企业管理体系相比，我国国企党组织将决策层、管理层和员工层等各层面党员队伍贯穿于一体，是政府宏观政策和国家治理目标与各个治理主体利益相统一的支撑。这是因为，不管是党组织集中嵌入国企法人治理结构还是作为党组织成员的党员个体性地兼任国企法人治理结构特定职位，比如监事会、管理层中都会有党员个体但并非都是国企党委会成员，尤其是基层员工中的党员个体可能更不会是，只要具有党员身份就共同受《中国共产党章程》指引而具有集体参与性，也就是说，共同的党员身份实质上将国企法人治理结构中的治理主体联结在一起。当然，考虑到国企治理效率与治理安全的均衡，国企法人治理结构各主体中董事会是决策主体而党组织是参与决策，承担决策的政治责任而不是代理其他法人治理结构行使职权，监督也是以强化党内监督为重点。

"双向进入、交叉任职"使得承担党组织和决策层双重角色的同一人可能出现不同角色和使命的冲突。作为党委委员要忠于党并严格执行国家方针政策，作为董事会或经营班子成员要按照现代企业制度和公司治理要求行事，前者实行民主集中制下的集体决策与集体负责，而后者则是董事会集体决策与董事个人负责。作为党委委员的民主集中决策与作为董事会（经营班子）成员的个人意见发生相左时，责权对等是解决该角色冲突的基本思路，而且以保持国企独立的市场主体地位为基本前提。

党组织参与国企法人治理不仅需要解决决策机制问题，比如决策前党组织先行开会再召开董事会的决策效率问题、国企党组织与其他治理主体相关决策过程的信息披露问题、国企内部党务干部转换为企业经营管理人员信息披露等，还应注重加强国企党的建设的实现方式问题，这其中的核心内容是企业党组织工作机构和人员与企业其他工作机构和人员的关系建构，是两者完全分立下的党组织系统垂直领导体制？还是完全纳入企业管理机构和人员编制并实现党务工作人员与经营管理人员同级同酬？若是前者则党组织活动由党费开支且不进入企业成本，若是后者则将党组织活动纳入企业预算并从管理费中列支。显然，既然党组织要参与国企决策，后者做法则具有应有之义。

国企混合所有制改革的必要前提是建立党的组织、开展党的工作，应根据国有资本比例、控制力等情况分类确定不同类型混合所有制企业中党组织的设置方式、职责定位和管理模式。党组织在国有资本绝对控股、相对控股或者具有实际控制力的混合所有制企业中发挥政治核心作用；党组织在其他混合所有制企业中对职工群众发挥政治核心作用及在企业发展中发挥政治引领作用。当然，混合所有制国企的党建工作还要正确处理党组织与私人投资者的预期有效统一问题。

三、国企领导人员企业家才能与薪酬制度

2014 年 8 月中央深化改革领导小组第四次会议上习近平总书记谈到国企收入改革问题，"除了国家规定的履职待遇和符合财务制度规定标准的业务支出外，国有企业负责人没有其他的'职务消费'，按照职务设置消费定额并量化到个人的做法必须坚决根除。"《关于在深化国有企业改革中坚持党的领导加强党的建设的若干意见》提出，要坚持党管干部原则并坚持从严管理国企领导人员。2016 年 10 月 10 ~ 11 日习近平总书记在北京举行全国国有企业党的建设工作会议上指出，国有企业领导人员是党在经济领域的执政骨干，第一职责是为党工作，是治国理政复合型人才的重要来源，肩负着经营管理国有资产、实现保值增值的重要责任。国企领导人员同时又是企业家，国企领导人员必须大力弘扬社会主义国有企业家精神以不断提高国有企业活力、竞争力、影响力和抗风险能力。基于这些制度背景，《中央管理企业负责人薪酬制度改革方案》《关于深化国有企业负责人薪酬制度改革的意见》《关于合理确定并严格规范中央企业负责人履职待遇、业务支出的意见》等规范相继出台，国企领导人员定位也就应匹配于国企法人治理结构的异质性。

1. 国企改革与国企领导人员企业家才能

从根本上说，党委发挥作用的对象就是人才推荐、人事考核和监督，党组织必须对人事任命和企业政治方向负责。2015 年 9 月中共中央、国务院颁布的《关于深化国有企业改革的指导意见》提出，到 2020 年要造就一大批德才兼备、善于经营、充满活力的优秀企业家。2016 年 10 月习近平总书记指出"国有企业是中国特色社会主义的重要物质基础和政治基础"，是中共的"重要支柱"，这些国有企业及其领导者必须绝对忠于党的事业，成为"党和国家最可信赖的依靠力量，成为坚决贯彻执行党中央决策部署的重要力量"。全国国有企业党的建设工作会议提出，要按照"对党忠诚、勇于创

新、治企有方、兴企有为、清正廉洁"的 20 字标准从严选拔、教育、监督、管理企业领导人员，着力打造一支高素质的企业领导人员队伍。《关于营造企业家健康成长环境弘扬优秀企业家精神更好发挥企业家作用的意见》首次以专门文件明确企业家精神的地位和价值，尤其是"国有企业家"概念的提出，特别还论及党员企业家的特定职责。

国企领导人员在现代企业治理规则上一定程度上体现出了具有冒险、创新的企业家特质，深知国企改革的关键症结和边际风险的中国特色，但仍存有深谙中国国情的政府官员的本性，可以说是市场经济与现有体制机制形成的扭曲力场中两种话语体系的矛盾体，甚至于在现有体制框架内解决这种内在冲突而实现两者平衡只能依靠国企领导人员的信仰。国企领导人员两种话语体系交织意味着通过行政任命可靠的干部担任国企重要职务以增强党在国有企业中的影响力，同时这些干部应以专业主义实现市场化管理绩效。不应忽视的是，企业家精神不是单纯的企业管理问题，企业管理者未必是企业家，也不一定具有企业家精神。中共十八届三中全会提出"建立职业经理人制度，更好发挥企业家作用"，明确地将企业家与"企业经营管理者""企业领导人员"等称谓区别开来，这是因为，真正的企业家要能够承担商业风险，其决策承担着政治声誉、社会声誉及职业声誉等巨大压力。

企业家精神是国企供给侧结构性改革的重要内容，尤其是面对行政权力和市场经济合体的集"经济人"和"政治人"于一身的中央企业高管。以新国有资产管理体制的"管资本"为例，国有资本应该由企业家配置和运作，因为具有多重专用性的资本品必须以特定方式组合配置才能实现资本效率最优，企业家则是特定方式决策的直接决定因素，只是这种决策要受制于国有资本所承载的特定战略定位和发展目标。从另一个角度，企业家精神的增强取决于政府行政干预的减少，也就是简政放权以减少官僚主义束缚。此外，国企除了行政任命的企业家外还存在着市场选聘企业家的情况，双轨制本身是效率不高的表现，影响着市场在资源配置中的决定性作用。

中央企业高管身份游离于官员与企业家之间，异化的激励机制容易引致其追求政治目标而非经济目标，滋生经济短期行为而降低国有资产经营效率和资源配置效率；现有聘用考核机制约束效果不足致使中央企业高管异化成特权阶层而滋生腐败寻租现象并导致社会公平受损。特别是近年来从中央企业培养提拔中共党政领导干部已经形成一条固定通道，中央企业高管常被称为"准官员"。从这个角度看，中央企业高管可以说就是一种为政府工作的岗位，国企人事管理政企不分亟待打破。

2. 国企的企业家才能与高管薪酬制度

高管薪酬通常可称为管理价格，即管理作为独立要素成为企业运营核心变量而应匹配的价格。理论上管理要素很难量化，尤其是国企法人治理结构特质性使得国企管理要素的独立性受到约束，比如，现阶段很多国企高管还都有行政级别并在政府部门和企业交叉任职，这意味着薪酬契约具有政治性特征而割裂了薪酬与绩效间的关系，国企高管要优先完成政治任务、稳定社会等非商业目标，然后才是经济效益目标，由此国企借助垄断获取超额利润而高管攫取高额薪酬得以补偿，以企业名义业绩为依据而不是按照实际企业业绩评价高管薪酬本质上是一种激励过度。也就是说，调控国企高管薪酬的逻辑不是简单地以企业形态变化为条件进行的，因为国企高管薪酬是经济问题同时也是政治问题。市场化薪酬本质上是出资人对企业职业经理人的激励，现代企业制度下高管的薪酬应该由董事会代表出资人确定，这也是国企改革成功的标志之一。然而国企高管行使着企业经理人权能但实际上还主要是组织任命的非完全职业化，并且与党政干部交叉任职，其后果是两类不同性质的职业通道遵循同一规则，非职业化造成了长期激励机制的缺乏。

当前中央企业高管具有的"官（政）商一体"特征使国企领导人依然呈现出企业家与官员的混合，显然作为官员视角的国企领导人对国企业绩增长或创新无贡献却享受着高额薪酬与职务消费。中央企业收益并非完全来自企业高效微观管理，高管更多依托国家资金、技术支持等优势资源进行经营管理，甚至是管制带来的经济租套现，因此，对实际上仍然带有明显行政色彩的中央企业执行过于市场化薪酬体系有失公允。公有制下国企股东是全国人民而国企高管是雇员，国企利润分红于全民或为其提供社会福利是国企最高目标，国企高管高额薪酬性质上属于企业内部私分而侵蚀企业利润，是一种隐性国有资产流失。国企分类治理则意味着官员和企业家的薪酬实行"双轨制"以应对中央企业负责人双重身份，官员与企业家两个身份分别视同于国家雇员和企业雇员，前者通过体现国家意志的政治任命取得政府规定薪酬而后者作为市场化职业经理人获得与业内水平相符的薪酬。

　　显然，将国企看作纯粹的商业组织还是政府的政策工具极大影响到国企高管薪酬制度，实际上深化国企改革的目标就是淡化国企的政治性而强化其经济性，因此，国企高管薪酬制度与国企领导机制具有较高的演进一致性，尤其是中共十八大提出初次分配和再分配都要兼顾效率和公平且再分配更加注重公平、规范的收入分配秩序及调节过高收入等说法，这意味着落实中共十八大会议精神就必须规范、限制企业高管薪酬，尤其表现在对组织任命的国企高管不合理的偏高收入进行调整的"限薪"或"减薪"，并进而规范薪酬制度及其决定机制，比如，《关于深化收入分配制度改革的若干意见》明确定调国企负责人业绩考核和薪酬设定将综合考虑当期业绩和持续发展，对行政任命国企高管薪酬进行"限高"，并逐步推广薪酬延期支付和追索扣回制度。《中央管理企业负责人薪酬制度改革方案》明确规定，中央企业高管薪酬将采用差异化薪酬管控的办法，重点对行政任命的中央企业高管人员及部分垄断性的高收入行业的中央企业负责人薪酬水平实行限高，以抑制过高薪酬而缩小中央企业内部分配差距，使其增幅低于企业职工平均工资增幅。中央企业的特殊性质决定了高管和员工在薪酬上需保持被内部普遍接受的合适比例，差距太大不利于高管实施管理。

主要参考文献

　　[1] 韩世春：《国企党委与法人治理结构关系探析》，载于《中国发展观察》2014 年第 2 期。

　　[2] 蒋大兴：《走向"政治性公司法"——党组织如何参与公司治理》，载于《中南大学学报（社会科学版）》2017 年第 3 期。

　　[3] 新华社：《习近平出席国企党建工作会议：坚持党对国企的领导不动摇》，2016 年 10 月 11 日。

　　[4] 张喜亮、张释嘉：《国企董事会：正确认识与党组织关系》，载于《董事会》2015 年第 11 期。

　　[5] 李锦：《国企改革中，政治治理不可或缺》，载于《经济参考报》2017 年 7 月 27 日。

　　[6] 李新春：《企业家过程与国有企业的准企业家模型》，载于《经济研究》2000 年

第 6 期。

［7］楚序平：《国有企业已经涌现出一大批企业家》，载于财经网 2015 年 11 月 19 日。

［8］钱颖一：《国企中也能有企业家精神》，载于新浪网 2016 年 2 月 23 日。

［9］张维迎：《国有企业制度不可能产生企业家》，载于新浪网 2016 年 9 月 12 日。

［10］国务院国资委党委：《在全面深化国有企业改革中加强党的建设工作》，载于《求是》2016 年第 6 期。

第七章

国企信息公开：阳光国企与会计信息机制

    "央企好薪酬""天价招待费""国资经营收益不如银行存款"以及频发的国企腐败等乱象均和国企信息不公开有关。2011年4月，网络上一张发票图片显示中国石化广东石油分公司用公款购买150多万元高档酒，该公司称所购的酒品主要用于"非油品业务"。中国石化组织调查"天价酒"事件后的处理结果是总经理鲁广余存在私下违规购买高档酒等违纪问题而被免去总经理职务并降职使用，已消费的13.11万元红酒费用由其个人承担。全景网对2012年年报数据统计显示，共有9家公司业务招待费超过1亿元，前十名合计达到29亿元，其中多为中央企业，中国铁建以8.37亿元居于首位，此外其差旅费达8.08亿元，办公费5.78亿元，管理费用项下还有一项"其他"高达22.4亿元。关于上市中央企业数亿元招待费用，经济之声记者电话采访中国铁建股份有限公司总裁赵广发时，赵先生称："很高？有的比这个还高呢，他们就是账目出的有问题"。对于中国铁建8.37亿元招待费具体内容，该公司表示将向国务院国资委及证监会提出申请，若获得同意则将公开8.37亿元招待费的具体构成。中国铁建2013年半年报将原来的"差旅费"和"办公费"合在一起称为"办公差旅及交通费"，而之前的"业务招待费"不见踪影，但"其他"则从2012年上半年的9.91亿元增加至2013年上半年的12.97亿元。此后的2013年、2014年、2015年与2016年"管理费用"明细项目中都没有出现"业务招待费"内容。

    对于业务招待费信息披露的账务处理不尽相同，有中央企业列支为管理费用，有的单列，还有的不特别标注。比如中国建筑财务报告只公布"业务费用"，中集集团、华侨城A、中核科技等财务报告则用"人工与行政费用""办公会务费""市场推广费"来表示，中国石油、新兴铸管等甚至未在年报中体现业务管理费。业务招待费是企业为生产、经营业务的合理需要而支付的应酬费用。巨额招待费很可能影响上市公司分红而侵害了中小股东权益，比如业务招待费涉及股民知情权问题，直接影响股民对上市公司和资本市场的信任。理论上中央企业财富属于全民而有必要公示于众。2012 年，财政部会同监察部、审计署和国资委联合发布《国有企业负责人职务消费行为监督管理暂行办法》，明确列出规范国企负责人职务消费的 12 条禁令，包括禁止违反规定用公款为个人变相支付各种理疗保健、运动健身和会所、俱乐部等费用；禁止违反规定用公款为个人购买商业保险或者支付相关费用等。

　　国企透明度缺乏成为制约国企治理体制与治理能力的"瓶颈"，而通过建立国企信息公开制度赋予全民股东知情权是关键。2016 年国务院国资委"十项改革试点"就包括"关于国有企业信息公开工作试点"，计划 2016 年在中央企业围绕董事会信息披露、财务信息公开等方面开展试点，同时还将建设统一的国有企业信息公开平台，为中央企业信息公开提供支持，为社会公众查阅信息提供服务。2016 年 12 月，国企信息公开试点已在国家电投、南航集团、中国建筑、中粮集团四家中央企业开展。在地方，山西率先推进省属国企全面开展信息公开工作，太钢集团、焦煤集团、同煤集团等 23 户省国资委监管企业及省属金融类企业集团、省属文化事业类企业集团列入首批公开范围。国企信息披露机制成为国企全民所有制性质的评判基础，国企信息公开透明需要一定的特殊会计制度安排，尤其是国企混合所有制信息披露更具复杂性并亟待进行逻辑构建。

一、国企改革与国企信息公开制度

　　围绕国企改革有"国企低效论""国企垄断论""国企腐败论""国企与民争利论""国企产权不清晰论"等论点，然而深入分析这些观点都未得到系统、充分的信息支持，但不可否认的是，国有资本具有的体制粘性一定程度上阻碍了中央企业与公众的有效沟通而经常被误读，正如首任国资委主任李荣融 2007 年曾言："我想不明白，为什么国企搞不好的时候你们骂我，现在我们国企搞好了你们还是骂呢？"又比如社会普遍对国企高管和职工待遇过高存在质疑，而国企员工却始终认为其待遇和付出不相适应。实际上，由国企报告语言自成体系而形成的特定信息不对称是产生这些情形的主要原因之一，而国务院总理李克强 2013 年建言"阳光央企"则是解决根本之道。以国有企业业务招待费为例，其本质是公共事项而非"私人事项"，然而缺失信息公开披露制度使"股东有没有权利要求其公开"成了模棱两可的事项。事实上，即使将中央企业视为纯粹的股份制经济组织而使资产为股东所有，国家通过国有股来体现其所有权，但国企所占用资源很大程度上是全民资源，非股东普通民众实际上间接地做出了贡献，因此，信息公开如果按照非国有上市公司标准进行并得到全体股东认可，也在一定程度上侵害了非股东的普通民众应有的信息知情权。正如我国的《企业国有资产法》规定"国有资产属于国家所有即全民所有"，显然全民作为国企最终所有者而拥有国企知情权。

1. 国企信息公开制度与述评

2013 年 8 月 21 日国务院总理李克强主持召开国务院常务会议，会议要求加强国有企业监管，中央企业要加快完善企业法人治理结构，花大力气增强自主创新能力，建设"阳光央企"，"阳光央企"的主要特征之一就是要求中央企业信息公开透明。实际上早在 2009 年 2 月 5 日，国务院国资委就已印发《国务院国有资产监督委员会国有资产监督管理信息公开实施办法》，要求公开出资企业生产经营总体情况、国有资产有关统计信息、国有资产保值增值、经营业绩考核总体情况等内容。然而，2010 年 3 月 25 日国务院国资委印发的《中央企业商业秘密保护暂行规定》第三章第十条规定，中央企业商业秘密保护范围主要包括战略规划、管理方法、商业模式、改制上市、并购重组、产权交易、财务信息、投融资决策、产购销策略、资源储备、客户信息、招投标事项等经营信息，以及设计、程序、产品配方、制作工艺、制作方法、技术诀窍等技术信息。2013 年 8 月，国务院国资委发布的《央企负责人第三任期和 2012 年度经营业绩考核结果》公布了 A 级企业名单，但评级为 B、C、D、E 四个级别的近 70 家中央企业情况则未披露。

2014 年 4 月国务院办公厅印发《2014 年政府信息公开工作要点》，首次提出"推进国有企业财务相关信息公开。稳步推进中央企业主要财务指标、整体运行情况、业绩考核结果等信息公开"。2016 年 4 月国务院办公厅发布的《2016 年政务公开工作要点的通知》明确要推进国有企业运营监管信息公开，指出：依法依规公开国有资本整体运营情况、企业国有资产保值增值及经营业绩考核有关情况、国有资产监管制度和监督检查情况等；推动国有企业改制重组、产权交易、增资扩股等方面的信息公开和结果公示；及时公开中央企业改革重组、公司治理及管理架构、财务状况、重要人事变动、企业负责人薪酬等信息；研究制定国有企业信息公开有关制度，启动公开试点工作。

2014 年 8 月 23 日国务院公布的《企业信息公示暂行条例》明确规定企业自主申报相关信息、对年度报告真实性和及时性负责，企业年度报告内容要向社会进行公示，对企业年度报告中弄虚作假信息，政府可以通过受理投诉举报进行查处。显然，企业年度报告公示制度是维护市场主体私权与市场交易秩序政府公权的最佳平衡点，使企业从对政府负责转变为企业对社会负责，以企业信息透明化方式将企业经营行为置于阳光监督之下，最终利用信息约束机制实现对企业的社会共治。

2015 年 9 月中共中央、国务院印发的《关于深化国有企业改革的指导意见》第二十二条明确规定"实施信息公开，加强社会监督"，提出完善国有资产和国有企业信息公开制度，设立统一的信息公开网络平台，依法依规、及时准确地披露国有资本整体运营和监管、国有企业公司治理以及管理架构、经营情况、财务状况、关联交易、企业负责人薪酬等信息，建设阳光国企。认真处理人民群众关于国有资产流失等问题的来信、来访和检举，及时回应社会关切。充分发挥媒体舆论监督作用，有效保障社会公众对企业国有资产运营的知情权和监督权。2015 年 10 月国务院印发的《关于改革和完善国有资产管理体制的若干意见》则更进一步指出要建立出资人监管信息化工作平台，推进监管工作协同，实现信息共享和动态监管。

2015 年 11 月国务院发布《关于加强和改进企业国有资产监督防止国有资产流失的意见》则提出，推动国有资产和国有企业重大信息公开，重点提及依法依规设立信息公开平台对企业国有资产保值增值及经营业绩考核总体情况、国有资产监管制度和监督检查情况等依法依规、及时准确披露；明确严格执行《企业信息公示暂行条例》的同时要依法保护国家秘密和企业商业秘密。与此相配套，2016 年 3 月 22 日国资委发布了《关于建立中央企业资产评估项目公示制度有关事项的通知》，规范了公示范围、公示流程、公示期限、公示途径、公示内容、公示反馈意见收集及处理方式等主要内容。

2016 年 4 月国务院办公厅发布《2016 年政务公开工作要点的通知》，提出推进国有企业运营监管信息公开，包括国有资本整体运营、企业国有资产保值增值及经营业绩考核、国有资产监管制度和监督检查等情况；推动国有企业改制重组、产权交易、增资扩股等方面信息公开和结果公示；及时公开中央企业改革重组、公司治理及管理架构、财务状况、重要人事变动、企业负责人薪酬等信息。为此，2016 年 12 月 30 日国务院国资委发布《关于推进中央企业信息公开的指导意见》，提出信息公开内容包括工商注册登记等企业基本信息；公司治理及管理架构、重要人事变动、企业负责人薪酬水平情况；企业主要财务状况和经营成果、国有资本保值增值情况；企业重大改制重组结果；通过产权市场转让企业产权和企业增资等信息；有关部门依法要求公开的监督检查问题整改情况、重大突发事件事态发展和应急处置情况；企业履行社会责任情况；其他依照法律法规规定应当主动公开的信息。

可以看出，国有企业信息公开制度是趋势，只是需要一个渐进的过程。国有企业信息公开应关注如下三个方面。其一是在发展社会主义市场经济大背景下，国有企业信息公开是一种体现和保障国企全民所有性质的基本机制，构建该机制是国有企业深化改革的重点内容，因此，应尽快制定并发布国有企业信息公开的相关规范。其二是国有企业信息公开的前提是国有企业应回归企业本质，这体现在信息公开上就是应防止"国家秘密"成为信息不公开的理由，2010 年 3 月国务院国资委印发的《中央企业商业秘密保护暂行规定》中有些规定过于宽泛且过度赋予中央企业自主决定权。其三是国有企业信息披露情况应与国有企业功能界定与分类相适应，商业类国有企业信息公开标准应不低于一般上市企业，公益类国有企业信息公开应该与政府信息公开同步。总的来看，国有企业信息公开有助于保护出资人权益及国有资本保值增值；保障社会公众的知情权、参与权和监督权，为社会公众参与国有企业监管提供了可能；最终将有利于提高企业监管效率而优化国有企业治理。

2. 国企信息公开实践与展望

建立信息披露制度是提高国有企业透明度、完善监管和减少腐败的重要方法。从更宏观角度看，大环境也使国有企业信息公开具备了条件，主要是 2014 年十二届全国人大常委会第十次会议修订通过了的新《预算法》，明确要求预算全面公开。国有资本经营预算是国家预算的重要组成部分，而确保国有企业财务报告高透明度又是制定国有资本经营预算的信息基础，像中央企业资金流动属于国有资本经营预算内容，但中央企业在这方面很不透明，而政府与中央企业间资金流动也没有进行详细的公开。另外，2014年国务院发布的《关于批转财政部权责发生制政府综合财务报告制度改革方案的通知》明确政府综合财务报告和部门财务报告按规定向社会公开。

2004年中国诚通控股集团有限公司发布了我国第一份非上市中央企业年度报告，随之中国石油天然气集团公司、中国石油化工集团公司、中国海洋石油总公司、中国中化集团公司、中国电力投资集团公司、中国长江三峡集团公司等6家中央企业2011年不同程度地披露了企业年度报告，中央企业信息公开实践开始加速。通过查阅国务院国资委及各中央企业官网，截至2016年年底102家中央企业总括信息公开内容包括企业简介、经营范围、机构概况（机构设置；下属投资单位）、人力资源（员工人数；教育、岗位情况）、高管（高管简介；高管薪酬）、财务报告（主要财务指标；财务报表及附注；审计报告）、社会责任等，其中尤以中央企业社会责任信息披露为典范，只是社会公众从国有企业社会责任报告只能获取少量、非结构化的数据。

2008年深圳市国资委要求直管企业实行年报公开，这是我国首个进行相关尝试的国有资产管理部门。2014年11月，深圳市研究出台了《深圳市市属国有企业年报公开工作指引》，以正式文件形式对国有企业年报公开具体问题进行了明确，信息披露内容比照上市公司规定。2014年7月，石家庄市政府出台了《国有企业财务预算等重大信息公开暂行办法》。同年12月，山西省人民政府发布了《山西省省属国有企业财务等重大信息公开办法（试行）》。山东省国资委按照"公开是常态、不公开是例外"的原则推动国资监管信息公开工作规范化、科学化、制度化和常态化发展，比如其在门户网站设立"省管企业财务等重大信息公开"专栏以指导省管企业及时、主动公开季度、年度主要财务指标、高管人员薪酬情况、"三重一大"有关事项、社会责任履行情况等重大信息。

然而，总体上看，除国有上市公司定期公布会计年报外，非上市国有企业集团公司信息披露存在社会责任披露多、财务数据披露少且有选择性、高管薪酬基本不披露、重大事项区别对待、及时性明显不够等诸多问题。国企信息披露远不能满足社会公众需求的主要原因在于国企信息公开缺乏统一标准；有些非上市公司信息公开缺乏持续性、完整性和规范性；有些国企对信息公开存在认识上的偏差，将发布新闻动态信息等同于信息公开；有些非上市国企没有固定的信息公开渠道；缺乏对国企财务预算信息公开的监管等。实际上，作为全民所有的国有企业兼有公共性质及政府官方身份与公众公司特点，其信息披露标准应该高于一般上市公司，比如不公开预算意味着其存在着"黑箱"操作，其财务数据不透明就无法判断利润公允性及社会责任贡献；又比如绿色发展要求会计界更加重视自然资源会计，为政府编制综合财务报告和国家资产负债表夯实基础，中央企业在这方面应做出表率，比如着力探索碳排放会计的确认、计量与报告等理论与实务。

二、阳光国企与信息约束机制

国企经营者和国企主管部门官员都是受全民之托管理和运用国有资产的代理人，国有企业市场化与行政化双轨并存使得利益与风险对称及权利与义务匹配难以实现，信息不对称使得作为国企所有者的全体国民无法有效行使对国企财产经营状况及红利分配等的监督权力，因此，属于全民所有的国企应向全民公开企业财务预算等重大信息以接受最广泛的监督检查，这实质上就是通过公民知情权、监督权的实现来遏制滥用权力，有利于规范权力运行和反腐败。《第八轮中美战略与经济对话框架下经济对话联合成果情况说明》提出将更多国企纳入国有资本经营预算实施范围。根据预算法和政府信息公开的有关规定，公开国有资本经营预算的相关信息，包括按资金使用方向划分的支出信息。中国将建立覆盖包括国家、省级和地方各层级的全部国有企业、公开透明的国有资本经营预算体系。以美国《数字责任和透明度法》为例，该法律核心内容是建立美国联邦政府公共支出信息披露的数据标准，选择了可扩展商业报告语言（XBRL）以公开的、标准化的数据在线公布所有联邦公共支出信息。

1. 阳光国企含义解析

财务会计理论与实践有助于人们理解企业真实状况，作为公司治理核心的会计应该致力于提供准确并尽可能完整的信息数据以实现优良的公司治理，而这也意味着公司治理框架影响着会计信息内容、质量及披露要求。经济合作与发展组织《国企公司治理指引》认为信息披露是其中基本内容之一，提出"国有企业应该像上市公司一样遵循高质量的会计和审计标准，大型国有企业应该按照国际上认可的高质量标准披露财务和非财务方面的信息"，包括公司目标及其实现情况、所有权结构和选举权结构、重大风险及公司采取的主要措施、来自国家和其他国有企业的扶持等内容。《第八轮中美战略与经济对话框架下经济对话联合成果情况说明》也专门提出，为支持中方提高企业透明度和问责性的努力，中方承诺提高企业所有制和治理信息的透明度。《关于进一步完善国有企业法人治理结构的指导意见》明确建立国有企业重大事项信息公开和对外披露制度。《国务院国资委以管资本为主推进职能转变方案》提出，指导中央企业加大信息公开力度，依法依规公开治理结构、财务状况、关联交易、负责人薪酬等信息，积极打造阳光企业。

作为国有资产出资人监管机构的国务院国资委的信息责任是依法向社会公开国有资本整体运营、企业国有资产保值增值及经营业绩考核、国有资产监管制度和监督检查等情况，显然，这些信息具有宏观性，《国务院国资委以管资本为主推进职能转变方案》的相关规定对此有直接体现，即明确了其整合经济运行的监测职能，就是集中统一开展财务动态监测和经济运行分析，通过综合分析行业与企业、经营与财务等情况而及时、准确地提供运行数据以全面掌握中央企业运行状况，从而为国家宏观调控和国有资产监管工作提供基础支撑。国务院国资委宏观信息需求必然影响到微观中央企业信息供给，尤其是中央企业是国有经济体系的重要组成部分。

周恩来曾经说过："会计是掌握国家经济命脉的管家人。"国有资产管理体制的"管资本"特征使得阳光国企至少应包括如下内容。（1）国资管理的基础性会计工作必须规范。然而现实却是数据造假成风，2017 年 6 月 23 日审计署披露了对 20 家中央企业的审计情况，其中 18 家采取虚构业务、人为增加交易环节、调节报表等方式进行业绩造假。这些中央企业总会计师都是由国资委任命而具有名义上的独立性，该制度背景下中央企业业绩造假表明了中央企业负责人对总会计师过大控制权力的体制性问题。（2）国有资本真实运营效率和回报率计量。有研究表明，若扣除政府补贴和行政性超额垄断利润，国有及国有控股企业 2001～2009 年间的平均真实净资产收益率为

-1.47%。换言之，国企利润通常表现为依赖政府关系等特权产生的会计利润而不是企业家精神创造的经济利润。中央企业业绩应是调整廉价资本、土地和自然资源以及扣除垄断利润等后的净额，也就是说财务会计计量要充分实现中央企业绩效的市场公允价值量化。（3）信息公开制度健全。应完善国有资产监管信息公开的相关规范；加强信息公开平台建设；应明确信息公开的范围、内容、标准和方式等信息公开要素。以信息公开的层级为例，国有资本信息存在于国有资产监管机构、国有资本投资运营公司、混合所有制国企等，这些信息公开主体的信息公开对象有交叉但存在差异，因此，应进行清晰界定以国有资本信息从微观到宏观的完全对接。（4）信息公开激励约束机制构建。国有资本信息公开应纳入监管考核体系，明确考核奖惩并问责，比如在信息公开监管体制上可考虑设定为外派监事会职责。

当然，阳光国企存在着"市场经济中的国家机密"议题，但无疑考验着管理模式、透明度、决策质量、程序公正、竞争环境乃至政府的公信力，尤其是现阶段我国国企信息披露的法规还主要聚焦于国企向国有资产管理机构报告的制度，如《企业国有资产监督管理暂行条例》规定，所出资企业中的国有独资企业应当按照规定定期向国有资产监督管理机构报告财务状况、生产经营状况和国有资产保值增值状况。尽管《国务院国有资产监督管理委员会国有资产监督管理信息公开实施办法》规定了国资管理部门主动向社会公布所出资企业的生产经营总体情况、所出资企业国有资产有关统计信息、所出资企业国有资产保值增值、经营业绩考核总体情况。但显然这些公布的信息都为加总数据，社会公众还是无法真正了解企业真实情况。另外，阳光国企也不能忽视非正式制度的影响，比如诚信、责任、道德、媒体等，像中石化四川销售有限公司 2012 年 2 月 7 日被实名举报"利用高息放贷抢夺借款企业四川金鑫房地产开发有限公司股权"，金鑫公司透露信息显示该企业"挪用成品油销售款和银行贷款约 20 亿元，用于下属公司银行账户向四川 10 多家房地产企业发放高利贷"，中央企业以容易获取的银行贷款通过高利贷方式赚取不法利润的行为不仅严重影响经济秩序也损害其社会形象，显然若不是被举报则该事件很可能不被外界所知。

2. 国企信息公开与会计信息约束机制

国企深化改革的方向就是破除国企作为全民所有企业兼顾市场化与公共

性质及政府官方身份的混同，通过国企功能界定与分类监管推动其内部价值体系的单一化，商业类和公益类国企各执其能。实际上，若从财务会计信息功能角度看，传统国企其实可以通过分类核算实现中央企业商业性质业务与公益性质业务的描述，但这种简单地以改变会计核算模式来反映国有资本配置效率的方式显然不会必然带来国企的可持续成长，甚至于各类隐形交易成本也很难被完整披露，国有企业功能界定与分类则能同时清晰了业务结构与核算模式，使得商业模式与信息结构更加对称，从而推动完善国有企业法人治理结构、优化国有资本布局及强化国有资产监管。

国企功能界定与分类推动了信息公开的问题导向更加清晰，可以认为商业类国企应遵循市场化信息公开制度而公益类国企则与政府信息公开同步。商业类国企作为独立的市场主体，将企业数据加工成会计信息的过程就是基于企业战略管理体系的数据治理过程，会计信息也因此成为优化运营并匹配于企业战略的必需依据。当然，商业类国企即便是上市公司并按要求进行了强制性信息披露也是不充分的，这在于国企真正所有者是全体国民而不能仅对直接出资者负责，全民受托责任意味着社会公众把国企视为应受严格约束的公共部门，由此国企活动必须受制于国有资本经营预算。

经济学家弗里德曼曾言："用自己的钱办别人的事，只讲节约不讲效率；用别人的钱办自己的事，不讲节约只讲效率；用别人的钱办别人的事，既不讲节约也不讲效率；用自己的钱办自己的事，既讲节约也讲效率。"理论上，从国企多重复杂的委托代理关系角度看，传统公有制经济在两权分离情况下拥有经营权的管理层的行为符合"用别人的钱办别人的事，既不讲节约也不讲效率"，由此衍生出的管理层"内部人控制"恰恰与"用别人的钱办自己的事，不讲节约只讲效率"情境相吻合，而现代公有制经济对两权分离进行了诸多创新设计，比如国有控股混合所有制企业员工持股、国有科技型企业股权和分红激励等，这些创新设计的实质是从微观治理层面的股权角度模仿"用自己的钱办自己的事，既讲节约也讲效率"，当然这与私有化是截然不同的。

从国有资本投资运营实践角度看，"节约"及"效率"更直观地体现在国企支出方面，甚至可以说国企开支已经发生了一定程度的失控。国企开支较非国企而言具有特定的属性，就是国有资产属全民所有加之软预算约束、非市场化激励机制及非经营目标过多等因素的存在，任何国有资产价值变动都必须保持高透明度以有效保障全民对国企财产经营状况及红利分配等监督。以国企高管的职务消费为例，因履行工作职责而发生的应由企业承担的消费性支出及享有的待遇合规合理，但现实却是国企高管以职务消费的名义享受特权而奢侈消费、送礼搞公关的费用却反映为职务消费等，并最终形成"不落腰包的腐败"。实际上，2015年2月9日李克强总理在国务院第三次廉政工作会议上强调要严格执行国有企业负责人廉洁从业规定，刹住奢侈浪费的不良风气。

中央企业受质疑通常集中在垄断、腐败、低效和浪费四个方面，也就有了用招待费和差旅费支出度量企业腐败的提法。理论上，如果仅仅站在管理层视角反映特定支出项目则最终核算结果多转化为企业正常成本开支，比如在国企实行厂长（经理）负责制期间实行的国企负责人"签单权"制度。而站在社会公众视角就意味着以信息公开方式限制国有企业负责人权力，尤其是应对国企特定支出项目进行清单管理（如国企"三公"消费），会计制度则可借助设置特定目的账户来核算并以适当方式进行公开披露，就特定目的实现而言，基于监管视角的信息公开与基于核算视角的信息披露合二为一极可能导致两类信息的各自不完备，因而在这方面可进行专门规范。实际上，《关于深化国有企业改革的指导意见》对商业类国有企业提出"对特殊业务和竞争性业务实行业务板块有效分离，独立运作、独立核算"。

三、财务会计制度与国企改革的互动

会计制度具有鲜明的时代适应性。毛泽东曾提出"节省每一个铜板为着战争和革命事业，为着我们的经济建设，是我们的会计制度的原则"；面对反腐的严峻形势，2014年2月11日国务院总理李克强在第二次廉政工作会议上指出要严格会计制度；2016年财政部发布《会计改革与发展"十三五"规划纲要》指出，目前我国会计行业存在的主要问题是会计工作转型升级不能适应经济管理要求。我国"十三五"规划提出的"创新、协调、绿色、开放、共享"的发展理念也是我国会计改革的导向，具体而言就是财务会计制度要适应推进国家治理体系与治理能力现代化要求而进行体制机制创新，以

完善中央企业治理结构。

1. 权力结构与会计信息机制

《大清算：财务问责与国家兴亡》（*The Reckoning：Financial Accountability and the Rise and Fall of Nations*）从史料的视角阐述了治国理政与会计受托责任，展示了会计数据所预示的权力或会计作为一种权力工具的本质，指出会计制度与国家兴衰高度相关，比如唯有维持会计及数字的正确才能维持政治正当性，会计制度是塑造帝国、王国和整个文明社会的要素。实际上就是会计信息的微观性与宏观性兼具问题，也可以认为会计制度实质上就是权力制衡中的相关方，在现代企业治理中通常与管理层权力交叉，比如 2006 年 5 月国务院国资委颁布实施的《中央企业总会计师工作职责管理暂行办法》赋予总会计师企业大额资金支出联签权，这也有力地表明了《大清算：财务问责与国家兴亡》所言的"掌握账簿就是掌握权力"。被尊为"会计泰斗"的杨纪琬教授曾言，"所有的游戏中数字游戏是最有趣的了，会计中的数字意义就更大了。它不仅仅是个数字，还包含着一个企业、一个国家的经济状况。玩这个游戏的人，应该有耐性，有好的品质"。

会计数据有效地联结了宏观与微观，实际上微观会计数据影响着宏观经济状况及增长。比如实证研究发现将会计盈余划分为非经常性损益与扣除非经常性损益的盈余，以及将扣除非经常性损益的盈余分解为经营净现金流与应计利润对预测宏观 GDP 增长都具有增量信息作用，因此，保证会计盈余高质量就是关键；又如对截至 2017 年 4 月底沪深两市 3 222 家上市公司披露的 2016 年年报和 2017 年第一季度报告的数据分析显示，不同产业、不同经济成分间存在较为明显的发展失衡现象，产能过剩、需求不足等结构性矛盾尚未得到实质扭转；再以国民经济核算为例，新国有资产管理体制下国有资本统计及报表编制就面临着挑战，像国企混合所有制改革的后果之一就是各类资本所有权所对应的股权相互制衡而没有实际控制人，这意味着不符合《企业会计准则第 33 号——合并财务报表》所确定的"控制"标准而不应纳入"国有及国有控股企业"范围，从而就会影响到国有经济总体规模。

国有资产管理体制由"管资产"为主向"管资本"为主的转变表明国家持股从主动控制经营到转变为监督制约，会计信息也从转变前的注重微观性朝着转变后的更具宏观信息功能变化，财务会计的直接权力制衡转变为信息机制约束，简政放权也使得国有资本出资人会计更关注计量国有经济布局优化及国有经济活力、控制力、影响力和抗风险能力增强程度，由此会计信息的质量标准、生成机制、监督体系及公开模式等都应进行系统性重构。比如借助互联网和云、大数据等 IT 技术打造国企信息公开平台，使得国有资本出资人掌握大量财务及预算等数据。

2. 深化国企改革与会计规范精准应用

国有资本出资人的宏观职能定位决定了其需求信息的宏观经济性，而国有资本具体运营又是由市场化管理层主导的，业务层面会计信息加工更多定位于微观治理性，宏观经济性与微观治理性实际上是互动的，由此也就框定了会计信息结构。换言之，会计信息的完全中立性是不现实的，任何会计政策选择都有其相应的宏观导向，只是会计不能演化为纯粹的政治手段。中央企业应充分将其战略定位与企业会计准则规范和创新空间相结合，为实现国有资本宏观与微观目标提供信息支撑。结合的内容是非常广泛的，从三视角举例以窥全局。

自 2017 年 5 月 28 日起施行的《企业会计准则第 42 号——持有待售的非流动资产、处置组和终止经营》（以下简称 42 号准则）就是会计政策措施的制定服务于供给侧结构性改革的实践。我国供给侧结构性改革中去产能、去库存、去杠杆的"三去"其必然结果就是调整资产负债表规模，这又通常表现为"出表"管理。将分散在各相关准则及应用指南、解释和讲解中的持有待售的非流动资产、处置组和终止经营的会计处理以 42 号准则进行系统性规范，肯定有其特定导向的，至少是要提升其重要性水平。换言之，这类独立的系统性规范对应着需要单独列报的特殊事项，比如从我国深化国企改革角度看，该单列财务报表项目包含了相当丰富的内容，诸如处置国有僵尸企业、剥离国有企业办社会职能和解决历史遗留问题等，而且该类单列财务报表项目从更深层次看还可能表明企业商业模式的转变，进而使得现金流量的未来分布状况发生变化，因此影响到国有企业信息公开。另外，42 号准则也便于《"三去一降一补"有关会计规定》《企业破产清算有关会计处理规定》等相关制度的严格执行及监管机构、监管企业利用持有待售类别操纵利润。42 号准则给国企经营的启示是，做强做优做大国有企业的微观基础是国有资本配置聚焦于主业并且严格控制非主业投资，鉴于此财务会计应围绕由中央企业发展战略和规划确定并经国资委确认公布的主要经营业务进行商业模式化信息披露，理论上商业模式极大地影响着企业可持续成长，而业务结构又是商业模式的核心。实际上 2012 年中央经济工作会议提出促进企业商业模式创新，从而将商业模式创新提升到国家战略高度，党的十八大报告则提出加强商业模式创新，由此中央企业财务会计应能确认企业真实内在价值创造过程中全要素参与情况，核算出企业价值创造的驱动型因素。当然仅通过资产减值准备做到"报表去产能"的行为也可能发生，这意味着去产能质量有待提高。

以中央企业高管薪酬制度改革来看，中共十五大提出："允许和鼓励资本、技术等生产要素参与收益分配"，十六大则提出："确立劳动、资本、技术和管理等生产要素按贡献参与分配的原则"，十七大提出："健全劳动、资本、技术、管理等生产要素按贡献参与分配的制度"，十八大提出："完善劳动、资本、技术、管理等要素按贡献参与分配的初次分配机制"。尤其是十八大不仅提到"完善"而且提到"初次分配"并允许混合所有制经济实行企业员工持股，实际上国务院国资委早在 2008 年《关于规范国有企业职工持股、投资的意见》中明确指出"符合条件的也可获得企业利润奖励"。2014年 8 月 29 日审议通过的《中央管理企业负责人薪酬制度改革方案》明确提出缩小中央企业内部分配差距，使中央企业高管人员薪酬增幅低于企业职工平均工资增幅。显然，这些制度共同聚焦于公有制下劳动和资本相结合的创新问题，不仅要实现劳动报酬增长和劳动生产率同步提高，更要确保高管与职工在薪酬比例上的恰当性，其中对中央企业高管薪酬采用差异化薪酬管控办法。然而，我国《企业会计准则第 9 号——职工薪酬》《企业会计准则第11 号——股份支付》却没有体现出高管与员工之间薪酬差距的公平性与效率性等体制性规范，比如尚未明确区分高管薪酬与一般员工薪酬、基本薪酬与激励薪酬等；没有披露薪酬采用现金或股权支付方式的可能经济后果；尚需探讨绩效年薪和任期激励收入属于利润分配范畴的理论依据与实务等。因此，财务会计要想更好地服务于我国收入分配改革，就应该将基于传统的股东中心主义的微观利润拓展为基于共享收益主体的宏观利润。

我国供给侧结构性改革提出的补短板旨在鼓励创新。中共十八届五中全会提出创新贯穿党和国家一切工作，形成促进创新的体制架构，塑造更多创新驱动型发展。中央企业通过创新拉动企业竞争力从而提升国家整体创新能力，也就是说应该在创新方面承担更大的社会责任。中央企业创新主要体现为科技创新、商业模式创新与管理创新三个方面，财务会计制度安排应有助于提高创新研发的监管质量，比如会计准则对科技创新应能科学估算无形资产价值、核算无形资产研发支出、补偿无形资产创新开支等；又比如现阶段会计准则也未能对高风险项目初始阶段的业务失利做出较为宽容的处理安排，也使得稳健会计原则对创新活动的负面影响更加明显。另外，创新与知识产权保护又具有一体性，创新成果转化为现实生产力的基础是知识产权保护。2015 年 9 月 7 日国家知识产权局等五部委印发了《关于进一步加强知识产权运用和保护助力创新创业的意见》。2015 年 12 月国务院印发《关于新形势下加快知识产权强国建设的若干意见》第十九条明确建立财政资助项目形成的知识产权信息披露制度，加快落实上市企业知识产权信息披露制度。2016 年 7 月《印发〈国务院关于新形势下加快知识产权强国建设的若干意见〉重点任务分工方案的通知》确定由财政部牵头的重点任务有四个项目，其中一项就是"细化会计准则规定，推动企业科学核算和管理知识产权资产"。财务会计应支持中央企业知识产权布局、建立健全知识产权保护、推动知识产权资产管理与运营、完善知识产权风险预警和应对机制。由此可见，中央企业财务会计要更加重视确认、计量及披露创新体系的理论研究与实践应用。

主要参考文献

［1］林毅夫、蔡昉、李周：《充分信息与国有企业改革》，格致出版社 2014 年版。

［2］马淑萍、廖博：《建立国有企业信息公开披露制度是国企改革重任》，载于《东方早报》2016 年 1 月 19 日。

［3］李燃、朱卫东：《国资委对国企监控的会计信息网络中心的构建》，载于《会计之友》2004 年第 12 期。

［4］郗涛、任思雅：《山西省属企业重大信息公开取得初步成果 阳光企业建设加速》，山西新闻网 2016 年 8 月 31 日。

［5］林毅夫：《创造信息对称、责任对等的环境——充分信息与国企改革之二》，载于《中国经济信息》1997 年第 13 期。

［6］綦好东、王斌、王金磊：《非上市国企信息公开披露：逻辑与事实》，载于《会计研究》2013 年第 7 期。

［7］郭媛媛、周伟贤：《国企信息披露制度的国际比较和启示》，载于《未来与发展》2010 年第 4 期。

［8］叶康涛、臧文佼：《外部监督与企业费用归类操纵》，载于《管理世界》2016 年第 1 期。

［9］后向东：《论"信息公开"的五种基本类型》，载于《中国行政管理》2015 年第 1 期。

［10］夏冬林：《充分披露、完全信息与国有企业会计监督》，载于《会计研究》2002 年第 11 期。

［11］王子约：《力度大于预期 国企首次纳入公开范围》，载于《第一财经日报》2015 年 4 月 22 日。

［12］安林：《财务预算公开是打造"阳光央企"必由之路》，载于《企业观察报》2014 年 10 月 27 日。

第八章

国企降成本：天然高成本成因与真实成本回归

　　《人民日报》记者前往浙江省杭州、嘉兴和河南省郑州、洛阳，对53家制造业企业成本状况展开了深入调查。该调查反映出三个方面的内容：其一是企业成本主要包括人工成本、原材料成本、融资成本、用电成本与物流成本；其二是企业成本上涨最快的包括人工成本、融资成本、物流成本、原材料成本与税；其三是企业认为最应降低的企业成本包括税、人工成本、融资成本、用电成本与物流成本。为了降低成本，企业采取的措施主要是产品创新、技术改造和经营模式创新。对于降低成本，企业的具体诉求涉及：继续降低企业社保缴纳费率；加大对企业环保、技术改造投入的支持，在用电用水价格上给予减免；政府应加大力度构建公平、法制、守信的社会环境；政府在政策上对小微企业予以倾斜，支持小微企业发展；加大对网络售假打击力度，维护企业品牌健康发展。

　　民进中央经济委员会副主任、中国中小企业协会副会长周德文对《中国经营报》记者曾言："在浙江，一个报价75元的玩具，需缴纳3.63元国税，0.44元教育附加税，0.02元水利基金，2.77元社保基金，总税费达到6.86元，而扣去成本，加工费也不过25元，再扣除人工费，企业获得的利润不多。"国泰君安的统计显示，2015年，企业主营业务成本/主营收入达到85.68%，连续几年上升。其中，企业总税率为67.8%，比七国集团平均水平高20多个百分点，财政收入占GDP比重从2003年的15%上升到2015年的23%。南方某市的发展改革委2016年初曾针对该市服务业"降成本"问题进行了专题调研，通过重点服务业企业监测平台和服务业联合会开展问卷调查，1 096份有效问卷中有653家企业认为税费过高，占调查企业的59.74%。南方另一城市的商业总会针对该市141家第三产业企业2015年经营状况进行了抽样调查，发现 2015 年 12 月企业亏损面为 25.5%，企业利润总额同比下降 135.7%，应缴税费却同比增长 22.7%。

据波士顿咨询公司 2013 年研究报告显示，当时美国制造商品平均成本只比中国高 5%。2015 年，美国低成本地区生产已经变得和中国生产一样经济划算。到 2018 年，美国制造的成本将比中国便宜 2%～3%。中国制造业成本为何变得这么高？浙江省慈溪市江南化纤有限公司测算比较了创办相同规模企业的中美成本并提供了部分成本构成对比。其中，土地成本，中国是美国的 9 倍；物流成本，中国是美国的 2 倍；银行借款成本，中国是美国的 2.4 倍；电力/天然气成本，中国是美国的 2 倍以上；蒸汽成本，中国是美国的 1.1 倍；配件成本，中国是美国的 3.2 倍；税收成本，美国税收优惠力度大；清关成本，美国无须支付进出口清关成本；人工成本，中国成本优势趋弱；折旧成本，美国是中国的 1.7 倍；厂房建设成本，美国是中国的 4 倍。可以看出，随着国内环境成本、人工成本等持续攀升，中国制造成本与美国制造成本相当已经成为必然趋势，甚至某些行业还会超过美国制造成本。

事实上，中国制造已经出现"未强先高"现象，特别是"中国制造"要想保住原有优势并实现竞争力持续提升，高成本成为中国实体经济面临的突出问题，而宏观层面的供给侧最致命之处也就是高成本，供给侧结构性改革应优先推进降成本方面的政策实施，这也是市场在资源配置中起决定性作用的价格机制基础。当然，这要实现经济体系低成本而不是简单的特定生产要素低成本，高成本是由多重因素造成的，比如体制僵化、某些生产要素非市场化、过度福利化等。

一、降成本的系统性思维

近年来，生产要素低成本作为中国经济长期发展的因素已经发生根本性变化，制度性交易成本使我国以比较优势和后发优势为主的"投资拉动"和"出口导向"的发展模式难以为继，"降成本"成为主要应对之策。然而实践中的降成本却更多地表现为碎片化，即企业抓住某一或某些模块或环节而充分利用管理工具以求最大限度地降低成本耗费。实际上降成本不仅是系统性结构化方法论，控制方式应由技术观念上升到制度观念直至形成企业全员的自然行为习惯，更是深层次的制度安排及其背后的文化。理论上，降成本目标的实现条件和基础总体上包括必不可少的五个层面内容：其一是社会氛围，比如崇尚节俭还是铺张浪费；其二是政府定位，比如对税费的依赖程度；其三是出资人观念，比如对权益资本成本的看法；其四是经营者，比如高管过高薪酬对产品质量的影响；其五是雇员，比如将雇员视为成本还是资源。由此可以看出，将降成本视为纯粹的微观企业行为是片面的，因为实际经济活动中有些成本是微观主体不能控制的，比如企业有些成本是法律规定而必须执行的，像社保缴付增长就比工资增长更快，而这必须由立法机关、行政、政策制定等各方面的主体采取实际行动才可能降下来。

1. 传统国有资产管理体制与降成本

积极创造有利于企业转型升级的环境是政府的应尽之责。世界银行发布的《2016年营商环境报告》显示，中国在全球189个经济体中的营商环境位居第84位，较2015年上升6位。相比美国、日本、德国、法国等西方发达国家，中国整体营商环境仍有较大改善空间；相比于巴西和印度等国，中国营商环境相对较好。从分项指标来看，虽然中国整体营商环境排名上升了6位，但除了办理施工许可和纳税两项指标外，所有营商环境指标排名都下降了，特别是开办企业和获得信贷指标下降较为明显，2016年排名分别比2015年下降9位和8位，比如各种不合理审批、许可和中介服务收费等方面的负担对中国企业而言仍然较重。显然，不恰当的价格会扭曲资源配置进而影响甚至决定着营商环境，而不恰当的价格又多表现为政府定价社会属性导向与政府定价技术属性导向的边界模糊，两种属性间存在着成本转嫁问题，而政府定价监管制度是解决该类问题的基础。

政府定价监管制度存在多样化模式选择，比如三权分立模式、商业目标导向模式、专业化监管模式及个性化监管模式等。政府定价监管的不同模式会形成差异化经济后果，尤其影响着市场资源配置效率，不当的政府定价机制会导致我国经济的结构性失衡与泡沫。由此应特别关注两方面内容：其一是应实现政府定价权力的清单化。政府定价产品和服务的范围是由国务院批准的政府定价目录严格限定的，我国目前最新版本是国家发展和改革委员会修改并于2016年1月1日实施的《中央定价目录》，范围主要限定在重要公用事业、公益性服务以及网络型自然垄断环节，主要涉及天然气、水利工程供水、电力、特殊药品及血液、重要交通运输服务、重要邮政业务和重要专业服务等七大类。其二是明确政府定价依据的科学性，也就是说成本是政府制定价格的基础和重要依据，产品或服务的成本信息应得到全方位监审。比如《输配电定价成本监审办法（试行）》提出管道运输价格按照"准许成本加合理收益"原则由政府定价；《天然气管道运输定价成本监审办法（试行）》提出，管道运输定价成本由折旧及摊销费、运行维护费构成，与管道运输企业输气业务无关的费用或虽与输气业务有关但按照国家有关规定由政府补助、政策优惠、社会无偿捐赠等冲减的费用等不计入定价成本。

微观视角的政府基于价格导向降成本在传统国有资产管理体制下是由国资委实施的，但兼顾监管职能与出资人职责于一体的定位使国资委的降成本依然沿袭了政府特征，就是行政性即时成本额下降导向，比如 2011 年国资委下发《关于做好开源节流增收节支工作确保完成年度生产经营目标的紧急通知》，要求中央企业树立过"紧日子"的思想，具体措施上则提及严格控制人工成本过快增长、千方百计压缩财务成本、严格控制业务招待费标准、减少各种庆典活动及联谊活动等不必要开支等内容；2015 年又发布了《关于进一步做好中央企业增收节支工作有关事项的通知》，提出统一认识树信心、开拓市场抓机遇、精益管理控成本、压缩开支降费用、高效融通用资金、效益为先配资源、盘活存量提效能、多措并举治亏损、强化组织重落实九大措施。

显然，这种降成本没有摆脱职业经理人视角的成本费用额与利润额间简单线性负相关思维，也是对国有资本保值增值含义的狭隘理解。尤为重要的是，价格及其成本概念还被视为经济体制关键判别要素，比如 2017 年美国商务部认定我国是一个非市场经济国家，提出我国经济框架核心是由政府和中国共产党，通过对重点经济主体的政府所有和控制以及政府指令等方法实现直接或间接控制资源配置，因而是未充分践行市场原则而无法在反倾销调查中使用我国的价格和成本。实际上该事件之前的跨太平洋伙伴关系协定（TPP）国企条款挑战、欧盟将国资委控制的中央企业视为关联企业而予以反垄断法规制等都是典型的"西式国企压制"。尽管做强做优做大国企体现着"不唯西方"的经济上的道路自信，但市场化终究是我国国企深化改革的必由之路，而国资委职能再定位于国有资本出资人监管，履行出资人职责机构则行市场化出资活动，后者成为新的成本主体也就将原先笼统的成本内容中的市场化部分清晰地分离出来，这显然会为应对"西式国企压制"提供有力证据。

2. 新国有资产管理体制与降成本

新国有资产管理体制的实质是将行政性的国资监管职责与市场化国资出资人职责分开，由此实现行政性费用与市场化成本的分离。实际上将国有企业分为商业类和公益类而分类推进改革一定程度上就是对成本性质的再确认，比如公益类中央企业定位于保障民生、服务社会、提供公共产品和服务，必要的产品或服务价格可以由政府调控。显然，这类国企的产品或服务的价格取决于成本水平，应从政府视角规范这类企业产品或服务的成本边界。对于商业类国企而言，履行出资人职责机构作为隔离层应阻断来自政府等复杂国资监管体系对国企乃至混合所有制企业的不当干预，由此保护企业应有的自主权和独立性，从而实现国企与非国企在成本属性上的去差异化，这也是供给侧结构性改革"降成本"的核心内容。

加之我国现阶段的经济结构呈现出垂直结构，表现为核心上游产业（如能源、金融、电力电信）由国有企业主导和垄断，而绝大多数下游产业（如消费品制造业和酒店、宾馆等消费性服务业）多由民营企业占主导。这也就意味着上游国有企业效率与下游民企生产率高度相关，这种上游国有企业从下游民营企业进行利润转移的产业结构具有天然的高成本特性，而供给侧结构性改革的"降成本"应对此有系统性改革设计。鉴于价格与成本的概念同一性，应从理顺上游中央企业的成本机制入手而实现产业间价格传导机制顺畅。这样，作为国企成本水平接受方的私营部门如果仍然依赖市场机制并取得了市场化应有的经济成果，则国企成本水平对我国整体经济造成根本性扭曲的结论就得到一定程度的证伪。

二、制度性交易成本降低的制度供给

降成本是 2016 年经济社会发展的五大重点任务之一，是供给侧结构性改革的关键环节，重点是增加劳动力市场灵活性、抑制资产泡沫和降低宏观税负。中央经济工作会议将降低制度性交易成本列为降成本"组合拳"第一招。制度性交易成本是由于体制机制问题造成的经济、时间和机会等各种成本。制度性交易成本，也被称为体制性成本，主要是指企业因遵循政府制定的各种制度、规章、政策而需要付出的成本。这是企业自身努力无法降低的，只有依靠政府深化改革，调整制度、政策，才有可能为企业减负。制度性交易成本种类繁多、弹性较大且其中暗藏"灰色地带"。比如企业每新上一台设备就要新做一次环评，生产线改造也要重新做环评，甚至一台设备从一个车间搬到紧挨着的另一个车间，也要重新做一次环评，一次就得几万元；还比如有企业每年非营业性开支占到主营业务收入的 1.2% ~ 1.5%，而这些非营业性开支往往就是维护政商关系（关系网络）的耗费。

1. 中国经济内生性结构问题与制度性交易成本

制度性交易成本源自中国经济内生的结构性问题，这类成本背后都有着复杂的深层原因并导致国民经济总成本增加和总效率与总福利损失。制度性交易成本是不合理的制度安排和政策设计的结果，被硬性植入企业而成为企业原本可以避免、剔除的行政性额外负担，直观地体现为体制机制弊端和利益固化藩篱。制度性交易成本带有极大的隐蔽性和主观随意性，会衍生出名目繁多且貌似合理的审批、规定、条款等。降低制度性交易成本会带来巨额的改革红利和经济效率。据中国政府网的不完全统计，自 2013 年 3 月组成本届政府以来，国务院相继取消和下放了 800 多项行政审批事项，并公布取消了 211 项职业资格，减轻企业税费负担 670 多亿元；中央层面累计取消、停征、减免了 420 项行政事业性收费和政府性基金，每年减轻企业和个人负担约 920 亿元；新的一轮"定向减税"，为小微企业减轻税负 40 多亿元，通过减税降费对小微企业的支持达到 1 000 多亿元；从 2012 年启动试点 4 年来，营改增已累计减税 6 400 多亿元，惠及 592 万户试点纳税人。改革全面推开后，2016 年减税将超过 5 000 亿元，总体上，营改增涉及 1 100 多万户试点企业，涉及税收总规模超过 19 000 亿元。从更早的数据来看，樊纲教授研究成果显示，1999 ~ 2005 年间我国行政成本对经济增长的作用为 -1.73%。

比如我国存在规费项目繁多且计征方式不甚合理的现象，从全国层面看，纳入一般公共预算收入的非税收入有 7 款，分别为专项收入、行政事业性收费收入、罚没收入、国有资本经营收入、国有资源（资产）有偿使用收入，另外还有各种政府性基金和社会保险。其中，行政事业性收费收入又分为 62

项，而每一项下又有若干个"目"级收入，仅以"公安行政事业性收费"为例，其款下有 22 个"目"级收入。粗略估计，仅行政事业性收费收入的种类则不下 500 项。我国有 25 个部委、19 个国务院直属机构、25 个国务院直属事业单位、"国字头"的其他国家机构和社会团体不下 20 个，总数达 100 个有余，另外还存在大量分布于各省市的对应部门及横向衍生的"红顶"中介机构。这些政府管理部门必然存在职能交叉问题，企业就同一事项可能要面对诸多部门监督审核、缴纳不同规费项目，极大地增加制度性交易成本。

比如企业用电成本居高不下的深层次原因在于用电市场化价格形成机制不健全，政府部门确定电价导致企业不能通过市场机制对这些成本进行讨价还价。即便企业自备电厂发电也存在上网收费高问题，比如华东某企业利用余热每发 1 度电就需缴纳各项上网基金成本 0.06871 元，该公司自备电厂到 2015 年底共上网发电接近 12 亿度电，公司缴纳上网基金费用为 7 000 多万元。还有就是备用容量费过高，还以该企业为例，无论企业是否用电，每月需交纳备用容量费 1 080 万元。总体而言，电力直接交易机制尚未有效建立，工业企业特别是部分资源型优势特色产业因电价相对较高而"用不起电"与火力发电企业因没有发电容量而"发不出电"的矛盾日益突出。电力体制改革不彻底、地方电网主辅不分和厂网不分现象仍然存在，这都一定程度上造成"电价"传导不顺、电力市场混乱等问题，输配电价改革是电力供给侧结构性改革的重要内容。

再以人工成本为例，通常认为我国经济进入新常态后企业人工成本增长过快，而降成本就是要降低劳动力成本。实际上劳动力成本包括工资、社保、住房公积金等不同内容，各成本项目都有一个比较大的增幅。北京师范大学中国收入分配研究院执行院长李实团队曾做了一次企业问卷调查，从南京、洛阳和重庆三地共选取 10 家企业分析其自 2005 年以来企业劳动力成本。调查选取了 2005 年、2010 年、2014 年和 2015 年 4 个统计年份，2005~2010 年间的其他成本上升幅度相对于工资来说更明显，工资年均增长率 16% 而社保达到 27%、住房公积金近 33%。从各项劳动力成本占比来看，2005 年工资占劳动力成本的 74%，社保"五险"缴费占劳动力成本 15.4%，住房公积金占 2.6%；而到 2015 年，"五险一金"占比达到 25.1%，工资占比则下降到 63.9%；从职工工资上涨角度看，其合理性建立在劳动时间延长、劳动强度增加的基础上，也同时伴随着职工受教育水平增加和职工劳动生产率提升，另外，劳动力市场供求变化同样起到了较为显著的影响。这样看来，"五险一金"等费率高且缴费基数确定和增长机制尚待完善形成了制度性人工成本，应该降低，比如将失业保险费率由现行条例规定的3%统一降至2%，每年就减轻企业和员工负担400多亿元，对社保"五险"中企业应缴纳的工伤保险平均费率、生育保险费率做出下调，每年能给企业减负约270亿元。然而，如何实现社会保障体系可持续性发展及基本公共服务水平稳步提升，势必成为降人工成本后政府将面临的更大难题。

2. 政府变革与制度性交易成本降低

传统体制赋予了各级政府机构和官员支配稀缺资源的极大权力，而简政放权与转变职能就成为制度性交易成本降低的制度供给核心。制度性交易成本可以说是政府干预市场经济活动的种种手段和方法的经济后果，而降低制度性交易成本就是对政府和市场作用严重失衡的一种调整。可以说，我国经济成功很大程度上归功于通过改革开放而系统、大规模地降低了制度性交易成本。实际上我国自十八届三中全会以来的经济改革重点就是下放行政审批权而给企业更多权力，其中当务之急是改变我国"府内市场"（market in state）的格局，即市场运作所需权力仍然掌握在政府手中，企业作为经济活动主体仍然没有足够权力。在"府内市场"体制下，市场被政府有效控制，市场和企业都高度依赖政府，两者都只能在政府设定的空间内活动，这也就是先前所言的"鸟笼经济"，"腾笼换鸟"就是先前政策措施的生动归纳。

2016年以来，河北、山西、辽宁、吉林、江苏、浙江、安徽、福建、江西、山东、河南、湖北、湖南、广东、海南、四川、贵州、云南、陕西、甘肃、青海、广西、内蒙古、宁夏、新疆等地，先后出台"降成本"行动方案，为企业"减负"。比如《广东省供给侧结构性改革降成本行动计划》、江苏省《关于降低实体经济企业成本的意见》、山东省《关于减轻企业税费负担降低财务支出成本的意见》、浙江省《关于进一步降低企业承办优化发展环境的若干意见》、《河南省推进供给侧结构性改革降低实体经济企业成本专项行动方案》、重庆市《关于进一步落实涉企政策促进经济平稳发展的意见》等。这些方案的措施主要集中在降低税费成本、降低人工成本、降低资源要素价格、减少物流成本、减少融资成本五个方面。

　　陕西省《降低实体经济企业成本行动计划》明确指出，经过一至两年努力，降低实体经济企业成本工作取得初步成效；经过三年左右努力，使实体经济企业综合成本合理下降；每年为企业降低用工成本 41 亿元、企业税费 150 亿元、用地成本 20 亿元、用能成本 53.5 亿元、融资成本 15 亿元、物流成本 30 亿元，共计达到 310 亿元左右。《广东省供给侧结构性改革降成本行动计划（2016～2018 年)》显示，预计为企业降低的税负成本达到减负总规模的 50% 以上。山东省针对降税出台了《关于减轻企业税费负担降低财务支出成本的意见》，初步测算可累计为全省企业减负 2 000 多亿元。此外，天津、江苏、江西、贵州等省份预计每年可以为企业减轻负担 500 亿～1 000 亿元。

　　2016 年 8 月 22 日，国务院印发《降低实体经济企业成本工作方案》（以下简称《工作方案》)，提出降低实体经济企业六大成本"一揽子"措施，这是贯彻执行供给侧结构性改革在降成本方面的具体落实政策。《工作方案》提出，经过 1～2 年努力，降低实体经济企业成本工作取得初步成效，3 年左右使实体经济企业综合成本合理下降，盈利能力较为明显增强。《工作方案》提出，努力降低企业税费负担、融资成本、制度性交易成本、人工成本、用能用地成本、物流成本六大成本。主要内容包括以下几点。（1）税费负担合理降低。全面推开营改增试点，年减税额 5 000 亿元以上。（2）有效降低企业融资成本。国务院提出，保持流动性合理充裕，营造适宜的货币金融环境。（3）制度性交易成本明显降低。清理废除地方自行制定的影响统一市场形成的限制性规定，加快放开垄断行业竞争性环节。（4）合理降低企业人工成本。对企业职工基本养老保险单位缴费比例、失业保险总费率、住房公积金缴存比例进行规范。（5）进一步降低企业用能用地成本。企业用电、用气定价机制市场化程度明显提升，工商业用电和工业用气价格合理降低。（6）较大幅度降低企业物流成本。社会物流总费用占社会物流总额比重由目前的 4.9% 降低 0.5 个百分点左右，工商业企业物流费用率由 8.3% 降低 1 个百分点左右。

　　另外，据媒体 2016 年 11 月 10 日报道，为进一步做好降低实体经济企业成本工作，山西省政府决定成立山西省降低实体经济企业成本领导小组，未来将从降低企业用能、用地成本、降低企业税费负担、降低企业融资成本等多方面想方设法为实体经济企业降成本。领导小组下设综合办公室和 4 个专业办公室，设在省发展改革委的综合办公室负责统筹协调降低实体经济企业成本工作；设在省财政厅的专业办公室负责降低企业税费负担；设在省金融办的专业办公室负责降低企业融资成本；设在省人力资源和社会保障厅的专业办公室负责降低企业人工成本；设在省经信委的专业办公室负责鼓励和引导企业内部挖掘。

然而，不可否认的是，政策同质化问题较为明显地存在，避免"一刀切"而应多渠道化解企业转型升级成本还比较薄弱，必须认识到降成本绝不是一个纯粹的经济问题或环境问题，而是一个系统性极强的问题，涉及经济、社会多层面，因此，降成本举措具有顶层设计的意味，应该从制度性改革的视角去构建而形成降成本长效机制。系统降低制度性交易成本是应对我国经济转型的关键所在。

三、非市场竞争性成本降低的改革方略

国资委 2016 年国企改革十项试点包括了关于剥离企业办社会职能和解决历史遗留问题，国有企业承担的厂办大集体、三供一业、教育医疗等社会管理职能将被分离。所谓企业办社会主要指国有企业兴办了与企业生产经营没有直接关系的机构和设施，承担了产前产后服务和职工生活、福利、社会保障等社会职能。所谓历史遗留问题主要包括国有企业离退休人员社会化管理；职工住房、医院、职教幼教机构、市政设施等社会职能的剥离、改制、移交工作；厂办大集体改革以及"三供一业"（供水、供电、供热和物业）的移交等。分离国有企业办社会负担的终极目标是使国有企业回归到完全的市场主体地位，减轻国有企业负担，集中精力发展主营业务。国资委计划从 2016 年开始选择 2~3 户中央企业推进所办教育机构深化改革试点，选择 2~3 个城市开展国有企业退休人员社会化管理试点。国务院研究中心 2014 年调查发现，中央企业大致拥有企业办社会职能机构约 8 000 多个，需要年度费用约 800 亿元，需要地方年度费用超 1 000 亿元。800 亿元的年度费用主要指中央企业每年为了解决企业办社会职能和历史遗留问题而从企业盈利中拿出的补贴，也有很少部分财政补贴；1 000 亿元的地方年度费用则指地方国有企业为解决企业办社会职能需要进行的来自企业和政府的补贴。

国务院早在 2011 年就曾提出在全国范围内开展厂办大集体改革，用 3 ~ 5 年时间使厂办大集体与主办国有企业彻底分离，成为产权清晰、面向市场、自负盈亏的独立法人实体和市场主体，职工得到妥善安置。国资委也多次提出要实现剥离企业办社会，但收效甚微。2016 年 6 月 11 日国务院办公厅转发国务院国资委、财政部制定的《关于国有企业职工家属区"三供一业"分离移交工作的指导意见》，提出 2019 年起国有企业不再以任何方式为职工家属区"三供一业"承担相关费用。该《意见》明确了国有企业不再承担与主业发展方向不符的公共服务职能。实际上让国有企业瘦身健体已成为国企改革的一项重要内容，而很大程度上瘦身的实质就是一种降成本手段。

1. 降成本与国有企业瘦身

激发微观市场活力也是"降成本"的主旨，国有企业瘦身的终极表现就是成本下降。因为"降成本"本质上表达了国有企业对成本概念认识的深度与广度及控制模式所遵循的价值观，不同语境下成本概念所传递的信息含量是有差异的，正如降低制度性交易成本是在厘清政府边界，体现为清理体制性成本而构建"亲""清"的政商关系。站在不同角度对成本概念有着多元化的理解，而现阶段国有企业仍然兼具营利性与公益性，因此将其界定为类市场主体比较恰当，这也就意味着国有企业相较于真正的市场主体其行为还要付出特定的代价，这类成本是与国有企业组织特性相关的，换言之，国有企业作为类市场主体对市场机会做出反应需要付出特定成本，国有企业"降成本"有其特殊性。

经济学人网站当地时间 2015 年 12 月 1 日刊文指出，中国大型国有企业很多都臃肿、低效和被过分溺爱了，而真正具有企业家精神的民营企业很早之前就已经是中国经济增长的真正动力了，它们在中国全部经济产出中可能已占据2/3 的比重。2016 年 5 月 18 日，国务院总理李克强在国务院常务会议上提出要促进中央企业"瘦身健体"提质增效。具体而言，就是：有序转让退出非主业资产，控制连续亏损、从事非主营业务等企业的员工总量，严格定岗定编定员，精简管理部门和人员；在压缩管理层级方面，力争在 3 年内使多数中央企业管理层级由目前的 5 ~ 9 层减至 3 ~ 4 层以下、法人单位减少20% 左右。会议确定了要强化成本管控，减少应收账款，缩减库存规模和亏损面，降低债务水平，今明两年力争实现降本增效 1 000 亿元以上。

然而这里需要准确辨析国有企业瘦身与降成本的关系，因为当前国有企业瘦身主要是受到宏观经济形势比较严峻的市场条件的影响，大范围地收紧经营规模、压缩市场空间、清理企业冗员、减少人工成本等可能即刻见到降成本的效果，但不应忽视"健体"是"瘦身"的指向，为暂时缓解了部分中央企业连续亏损和冗员压力而实施的"瘦身"会对未来的持续发展带来负面影响，降成本的"瘦身"活动需与"健体""提质""增效"整体考虑而不能简单地刚性切割。

不仅如此，国有企业尤其是中央企业更需辨析"瘦身"之本源，即何以至此的问题，其中的主要动因在于全球金融危机爆发以来，中央企业基本上都采取了以增加负债为主要手段的规模扩张之路。从数量上看，中国共有88家国企进入2015年世界500强企业名单，其中就包括国资委监管的47家中央企业。然而国有企业虽然资产规模膨胀很大，但并未同步提升其效率能力，相反还积累了巨大债务存量，国有企业也是中国企业债务重要"贡献者"。仅2014年以来，就有中钢集团及3户中央企业所属子企业（兵器装备集团所属天威集团、国机集团所属中国二重、中煤集团所属山西华昱）先后发生债券违约，涉及债券金额84亿元。国务院国资委有领导曾表示，瘦身是要瘦臃肿之身、瘦低效之身、瘦累赘之身、瘦超负之身，从这个角度看，国有企业必须回归到真正的企业本质上来。

2. 降成本与国有企业成本控制效果

中国人民银行前行长周小川在政协演讲中提到，产能过剩在很大程度上与价格扭曲有关。有些行业上项目时，大家都表现得非常积极，这很可能是因为价格有问题。价格有问题也可能是税收有问题间接造成的。理顺价格机制从而减少价格扭曲进而实现将真实要素成本体现在企业运营成本之中，这也是要素市场供给侧结构性改革的本原之意。花旗银行2008年4月在其《宏观中国》研究报告中提出，中国被扭曲的重要生产要素的价格和成本将逐步走向市场水平。据花旗测算，中国的生产成本扭曲规模达约3.8万亿元人民币，主要体现在能源和原材料、环境、资金、劳动力、土地五个方面。报告认为，这些扭曲成本的因素很可能在未来5～10年内逐渐弱化，换言之，在今后5～10年内中国企业在这些方面的成本将显著上扬。

国有企业改革也应有助于完善市场经济制度从而消除资源错配所造成的

价格扭曲，之所以这样说是因为国有企业成本核算对形成整个社会的真实价格信息具有重要影响。从全社会价值链的角度看，民营资本（中下游）成为国有资本（上游）的埋单方，外资资本可与国有资本共享特权。不同类型的资本规则决定了利润模式的选择，本质上体现着成本转嫁能力，最终决定着社会成本水平。显然，国有企业成本控制成效影响到与之相关的利益方的成本水平，而国有企业成本控制效果取决于影响其成本投入结构的宽泛的背景因素，任何期望不改变企业组织现存状态的成本控制效果都有巨大提升空间。

中国船舶重工集团公司全资子公司中船重工物资贸易集团有限公司和唐山新鑫特钢有限公司（民营）合资成立中船重工（唐山）船用材料制造有限公司，中船重工物资贸易集团持股67%，新鑫特钢持股33%，双方共同组建董事会和监事会及制定公司章程和制度，董事会由各个股东委派人员组成。国有股东负责控制风险、财务、采购、销售等工作，确保国有资产保值增值；民营股东负责管理、技术、人才引进、奖惩、创新等工作，节约成本、杜绝浪费。公司2015年挂牌运营，通过对船用钢材精深加工和后端仓储及配送，形成了从船用钢材到船舶配套部件再到专业仓储配送的一站式、集约化、高效率的生产经营模式，第一年就实现净利润3 200万元。中船重工物资贸易集团董事长杨乾坤对比"混改"前后中船重工采购费用和生产制造成本时发现，通过新公司集中采购为国家节约采购费用3.2亿元，节省生产制造成本8 000多万元。

3. 降成本与成本核算规范体系

我国从20世纪50年代到80年代期间陆续颁布了《国营工业企业统一成本计算规程》《国营工业企业成本核算办法》等关于企业成本会计核算规范。90年代先后发布了13个行业会计制度，2000年《企业会计制度》印发后配套制定了12个行业核算办法，不断规范、改进企业成本核算。2006年《企业会计准则》发布后，企业产品成本核算得到了进一步充实和完善，实现了国际趋同。但是，无论是准则还是制度，都没有具体涉及成本费用的计算方法、归集和分配等内容，而这些内容往往会影响财务报告中存货成本和营业成本等信息的准确性。这意味着在我国，成本会计制度兼具统一性与灵活性并没有达成共识，尚未形成全国统一的能对企业会计人员具有强制约束力的规则体系。

以兖州煤业（600188；1171.HK）为例，2015年10月26日其公布的第三季度报告显示营业收入为131.53亿元人民币，同比减少17.9%；归属于母公司股东的净利润7.44亿元，同比减少32.9%；上半年每股收益为0.1元，第三季度每股收益为0.13元。面对煤价持续低迷的环境，削减成本是兖州煤业保持盈利的最基本做法，然而包括富瑞在内的外资投行则认为，兖州煤业所谓"削减成本"不过是利用安全生产和维护费用的专项储备来进行利润操纵，因为兖州煤业专项储备实际并未使用。兖州煤业2015年上半年的专项储备金额比2012年时减少了82%。兖州煤业第三季度报告显示，9月底专项储备规模已经降至9.62亿元，比年初减少约46.6%，公司称储备金额减少主要是由于前三季度动用专项储备大于当期计提数额。兖州煤业内部人士在接受《第一财经日报》独家采访时称"在中国会计准则下，公司在成本费用中冲减专项储备是允许使用的，但在国际会计准则中这种专项储备的使用是据实列支。在境内外两种会计准则下净利润差异是始终存在的，这也是正常的"。显然动用储备削减成本的方式是不可持续的，因此，财政部与安全监管总局颁布的《企业安全生产费用提取和使用管理办法》就存在着改进必要。

在成本核算直接规范层面，已经陆续发布实施了《企业会计准则》《企业产品成本核算制度（试行）》《企业产品成本核算制度——石油石化行业》《企业产品成本核算制度——钢铁行业》《企业产品成本核算制度——煤炭行业》。成本核算间接规范层面主要包括《中华人民共和国会计法》《会计基础工作规范》《企业财务通则》《企业内部控制应用指引第15号——全面预算》。其他相关规范涉及《中华人民共和国企业所得税法》《中华人民共和国企业所得税法实施条例》《政府制定价格成本监审条例》等。

上述成本核算规范体系都是针对一般性企业组织而言的，是否对国有企业组织的真实成本水平予以专门规范值得商榷。但不管怎样，企业健康的成本结构应该是一个开放的接纳先进价值观的信息综合体，成本水平评判涉及三个层面：（1）技术层面的判断，这主要体现在不断优化的生产过程中；（2）艺术层面的判断，这主要体现在设计思想及将其贯穿于首尾呼应的消费流程中；（3）文化层面的判断，这主要体现在将艺术化的成本思想融入至企业的整体文化体系。

主要参考文献

［1］Christopher Holmes：《打破中国制造的"低成本"魔咒》，载于《中国企业家》2008 年第 11 期。

［2］周其仁：《中国经济的五大体制成本》，新华网思客 2016 年 7 月 18 日。

［3］国泰君安：《中国企业成本居高不下 降成本大有可为》，载于《网易财经》2016 年 4 月 7 日。

［4］左娅、白天亮、王政、陆娅楠、刘志强、赵展慧：《人民日报调查 53 家企业用工成本：想降却难降》，载于《人民日报》2016 年 5 月 30 日。

［5］卢现祥：《转变制度供给方式，降低制度性交易成本》，载于《学术界》2017 年第 10 期。

［6］程波辉、奇飞云：《供给侧结构性改革背景下降低制度性交易成本研究——分析框架的建构》，载于《学术研究》2017 年第 8 期。

［7］李震、沈坤荣：《降低我国制造业企业综合成本的政策取向研究——基于供给侧结构性改革的视角分析》，载于《现代管理科学》2017 年第 8 期。

［8］肖亚庆：《推进中央企业深化改革瘦身健体》，载于《紫光阁》2016 年第 7 期。

［9］刘现伟、李红娟：《国有企业瘦身健体提质增效成功模式研究》，载于《全球化》2017 年第 4 期。

［10］冯彪：《国务院 4 药方促央企瘦身健体 拟两年内降本增效 1 000 亿》，载于《每日经济新闻》2016 年 5 月 19 日。

第九章

国企管理红利实现：提质增效与创新管理会计体系

全国国有及国有控股企业 2012 年前两个月实现利润同比出现下降，其中中央管理企业累计实现利润总额同比下降 19.8%，地方国有企业累计实现利润总额同比下降 10%，而私营企业同比增长 24.4%。这是自 2009 年头两个月出现利润负增长之后的三年来首次出现的情况。国务院国资委决定从 2012 年 3 月起利用 2 年时间在中央企业全面开展以"强基固本、控制风险、转型升级、保值增值、做强做优、科学发展"为主题的管理提升活动。国务院国资委将中央企业经营业绩与同行业世界一流企业进行了比较分析，认为中央企业在管理上同世界一流企业差距很大，特别是总部在基础管理方面的高效管控能力薄弱，用时任国务院国资委主任王勇的话讲就是"集而不团、管而不控的现象普遍存在"。

2013 年 4 月 23 日国务院国资委召开会议强调，中央企业必须以"保增长"助力全国"稳增长"，中央企业今年增加值增长要达到 8% 以上，利润增长要达到 10% 以上。国务院国资委以其综合局为主要力量成立了"保增长"小组。该小组将中央企业 2013 年整体年度利润增长目标定为 10%，并将根据要求继续制定每家中央企业的具体增长目标并对其中的盈利大户和亏损大户给予特别关注，要求原来盈利较好的企业继续保持盈利势头，亏损比较大的企业要减亏、控亏、扭亏。与此相应，2013 年考核办法也向"保增长"倾斜，比如规定若当年利润指标达到历史最高水平则企业该项考核就可以直接满分。鉴于 10% 的目标可能会逐级分解到各家中央企业，新兴际华集团就提出重新调整 2013 年上半年预算计划，扎实推进"225"管理创新体系，以"双过半"的硬标准来落实"保增长"。

中共十八届三中全会通过的《中共中央关于全面深化改革若干重大问题的决定》提出"让一切劳动、知识、技术、管理、资本的活力竞相迸发"。这意味着我国经济转型的关键是告别纯要素投入而向管理要效益。中国经济发展在经历了"政策红利"和"人口红利"后迎来了"管理红利"时代,通过管理水平提升而获得企业效率提升成为必然选择。这也就有了 2016 年 5 月李克强总理在国务院常务会议上提出的,力争在 3 年内使多数中央企业管理层级由目前的 5~9 层减至 3~4 层以下,法人单位减少 20% 左右。此后,国务院国资委明确表示要加大中央企业层级缩减力度,破解中央企业管理层级多、法人链条长、管理效率不高的状况。

一、国家战略层面的管理会计体系

《会计改革与发展"十三五"规划纲要》第八部分明确提出"加快推进管理会计人才培养,力争到 2020 年培养 3 万名精于理财、善于管理和决策的管理会计人才"。自 2013 年财政部多次在重要场合将管理会计作为中国会计改革发展的重点方向开始,管理会计也从国家顶层设计走向地方携手推进,从理论宏观指导走向引导落地应用阶段,并被视为企业谋求转型升级与适应我国经济发展新常态的一项重要手段。管理会计已上升至国家战略层面。

1. 管理会计实践与演进

中华人民共和国自 1953 年开始的第一个五年计划就对从成本核算到成本管理开展了许多新探索发展,这主要体现为发展了以成本为核心的内部责任会计,包括班组核算、经济活动分析和资金成本归口分级管理等。中华人民共和国成立初期,我国将重工业作为发展重点,钢铁工业作为重工业的代表更是受到高度重视,因而成本会计先进经验大多发生在钢铁企业。比如鞍山钢铁公司"平行流水成本计算法"应运而生,并以此为基础制定各道工序半成品"内部结算价格",计算出各道工序的内部利润。这样,最初只为解决成本核算及时性问题的平行流水法就演变为一种内部经济考核制度。20 世纪 80 年代起源于首都钢铁公司的企业内部承包责任制便演化于此,并解决了物质激励问题。

成本管理领域第一个五年计划中较有影响的实践是全国范围内推广的被

称为"群众核算"的"班组经济核算"，是对最为基层的工人组织（班组）所负责的经济指标的及时核算（按日），鼓励基层更好地完成指标（如原料单位消耗）。《人民日报》为此在1954年12月24日发表题为《使经济核算成为群众性的工作》的社论。实际上在这之前的1952年年初，山西省大同煤矿就已有两个小组试行班组核算并继而在全矿推广，天津钢厂也推广了该厂刘长福小组的核算经验。再后来有了湖北省大冶钢厂的"小指标竞赛"。与"班组经济核算"只针对第一线生产工人不同，"小指标竞赛"则对全部班组都按岗位责任制规定了各自"小指标"进行全面考核，而且各项指标从上而下确定并逐级细化以形成指标链。通常做法是对国家下达的产量、品种、质量、成本、流动资金、利润等"八大指标"制定二级单位（厂矿、职能处）应完成的192项指标，再具体化为三级单位（工段）分管的346项指标，然后是四级单位（班组）分管完成的1 936项指标，最后分解为岗位和工人的9 615项指标。

20世纪70年代末到80年代末，以企业内部经济责任制为基础的责任会计体系初步形成；90年代后，成本性态分析、盈亏临界点与本量利依存关系、经营决策经济效益分析评价等得以使用。具体管理会计实践方面，河北邯郸钢铁公司"模拟市场，成本否决"成为成本管理应用典范；宝钢集团于1993年起推行标准成本制度；新兴铸管股份公司构建了"层层模拟法人，人人算账挖潜力"和"产供销运用快速联动反应机制"；徐州重型机械有限公司2005年开展了"划小核算单位，人人都是经营者"；海尔集团2008年开始全面推行战略业务单元（SBU）；澳洋顺昌的内部公司制；等等。

总体上看，管理会计实践表现出了很强的全球趋同态势，各种创新的管理会计工具和技术迅速从其发源地向世界各地传播，包括全面预算管理、平衡计分卡等绩效评价方法，作业成本法、标准成本法等成本管理方法在内的管理会计工具方法陆续在我国企业中运用。

2. 管理会计制度体系

2013年财政部定调会计工作转型升级的方向是发展管理会计，拉开新管理会计制度体系的帷幕。2013年12月2日时任财政部部长助理余蔚平在上海国家会计学院举办的"管理会计高级研讨会"上表示，"全力推进我国的管理会计体系建设，是贯彻落实中央走出去战略和中共十八届三中全会精神，促进企业管理提升的重要举措"。余蔚平表示,当前我国管理会计在理论研究、实践运用、信息化水平等方面相对滞后,财政部已将管理会计列入今后会计改革发展的重点方向,并将积极采取有效措施加强管理会计制度建设和管理会计人才培养。时任财政部副部长胡静林在"推进国家治理,释放管理会计新动力"研讨会上提出,发展管理会计是提升单位管理水平、推进国家治理的现实需要,也是促进市场在资源配置中起决定性作用、打造中国经济升级版的时代要求。

2014 年管理会计顶层设计蓝图绘就,被誉为管理会计"元年"。管理会计成为财会界出现频率最高、关注度最高的词汇。2014 年 1 月,财政部下发《财政部关于全面推进管理会计体系建设的指导意见(征求意见稿)》,全面推进管理会计体系建设,提升会计工作总体水平,推动经济更有效率、更加公平、更可持续发展。2014 年 7 月 31 日时任财政部部长楼继伟为中国总会计师协会"中国管理会计系列讲座"作了"加快发展中国特色管理会计促进我国经济转型升级"首场报告,指出打造中国会计工作"升级版"的重点就在于大力培育和发展管理会计,我国会计工作改革必须按照市场经济要求,全力推进管理会计体系建设。2014 年 8 月,财政部副部长胡静林指出,加快推进管理会计体系建设是发展管理会计的当务之急。要加强管理会计基本理论、概念框架和工具方法研究,推动建立管理会计人才能力框架,引导单位加快推进面向管理会计的信息系统建设打造中国特色管理会计,助推国家治理能力提升。

2014 年 11 月财政部《关于全面推进管理会计体系建设的指导意见》正式出台,开启了会计改革与发展的新篇章。2015 年 1 月,财政部会计司陆续发布《财政部关于全面推进管理会计体系建设的指导意见》系列解读文章,发展管理会计咨询服务,推动会计服务转型升级。2015 年 12 月 31 日,财政部下发《管理会计基本指引(征求意见稿)》,促进企业和行政事业单位加强管理会计工作。2016 年,《管理会计基本指引》、管理会计纳入《会计改革与发展"十三五"规划纲要》、《管理会计应用指引征求意见稿》相继出台,管理会计已上升至国家战略层面,管理会计至此迎来新的时代拐点,标志着我国管理会计体系建设迈出了重要一步。

2016 年 1 月 28 日工业和信息化部财务司司长王新哲在《中国会计报》

第 356 期 16 版刊文《大力推进管理会计 助力制造强国建设》提出，"管理会计的发展不仅关系工业的转型发展，产业整体素质的提升，更关系中国制造 2 025 的建设和经济升级版的打造"。2016 年 6 月 24 日，财政部颁发了《管理会计基本指引》，该指引涵盖了管理会计的目标、原则、要素等基本框架，并以要素为主线，形成了基本指引的主要内容，共 6 章 29 条，形成了统一的管理会计认识和话语基础，标志着我国管理会计体系建设取得新的重大突破，并从理论层面进入到实际落地阶段。2016 年 8 月 11 日工信部联合发展改革委、财政部、人社部等 11 个部门印发了《十一部门关于引导企业创新管理提质增效的指导意见》，以引导企业有效控制成本，提高生产效率，提升技术、质量和服务水平，创新发展空间，提升竞争能力，让企业进一步创新管理、提质增效，提高企业和产业竞争力，其核心内容与管理会计所关注重点领域不谋而合。

2016 年 12 月 22 日财政部在其官网发布了《管理会计应用指引第 100 号——战略管理》等 22 项管理会计应用指引征求意见稿，这表明我国在迈向管理会计大国的建设上又迈出了坚实的一步。

3. 现代管理会计人才培养

截至 2014 年年底，我国已有 1 660 多万名会计人员，总会计师超过 20 万人，培养会计领军人才 1 132 人，为推动经济社会健康发展提供了重要的人才保障和智力支持。总体上看，会计人才培养偏重财务会计人才，高端会计人才相对不足，尤其是管理会计人才更为匮乏，无法满足经济社会发展对管理会计人才的大量需求。实际上，国务院国资委副主任孟建民早在 2008 年 11 月 19 日上午在委内会见英国特许管理会计师公会（CIMA）首席执行官查尔斯·迪利先生一行时，就与对方探讨了中国国有企业如何培养会计人才的问题。2012 年 7 月中旬，财政部会计领军人才企业项目 20 名学员在上海国家会计学院进行了为期 6 天的 CIMA 考前辅导，这些学员都来自上海电气、中国神华、东风汽车、北京电力、云南邮政、上海航空、中国石化、中国外运长航、中国农业银行等国资企业。

2014 年 3 月，财政部公开选聘一批管理会计咨询专家，做好顶层设计，指导和推动管理会计工作全面系统开展。2014 年 6 月，财政部代表团一行访问了美国管理会计师协会（IMA）全球总部，交流分享管理会计人才培养方式及学习美国注册管理会计师（CMA）先进经验。2014 年 7 月，财政部下发了关于印发《财政部管理会计咨询专家名单》的通知，IMA 中国教育指导委员会七位委员作为学术机构代表当选。2015 年 10 月，中国财政部和国家会计学院代表团一行再次访问位于美国新泽西州的美国管理会计师协会总部，就 IMA 在全球的发展情况、管理会计人才如何培养、当前经济环境下企业财务面临的机遇等问题进行了交流分享。2016 年 7 月 5 日，财政部发布了《关于公开选聘第二届管理会计咨询专家》的通知，对选聘的条件、咨询专家的权利和义务、选聘程序三个方面做出了相应规定。2016 年 12 月 20 日，财政部在其官网公布了《关于印发财政部第二届管理会计咨询专家名单的通知》，聘任 85 位管理会计资深专家为第二届管理会计咨询专家，任期为两年，此举将进一步发挥管理会计专家智库作用，加快推进我国管理会计体系建设。

《关于全面推进管理会计体系建设的指导意见》指出，推动建立管理会计人才能力框架，完善现行会计人才评价体系，推动改革会计专业技术资格考试和注册会计师考试内容，适当增加管理会计专业知识的比重。不同层级的会计人员对管理会计的需求有所不同，比如，总会计师更关注战略决策、全面预算、风险管理等内容；会计经理更关注信息分析、成本管理、绩效评价等内容；一般会计人员更关注管理会计工具方法的具体应用。这些不同诉求应在各类会计考试中有所体现，比如，初级会计资格考试侧重于成本核算、成本管理等；中级会计资格考试侧重于管理会计工具方法的应用；高级会计资格考试侧重于考核战略决策能力等管理会计综合应用能力；注册会计师考试侧重于为单位提供管理会计咨询服务所需能力的考查。初、中、高级会计资格考试和注册会计师考试全面布局，分层设计，有助于提高考生专业能力和会计管理工作胜任能力，培养能够为单位创造价值的合格会计人才。

另外，该《指导意见》还提出"探索管理会计人才培养的其他途径"。社会各界对于当前是否应当建立我国的管理会计师考试认证制度意见不一。多数意见认为，美、英等国通过推行注册管理会计师考试认证，培养了一批管理会计人才，为单位加强管理会计应用，提高价值创造力做出了重要贡献，得到了业界的广泛认可，我国也应建立专门的管理会计专业组织，推行管理会计师考试认证制度，以更加系统地培养和选拔管理会计人才。也有意见提出，目前会计人员相对于其他专业人员而言考试负担已经较重，不建议单独设置管理会计师考试认证制度，仅在现有考试中增加管理会计相关内容即可。从长远来看，推行管理会计师考试值得研究探索。

4. 深化国企改革与国企人才体系转型

2015 年 9 月印发的《中共中央、国务院关于深化国有企业改革的指导意见》首次明确提出"人才资本"概念，这表明中央对于人才在推动国企改革中的重要地位有了突破性认识。2016 年 7 月，习近平总书记在国有企业改革座谈会上强调"发挥国有企业各类人才积极性、主动性、创造性，激发各类要素活力"。实际上，2016 年国资委国企改革十项试点中，有超过一半的试点内容与人才体系的转型有关，比如落实董事会职权试点、市场化选聘经营管理者试点、推行职业经理人制度试点、企业薪酬分配差异化改革试点、混合所有制企业员工持股试点、剥离企业办社会职能和解决历史遗留问题试点等。这表明以"人"为本完成人才体系转型升级进而激发人的活力与能动性才能促使国企改革真正成功。

二、管理会计在我国中央企业的实践

2014 年时任财政部部长楼继伟提到，我国单位运用管理会计大致存在"不知未做""不知在做""已知未做"和"已知在做"四种状态。2015 年财政部会计司指出大部分单位仍处于"不知在做"阶段，即虽然在实践中运用了管理会计工具方法，但不知道管理会计是什么，也缺乏系统运用管理会计的意识；甚至还有一些单位尚未应用管理会计相关工具方法；只有少部分单位属于"已知在做"，即知道管理会计是什么并在实践中不断探索运用。兖矿集团是我国最早建成的大型煤炭基地，十余年占据我国煤炭业首位，1998年企业利润占全行业利润的 58%。2013 年煤价断崖式暴跌，大批煤炭企业陷入亏损，兖矿集团当年上半年亏损 12.95 亿元，尽管 2014 年扭亏为盈 20 亿元，但除产量指标外，收入、利润均与内部考核计划存在较大差距。董事长李希勇提出"引入内部市场化机制把生产链打造成一个价值链，把每一个岗位都能变成'利润源'，让每一个员工都能成为一个'经营者'，以此提高员工内在积极性，提高企业运营效率"。兖矿集团 2014 年直接降低成本 2.7 亿元，减少物资采购成本 2.38 亿元，减员提效 4 亿元。

理论上，管理效率的取得在于对管理活动内在规律的把握，管理活动内在规律的模式化就形成了一系列管理工具，而以会计语言体系为基础构造的管理工具便称为管理会计工具。从管理会计工具的实践选择来看，中央企业较国内其他所有制企业率先引入了全面预算管理、平衡计分卡、经济增加值、作业管理等。中央企业基于管理会计工具的企业价值提升初步形成趋势。以中国兵器装备集团为例，该公司已经初步形成体系完善、内容丰富的集团管理会计体系，其实践体现为业务、工具、体系、人员与信息的五方面融合。另外，中国有色集团全面预算管理实践、长安汽车的作业成本法试点、长江电工的标准化成本体系构建等案例显示出国有企业在管理会计上的投入。

1. 全面预算管理

财政部新《企业财务通则》明确提出企业实施全面预算管理总体目标。第十一条规定："企业应当建立财务预算管理制度，以现金流为核心，按照实现企业价值最大化等财务目标的要求，对资金筹集、资产营运、成本控制、收益分配、重组清算等财务活动，实施全面预算管理"。2010 年 5 月，财政部《企业内部控制应用指引第 15 号——全面预算》第二条指出："本指引所称全面预算，是指企业对一定期间经营活动、投资活动、财务活动等做出的预算安排。"《解读》指出，全面预算作为一种全方位、全过程、全员参与编制与实施的预算管理模式，凭借其计划、协调、控制、激励、评价等综合管理功能，整合和优化配置企业资源，提升企业运行效率，成为促进企业实现发展战略的重要抓手。

2007 年 5 月，国资委《中央企业财务预算管理暂行办法》对中央企业开展全面预算管理提出了系统的要求。第三、第四条指出："企业财务预算实质上是企业在预测和决策的基础上，围绕战略规划，对预算年度内企业各类经济资源和经营行为合理预计、测算并进行财务控制和监督的活动"，"企业应当建立财务预算管理制度……推进实施全面预算管理"。2011 年 11 月，国资委发布《关于进一步深化中央企业全面预算管理工作的通知》，要求中央企业加强关键指标的预算控制，包括加强投资项目的预算控制，严控亏损或低效投资；加强现金流量预算管理，加快资金周转；加强债务规模与结构的预算管理，严控债务规模过快增长。2012 年 5 月 7 日，国务院国资委企业改革局局长白英姿在接受人民网在线访谈时表示，下一步将积极推动中央企业加快建立全面预算管理机制。2012 年 7 月 31 日，国资委在京召开中央企业全面预算管理提升专题会议，国务院国资委副主任孟建民强调将全面预算管理作为应对复杂经济形势的重要举措而着力抓好五项工作：一是高度重视全面预算管理工作，建立和完善全面预算管理组织体系；二是不断改进预算编制流程与方法，提高预算管理科学化水平；三是持续优化预算标杆，深入推进对标管理；四是不断完善预算执行分析监测与考核评价机制，严格预算刚性约束；五是确保完成 2012 年各项预算目标，提早谋划 2013 年度预算安排。

2. 市值管理

市值对于上市公司而言意味着综合实力和战略资源，《福布斯》杂志世界 500 强排名及《商业周刊》1 000 大公司排名均以市值来衡量。2005 年 9 月，国务院国资委在《关于上市公司股权分置改革中国有股股权管理有关问题的通知》中明确提出，要将市值纳入国资考核体系。数据统计显示，国资委监管的 117 家中央企业中，68% 净资产都在上市公司。中央企业建立董事会试点企业已经扩大到 42 家。2012 年 3 月 5 日国务院国资委主任王勇在接受《上海证券报》独家专访时表示要继续推进中央企业股份化、证券化。2014 年 5 月，国务院发布《关于进一步促进资本市场健康发展的若干意见》，首次提出"鼓励上市公司建立市值管理制度"。这是"市值管理"首次被写入资本市场顶层制度设计的国家级文件。

中观层面上，市值管理体现了财富分配逻辑，是大股东和小股东利益趋同的纽带，也体现着企业家价值。微观层面上，拟上市公司招股说明书都在"重大事项提示"部分披露"稳定股价的预案"，内容一般包括：触发和停止稳定股价预案的条件；稳定股价的具体措施［比如发行人回购公司股票，公司控股股东、实际控制人增持公司股票，公司董事（独立董事除外）、高级管理人员增持公司股票，削减开支、限制高级管理人员薪酬、暂停股权激励计划等方式提升公司业绩等］；实施稳定股价预案的法律责任；实施稳定股价预案的保障措施；责任追究机制等。"稳定股价的预案"是在描述企业市值管理的具体运作。

由于理论与实践等层面对市值管理的认知和观点并未达成一致，资本市场已经出现了"滥用市值管理的概念，以掩盖违法违规行为"的苗头。有上市公司以市值管理名义配合大股东减持和管理层股权激励或从事涉嫌虚假陈述、内幕交易、操纵市场而给中小股东带来很大损害，也挑战了监管底线，同时也有个别案件涉及编题材、讲故事来操纵股价，协同内外联手操纵股价。证监会披露了六类市场操纵行为涉及 12 起异常交易类案件，其中就包括多个主体或机构制造、利用信息优势联合操纵股价以及在公募基金和私募基金等不同资产管理产品及其他主体之间通过价格操纵而输送不当利益。

市值管理从更具体的可操作层面而言，就是从大会计体系来描述市值管理活动过程及结果，同时也可防范"伪市值管理"行为发生。包括：（1）财务会计上要更加重视确认、计量及披露的创新体系研究。财务会计应能确认企业真实内在价值创造过程中全要素参与情况，核算出企业价值创造的驱动型因素，使市值变化有基本面基础；财务会计计量要充分实现企业市场公允价值的量化；财务会计披露的核心是最大限度地降低企业市场价值与内在价值间的背离，这就需要优化信息披露方法及内容体系，以充分揭示企业内在价值。（2）管理会计上要夯实价值管理基础，要充分利用管理会计工具实现财务结果反映、经营全程描述与管控模式构建的三位一体，并且整合使用多种管理会计工具以利于实体经济与虚拟经济间协同发展。（3）财务管理上要关注企业股权结构动态调整及财务结构和企业持续发展问题，将企业估值及市值管理纳入财务战略管理体系。

3. 经济增加值

2004 年国资委以 5% 加权资本成本率计算经济增加值，显示 2003 年 183 家企业中有净利润企业 156 家，利润额 1 402 亿元，经济增加值为正的只有 49 家企业，创造 67 亿元经济增加值（Economic Value Added，EVA）。2005 年已经有一半以上的中央国企经济增加值为正。2007 年第二任期考核鼓励但不强制选用经济增加值指标。2010 年 1 月 8 日，国资委将经济增加值作为最重要指标之一考核中央企业负责人业绩。2011 年年底和 2012 年年初提出在中央企业全面推行经济增加值动态监测与价值诊断，要求央企 2012 年"抓紧建立健全经济增加值动态监测制度。建立包括经济增加值完成情况、各业务单元价值创造能力、主要驱动因素影响等内容的月度监测数据系统"。2014 年 1 月国资委下发《关于以经济增加值为核心加强中央企业价值管理的指导意见》，要求中央企业力争用两个任期左右时间，建立基本完善的价值管理体系。

国资委 EVA 考核目的是改变企业"重投资、轻产出，重规模、轻效益，重速度、轻质量"的现象，避免只注重账面业绩和经营规模等指标而忽视资金成本，若企业 EVA 负值而利润大幅增长只表明企业"虚盈实亏"。因此，企业在报表调整上会更加向 EVA 指标倾斜。以中国移动为例，审计报告显示，"2005～2011 年，中国移动集团所属 10 家单位存在通过虚假销售或采购等方式虚增收入和成本、将支付给代理商的酬金直接冲减收入、不按期分摊成本费用、关联交易事项抵销不充分等问题，7 年间合计造成多计收入 1.3 亿元，多计成本费用 1.44 亿元，导致少计利润 0.14 亿元。其中 2011 年少计利润 0.89 亿元"。

4. 平衡计分卡

平衡计分卡的基本思想是，组织通常用来衡量和评价绩效的财务信息并不能够充分反映绩效，而且业绩评价系统的更大价值在于存进组织内部整合与沟通、理解组织目标、对各流程作业要求、使用信息技术工具等，因此，作为一种广泛的绩效衡量和管理方法，以明确各种各样的因果关系为基础来描述价值增值过程，进而形成从战略制定到战略执行、评价、反馈的完整体系。财务、顾客、内部流程、学习与成长要平衡，国资委《关于进一步加强中央企业全员业绩考核工作的指导意见》提出鼓励使用平衡计分卡（BSC）等先进的考核方法。

5. 企业信息化

加快推进面向管理会计的信息系统建设，以坚实的大数据为基础，推进管理会计信息系统建设，是保障全面预算管理、资金集中管理、成本控制、绩效评价等更加高效、顺畅地运行和开展，有效支撑管理会计应用的时代要求。管理会计信息系统包括预算系统、平衡计分卡系统、经济增加值系统、作业成本管理系统等。我国一些单位已经在运用企业资源计划（ERP）系统进行资源管理，运用作业成本系统进行成本管理，运用全面预算管理系统进行预算管理等。中国铁塔股份有限公司以国内首创的数据横向扩展技术建立财务大数据以实现多维度精细核算而推动业务全国大集中。总部一位会计人员半天可处理完下属 400 多家公司的每家 40 张报表，总部一位会计人员一天可完成全国 230 万个塔的损益表核算，总部一位会计人员即可帮全国 400 个单位出增值税纳税申报表和企业所得税纳税申报表，整个公司可以做到每月

5 号结账而 6 号即开账。公司总体实现了生产经营、业务管理、财务核算的一体化。

2012 年 7 月 16 日国资委印发《关于加强"十二五"时期中央企业信息化工作的指导意见》提出，到 2015 年年底，中央企业信息系统要实现所有层级和主要业务全覆盖；大多数中央企业信息化水平达到 A 级，达到或接近国际同行业先进水平。该《指导意见》指出，鼓励大型企业和企业集团充分利用专业化分工和信息技术优势，建立财务共享服务中心，加快会计职能转变和管理会计工作的有效开展。财务共享是指企业（集团）将下属单位相同的财务职能予以集中，由一个相对独立的财务机构来行使，即各单位共享一个机构的财务服务。起源于 20 世纪 80 年代的财务共享最初是由美国通用、福特等大型制造业企业集团提出，随着全球经济一体化、监管政策的趋同以及信息技术的高度发展，越来越多的中国企业开始实施或者规划共享服务建设，比如原宝钢集团向管理要效益，以标准化流程支持业务快速扩张；海尔集团统一 ERP 平台固化优化流程，操作中心向知识中心转变等。

三、管理会计工具应用与中央企业提质增效

财政部《管理会计基本指引》指出，管理会计应用包括应用环境、管理会计活动、工具方法、信息与报告四个要素。长期以来，中央企业被寄予了太多的本不属于企业职责范围的期望，比如保增长、稳经济、抑通胀等。在此期望之下，企业会产生"身份错觉"而失去"市场人"的理性，进而产生"软预算约束"的道德风险。也就是说，现阶段仍然存在的自上而下的政治体制约束所造成的国企多元化目标会使现代管理会计方法被排斥，从而极可能损害管理会计工具应有的功能，比如降低了业绩评估和激励计划的透明度与客观性。显然，不同所有制企业在管理会计工具选择上存在较为明显的差异，体现了政府意愿还是市场意愿的导向问题。比如中石化销售业务混合所有制改革后的转移定价问题。

现代西方管理会计应用效果取决于企业特质、规模与管理水平、总体成本效益状况等因素，而且不同的管理会计工具也有着各自不同的适应层次，比如有些定位于企业所有者层面，有些则是企业管理当局层面，还有的适合

于企业员工层面。另外，值得特别关注的是国有企业对先进思想与方法的传承不具有连续性，实际上西方不少管理会计工具在我国都能够找到可类比的应用，有些还要早于西方，比如平衡计分卡的基本思想在我国邯郸钢铁公司目标成本制定中就有所体现并早于西方，只是采用了不同的表达方式。

　　管理会计上要夯实价值管理基础，要充分利用管理会计工具实现财务结果反映、经营全程描述与管控模式构建的三位一体，并且整合使用多种管理会计工具以利于实体经济与虚拟经济间协同发展。然而按照常规思维，国有企业面临体制性风险而非国有企业则是技术性风险，因此，国有企业选择管理会计工具应该存在政府意愿与市场意愿的博弈。新常态下的中央企业提质增效具有现实意义，而适当的管理会计工具应用则有事半功倍的效果，然而这面临着中央企业主营业务分散、管理层级过多、法人链条过长等问题的羁绊。国务院办公厅 2016 年 7 月 17 日印发的《关于推动中央企业结构调整与重组的指导意见》指出，中央企业产业分布过广、企业层级过多等结构性问题仍然较为突出。实际上，早在 2000 年 9 月《国有大中型企业建立现代企业制度和加强管理的基本规范》就提出企业集团的母公司结构一般应在三个层次以内。2003 年国资委组建不久就明确提出要压缩中央企业层级，当时公布数据显示，全国 196 户中央企业所属三级以上企业有 11 000 多户，其中中小企业占了近八成。级次多、链条长的直接后果就是中央企业管理效率下降，尤其是三级以下企业更易发生资产归属模糊、管理失控、国有企业资产流失、监守自盗等问题。

　　2004 年 6 月国资委发布《关于推动中央企业清理整合所属企业减少企业管理层次有关问题的指导意见》明确提出：争取在 2005 年年底前，原则上将中央企业的法人管理层次基本控制在三层以内。其中，对规模较小的中央企业，法人管理层次应基本控制在两层以内；规模特大的中央企业、属特殊性行业或有其他特殊情况的，法人管理层次可适当放宽，但一般不超过四层。然而审计署 2012 年度审计报告显示，53 户中央企业中有 45 户内部层级超过四级、最多达十一级。2016 年新一轮摸底清查显示，部分中央企业呈现不减反增态势，组织层级扩张现象明显，比如管理层级目前中央企业最多的有九级，法人层级个别企业达到了两位数，法人单位达到 41 000 多家。国务院第 134 次常务会议 2016 年 5 月 18 日审议通过《中央企业深化改革瘦身健体工作方案》以促进中央企业"瘦身健体"、提质增效。

2016 年 5 月 20 日国务院新闻办公室举行中央企业深化改革"瘦身健体"等国务院政策例行吹风会,国资委有关领导提出中央企业"瘦身"有四方面要求:其一是通过压缩管理层级,减少法人层级和法人单位,剥离辅业、突出主业,解决企业大而全、小而全、产业链条过长、分布布局过广的问题;其二是瞄准提高国有资本运营效率和企业经营效率目标,加快处置企业非主业的低效、无效资产力度;其三是减少企业亏损点,根治企业出血源,开展困难企业和亏损企业专项治理,加快僵尸企业重组整合和市场出清;其四是尽快加快剥离企业办社会和解决历史遗留问题,减少企业负担,使国有企业公平、公正地参与市场竞争。企业"健体"有四方面要求:其一是完善现代企业制度,加大三项制度改革力度,加快转换企业经营机制;其二是压缩管理层级,深入推进降本增效,持续推进管理提升;其三是尽快搭建"双创"平台,加快科技创新力度,大力推进技术改造,以创新促"健体";其四是聚焦主业、突出主业、坚守主业,做强做优主业,增强主业市场竞争力和行业领导力,更好服务国家发展战略。

在遵循"一企一策"的原则下,各中央企业都有针对性地开展了行动。中国兵器工业集团针对公司业务跨度大、涉及行业多、发展不平衡等情况,系统分类梳理全部子企业,以问题为导向,以财务核心指标为依据,制定了 6 条拟减少法人单位的选定标准,以及明确目标、节点分解、落实责任、严格考核的具体做法。中国医药集团总公司把集团总部作为战略管理主体,下设医药分销、医药工业等九大业务单元,其不同业务板块延伸出的经营主体构成了集团第三级管理层。中国电子信息产业集团有限公司通过"要约+吸收合并"压缩企业产权层级和管理层级,实现了集团公司产权层级由 11 级减少至 7 级,实际管理层级逐步控制在 4 级。国家电网已取消所有区域公司管理层级,按照"两级法人、三级管理"目标,进一步取消区域公司法人层级,推动子公司模式的县公司改制为分公司,将公司法人层级减少至"国网公司—省公司"两级。中国铁路通信信号集团公司探索出了压缩层级的"四条法则",从 2013 年起,采取"新的控、旧的并、长的压、弱的退"四种改革手段,实现了管理层级压缩到三级、法人层级限制到四级的目标。

主要参考文献

［1］戴璐、支晓强：《"西学"如何"东渐"？国有企业内部管理会计变革的路径与制度约束》，载于《财务研究》2017 年第 1 期。

［2］杨敏：《贯彻落实党的十八届三中全会精神 推动我国会计管理工作再上新台阶——在全国会计处长座谈会上的讲话》，陕西西安 2014 年 5 月 6 日。

［3］孙茂竹、徐凯：《经营模式转变与管理会计研究——中国会计学会管理会计专业委员会 2014 年年会综述》，载于《会计研究》2015 年第 1 期。

［4］张天兵、徐志红：《管理红利时代来临》，载于《哈佛商业评论》2012 年第 9 期。

［5］周卫民：《中国经济存在"管理红利"吗？——证据与增长贡献》，载于《云南财经大学学报》2017 年第 2 期。

［6］李拓颖：《我们离"管理红利"有多远？》，载于《企业管理》2013 年第 1 期。

［7］国务院新闻办公室网站：《中央企业深化改革瘦身健体有关政策解读》，国新网 2016 年 5 月 23 日。

［8］聂辉华：《压缩管理层级 央企"瘦身健体"有多难》，载于《财新网》2016 年 5 月 20 日。

［9］杜渊泉：《深化国企国资改革 促进中央企业发展》，载于《学习时报》2017 年 1 月 13 日。

［10］谭翊飞：《做大做强 VS 瘦身健体 国企改革方向正在发生重大变化》，载于《华尔街见闻》2016 年 5 月 27 日。

［11］楼继伟：《加快发展中国特色管理会计 促进经济转型升级》，载于人民网 2014 年 10 月 23 日。

［12］余蔚平：《全面发展中国特色管理会计 加快推进我国经济转型升级》，载于中华人民共和国财政部网站 2014 年 11 月 27 日。

第十章

国有资本出资者财务：宏观特性体系与微观异质行为

标准普尔选取其中约80%为中央和地方国企的107家中国大型公司作为样本进行财务状况调查，2012年10月24日发布的《中国100大企业》称国企财务风险极大、很大和极低的分别为17家、33家与2家，这三类占到总调查样本的67.2%。标准普尔表示，中国大型公司为了跟上或超过中国经济快速增长步伐而不得不进行大规模投资，这些国企目标不单纯定位于最大化利润，其股东基础和较低资金成本使得债务融资更容易，而银行贷款是最主要的融资来源，资产负债表杠杆率偏高。对此，一些中国评级机构称标准普尔不了解中国国情，政府会为国企财务风险埋单，像被标准普尔评为17家财务风险极大的国企所发行公司债或中期票据大多数集中为最高级别AAA级或最低级别也为AA+。

2013年4月国际货币基金组织（IMF）发布《全球金融稳定报告》指出，中国市值最大的前10%上市公司的负债率上升幅度明显，平均债务占总资产比例超过80%，而这些市值排在前10%的企业几乎都是国企。穆迪投资者服务公司2016年6月23日发布《中国信用研究》报告称，持续上升的债务负担可能是中国的主要信用问题，国企负债远高于任何其他受评主权国家/地区的国企，亚洲市场参与者认为国企大规模或有负债转成真正债务是未来2~3年中国政府面临的最大风险。国际清算银行数据显示，中国总债务规模截至2016年一季度末为175.4万亿元，总债务/GDP达到254.9%，预计2016年全年中国总债务/GDP将达到266%。财政部发布的全国国有企业经济运行数据显示，截至2017年6月末，国有企业负债率为65.6%。

辽宁省政府持股46.13%的东北特钢自2016年3月至今共发生11次债券

违约，涉及 10 只债券的总金额 71.7 亿元而成为目前债券市场存量违约金额最大的发行人，该集团及其管理人 2017 年 7 月 10 日向法院提交了本钢钢材和锦程沙洲将参与重整的破产重整计划草案。中钢集团及所属 72 家子公司 2014 年底债务总额逾 1 000 多亿元，牵涉境内外 80 多家银行及信托、金融租赁公司等金融机构债务近 750 亿元，中国银行在银监会、国资委等部门协调下牵头成立了债权人委员会以解决中钢集团债务危机，经各方反复博弈 2016 年初敲定以债转股为主的处置方案。

债务风险是经济运行中需要密切关注的重要问题，而国企债务风险防范又应首当其冲。2016 年 10 月 10 日国务院公布《关于积极稳妥降低企业杠杆率的意见》及附件《关于市场化银行债权转股权的指导意见》，比如"（四）多方式优化企业债务结构"就提到加快公司信用类债券产品创新，丰富债券品种，推动企业在风险可控的前提下利用债券市场提高直接融资比重，优化企业债务结构。鼓励企业加强资金集中管理，支持符合条件的企业设立财务公司，加强内部资金融通，提高企业资金使用效率。国资委对高负债企业通过实施预算、考核、薪酬、投资管理等方面联动而加大负债率和负债规模的双管控力度，比如为减少对负债的依赖而鼓励企业通过 IPO 及配股等方式从资本市场融资以推动企业优化资本结构、支持企业开展资产证券化业务、推动企业盘活存量筹集发展资金等。

一、国有资本经营预算与国有资本出资人财务

1993 年中共十四届三中全会通过的《中共中央关于建立社会主义市场经济体制若干问题的决定》首次提出建立国有资产经营预算；2003 年十六届三中全会通过的《中共中央关于完善社会主义市场经济体制若干问题的决定》明确了建立国有资本经营预算制度；2007 年党的十七大强调加快建设国有资本经营预算制度，国务院发布《关于试行国有资本经营预算的意见》；2013 年十八届三中全会通过的《中共中央关于全面深化改革若干重大问题的决定》提出，要完善国有资本经营预算制度，国有资本收益上缴公共财政比例到 2020 年提高到 30% 并更多用于保障和改善民生；2016 年财政部印发的《中央国有资本经营预算管理暂行办法》规范了中央国有资本经营预算编制、执

行、决算、监督检查等预算管理活动；2017 年财政部印发的《中央国有资本经营预算支出管理暂行办法》规范和加强了中央国有资本经营预算支出管理；2017 年国务院国资委办公厅印发的《关于做好中央企业国有资本经营预算费用性资金使用情况季度报告工作的通知》则强化了国有资本经营预算监督管理工作。这些制度为建立国有资本经营预算制度提供了依据，对国有资本出资人制度和落实国有资本收益权做出了规定。

1. 国有资本经营预算与国有资本出资者财务

国有资本经营预算反映着政府作为国有资本出资人以国有资本所有者名义取得国有资本收益和管理资本性支出的行为，具体表现为国有资本所有者与国有资本经营者间的收益分配关系。财政部和国资委于 2007 年 12 月联合印发了《中央企业国有资本收益收取管理暂行办法》，同时明确地方国有企业由地方国资委决定上缴制度。国企性质决定了国有资本属于国家所有即全民所有，国家作为国有资本出资人应享有其应有的权利而国有资本收益应由全民共享，因而国有资本经营预算兼具宏观性与微观性。就宏观性而言，国有资本经营预算是加强政府宏观调控能力和增强国有经济活力、控制力、影响力和抗风险能力的需要；就微观性而言，国有资本所有者通过国有资本投资依法取得国有资本收益是建立国有资本经营预算制度的基础，而这里的"法"则专指《公司法》及公司章程，这表明公司微观行为必须遵守市场经济法则而与政府公权力分离。

2002 年中共十六大确立了我国新的国有资产监督管理体制，2003 年 4 月成立的国资委专司中央国有企业出资人和监管职能从而实现了出资人职能一体化。2013 年中共十八届三中全会明确提出，要完善从管资产转向管资本为主的国有资产管理体制，国务院办公厅 2017 年转发的《国资委以管资本为主推进职能转变方案》科学界定了国有资产出资人监管边界，即国资委不行使社会公共管理职能与不干预企业依法行使自主经营权。管资本为主的国有资产管理体制意味着国有资本经营预算的三层级架构，即国资委的国有资本出资人层级、国有资本投资公司和运营公司及实体产业集团的履行国有资本出资人职责机构与混合所有制国企。显然，第一层级属于政治经济学范畴，第二层级为经济学范畴，第三层级为管理学范畴，这使得国有资本经营预算的执行体系呈现出复杂性特征，而这种复杂性更明显地体现在不同层级的价值观差异上，由此又使得国有资本经营预算管理出现诸多技术难点，比如不同层级的信息结构差异限定、国有资本经营预算与中央企业市值管理的冲突规避、国有资本经营预算收入与支出匹配关系清晰明确等内容。

以国有资本收益上缴公共财政为例，2012 年 5 月 4 日中美双方联合发表《中美第 4 轮战略与经济对话联合成果》提出，中方承诺将稳步提高国企红利上缴比例，增加上缴利润的中央国企和省级国企数量，将国有资本经营预算纳入国家预算体系，继续完善国有资本收益收缴制度。该规定形式上就是国资委以全民出资人代表的名义取得国企分红，只是这种分红通常由国企向国资委上缴资产收益而后由人民代表大会决定投入再生产与转为国民分配之间的合理比例，其中即使是转为国民分配的上缴资产收益也基本上与国家财政合并使用而不是实行国民现金分红，而对于投入再生产的上缴资产收益也因国有资本经营预算支出主要方向是扩大生产规模等资本性支出与弥补国有企业改革成本等消费性支出而体现为“取之于国企，用之于国企”。由此看来，国有资本收益上缴形式上是国企分红而实质上仍然是政府配置资源下的各级政府与国资体系在封闭系统内部的自我循环，作为一般意义的企业分红“内政”在国企则因国有资产全民性质而存在差异，比如国有资本收益上缴具有强制性且其最大意义在于为国企投资带来更多外部监督。

由于国有资本经营预算不仅包括国有资本经营收益预算，还涉及国有资本宏观布局、结构调整、进入退出等内容，而这些都从各自层面影响着国企财务活动，因此，国有资本经营预算使得国企财务较非国企财务更复杂，这主要表现为国企财务契约更具有非结构化特征，这是因为国企财务的核心职能包括有助于国有资本经营预算宏观性与微观性自动而完全地对接，国企财务一定程度上是政府宏观经济管理的产权安排工具，体现着国有资本出资者意愿，国有资本出资人财务监管导向明显。以面向非常复杂群体的政府五年规划为例，国有企业实践主要聚焦于该规划对自己的财务支持和过剩产能带来的影响及该规划将对列出的“战略性新兴产业”和重点行业带来何种机遇，并为此进行自身的战略安排，这种安排通常同时兼顾政治性与经济性，因此国有企业财务政策深受影响。

2. 国有资本出资者财务与国有资本财务监管体系

以管资本为主的国有资产管理体制使得国有资本投资运营公司与实体产

业集团成为履行国有资本出资人职责机构，而国有资产经营则由市场化选聘的经营管理者及由其聘任的职业经理人进行，这样国有资本出资者与国有资产经营者便形成了委托受托关系。作为国有资本监管部门的国资委以"管资本、管股权"为主而不干预企业经营，具体国有资产经营由经营管理者实施，由此国资委宏观监管、履行国有资本出资人职责机构的国有资本出资者监管与混合所有制国企市场化财务运作便构成了国有资本财务监管体系。国资委宏观监管职责定位于国有资本国家战略目标的实现，围绕国有资本经营预算全面展开活动；履行国有资本出资人职责机构的国有资本出资者监管职责定位于做强做优做大国企的资本经营；混合所有制国企职责定位于国有资产经营及国有资产保值增值的实现。

我国已初步构建了完整的财务监控体系框架以支撑国有资产管理体制的顺畅运行。从治理层面，中共中央办公厅、国务院办公厅印发了《关于进一步推进国有企业贯彻落实"三重一大"决策制度的意见》；从财务活动层面，主要包括规范经营性非金融类国有资产管理的《企业财务通则》、规范经营性金融类国有资产管理的《金融企业财务规则》、规范事业单位国有资产管理的《事业单位财务规则》，执行层面的《企业内部财务管理评估试行办法》、《国有企业境外投资财务管理办法》等。如《企业财务通则》从政府宏观财务、投资者财务、经营者财务三个层次构建国企财务管理体制，从总则、企业财务管理体制、资金筹集、资产营运、成本控制、收益分配、重组清算、信息管理、财务监督、附则等方面进行了全方位规范；又比如就具体财务业务而言，2016 年 8 月 10 日中国企业财务管理协会发布了《企业财务管理指引——基本框架（征求意见稿）》，内容涉及总则、财务战略管理、筹资、股权结构优化、投资、资金营运、收益分配、人才队伍建设、财务管理组织、财务管理评价、附则，提出了与全面预算相结合的财务战略管理是企业财务管理顶层设计，筹资应加强实体资本、金融资本和人力资本联系；股权结构是公司治理基础，投资要重点关注投资项目与企业发展战略的相关性和财务可行性等观念。

以混合所有制国企财务管理为例，现阶段由于国企混合所有制改革以分拆式为主流之势，这种碎片化改造提高了整个国企集团股权结构的复杂化，也使得其管理模式更难确立，因而更容易导致利益输送。尤其是有些国企集团管理体系一体化，子公司并不是严格意义上的独立法人，无论是作为战略投资者还是财务投资者的民营企业参与这类子公司混合所有制改革，都面临着标的公司缺乏独立决策权和管理权而使得诉求和权益难以得到保障。中央企业总部管理模式必须与混合所有制改革匹配，比如混合所有制国企股权结构动态调整及财务结构和企业持续发展问题，像中航工业近期对公司总部机构进行了调整，取消单独的计划部门而整合成立计划财务部。实际上西方公司总部的管理职能大大依赖于财务体系，财务队伍占总部员工比例较大（比如 GE 占 30%）。

二、国企去杠杆与债务风险管控

随着影子银行、房地产泡沫、国企高杠杆、地方债务、违法违规集资等问题被政府定义为五大"灰犀牛"，2017 年 7 月 14～15 日在北京召开的全国金融工作会议明确提出要把国企降杠杆放在重中之重，该次会议公报指出金融危机后企业部门杠杆率攀升主要受国企拉动，国企资产负债率由 2008 年 57.4% 逐渐攀升至 2016 年 61.3%，同期私营企业杠杆率从 57% 震荡下行至 51.9%。时任中国人民银行行长周小川 2016 年 6 月 24 日在华盛顿参加国际货币基金组织中央银行政策研讨上发言指出，投资者（特别是个人投资者）可能存在一个错误认识，即只要是国企债券就是安全的，这表明国企债券并非不能违约。时任财政部部长楼继伟 2016 年 7 月 24 日在成都二十国集团（G20）财长和央行行长会议后记者会上回答中央和地方各级财政资金在有序释放和化解国企债务风险过程中的作用时表示，财政资金要评估纳税人和国家经济面临的损失而不能轻言介入救助。显然政府为国企债务风险埋单并不完全成立，尽管国企政治背景和政府隐形担保固然还残存，但企业基本面对财务风险的影响已经更为显著。

1. 去杠杆与去产能的辩证关系

去杠杆是供给侧结构性改革"三去一降一补"五大任务之一。2017 年全国经济体制改革工作会议指出，降低企业杠杆率是重中之重，强化企业特别是国企财务杠杆约束，逐步将企业负债降到合理水平。财政部公布的全国国有及国有控股企业经济运行状况相关数据显示，全国国有企业 2016 年 12 月末资产总额与负债总额分别为 1 317 174.5 亿元与 870 377.3 亿元，由此资产负债率为 66.08%，其中中央企业为 68.59% 而地方国企为 63.28%。国企资产负债率与净资产收益率（ROE）的相关性描述了国有企业加杠杆的效率，数据显示国企杠杆率持续上升而净资产收益率（ROE）不断下降，说明国有企业加杠杆效率在迅速降低。

国企负债率高从总体上讲是体制所致，因为要满足稳增长的政治要求而天然具有"投资饥渴症"，这主要表现为现行体制下国企规模扩张和资产扩大主要是以负债方式实现而非国家资本金的充足注入，政治无风险、信用有背书与规模有保证的特征使得国企也更容易以低融资成本获取债务融资，银行则为控制风险更倾向于把资金贷给大企业特别是国企，国企集团公司还可成立财务公司统一上收子公司贷款权限而增加与银行的谈判筹码；同时，国企过多职能背负了稳定就业等额外负担而形成政策性亏损及政府决策项目失约等财政性负债比重不断增加。还有就是国企预算软约束抬高了其杠杆率而债务风险转移软约束则降低了加杠杆效率，更有甚者，有的国企获得大量低成本资金后再投入股市或委托贷款、信托等理财渠道而成为资金"二道贩子"从而成为实质上的影子银行，此类国企通常不是为了提高固定资产资本支出而是囤积资金进行借贷；又比如国企杠杆率与交税比率呈现出高度相关关系，这一定程度上推动了政府鼓励国企加杠杆。这些体制所致问题的根本就是国企、国有银行与政府还是事实上的一个主权人，加之货币供给软约束（宽松货币环境）与较快经济增长使得国企无须主动努力就可通过资产增值而使债务风险降低甚至消失。

另外，国企负债率水平又受到持续盈利能力的影响，也就是说微观企业高盈利水平可以稳定高杠杆，换言之，高杠杆可有"好"和"坏"之分，即持续盈利能力强的企业可以承受高杠杆。然而从微观公司财务角度看，国企又具有明显的高经营杠杆特征，这表现为国企多处于需要不断通过投入资本性支出扩大生产与组织边界从而专享垄断租金的产业体系中，通常在产业发展初期，高经营杠杆与高财务杠杆在特定适度范围内两者确实会实现规模经济效应，也即国企的双高杠杆结构会产生正反馈相互强化效应。然而国企双高杠杆结构也意味着可能的高风险，超越适度范围的双杠杆就会导致不经济，而这种不经济一旦被特制的刚性所保护并得以存续则国有僵尸经济便是最可能的后果，此时高经营杠杆风险也就会过度向高财务杠杆转移，金融市场资源错配也就更为明显，负反馈相互强化效应就会出现，这时宏观经济政策就指向了收缩产能和库存，去产能也就具有了缩减经营杠杆之意。

由此看来，去杠杆与去产能在微观公司财务层面就是优化国企双高杠杆结构，均衡杠杆率水平与企业盈利能力。2017 年 8 月 23 日国务院总理李克强主持召开国务院常务会议提出，建立严格的分行业负债率警戒线管控制度并严格把关主业投资、严控非主业投资、禁止安排推高负债率的投资项目。如果将金融体系改革与国企双高杠杆结构综合考虑，则应从杠杆率、盈利能力与融资成本三个维度评估债务可持续性，单纯杠杆率水平和风险触发并无直接关系。也就是说，国企去杠杆必须同时关注资产负债表实体与金融两端的均衡，最合乎逻辑的路径就是在做好实体产业的基础上谋求金融市场发展。实践中有些国企债务飙升很大程度上来源于对外部"烂资产"的"溢价收购"，而这些"溢价"最终都转变为私人财产，此种情形下的债务压力实质上是国企高管对权力的追求。因此，针对国企去杠杆而言就是不能期望仅仅为解决自身积聚的债务风险而放开控股权、引入优质战略投资者与资金，国企摆脱债务危机首要的是自身变革，单纯依赖股市和民营资本不会成为支撑国企持续发展的资金链条。

2. 供给侧宏观管理与国企财务制度创新

供给侧宏观管理是推进供给侧结构性改革的主要手段。2015 年 11 月 10 日习近平总书记在中央财经领导小组第十一次会议上提出，"在适度扩大总需求的同时，着力加强供给侧结构性改革，着力提高供给体系质量和效率，增强经济持续增长动力"。2015 年 11 月 17 日李克强总理在国家发展和改革委主持召开的座谈会上说，"'十三五'规划编制要推动深入实施创新驱动，着力提高全要素生产率""企业要通过提高生产率提升效益，中国经济也要通过提升全要素生产率，提高发展质量和效益"。供给侧管理强调通过提高生产能力来促进经济增长，其核心在于提高全要素生产率。经济增长理论认为，全要素生产率是经济增长不能被劳动和资本增加所解释的部分，一般包括技术效率、技术进步和配置效率等方面。中国共产党第十八届中央委员会第三次全体会议公报明确提出"让一切劳动、知识、技术、管理、资本的活力竞相迸发"，而简政放权、放松管制、金融改革、国企改革、土地改革、提高创新能力等政策手段从供给侧管理角度看本质上都属于提高全要素生产率方式。

实际上，国务院国资委曾明确表示"十二五"时期中央企业应坚持"做强做优，世界一流"的发展战略目标，研究制定《做强做优中央企业、培育具有国际竞争力的世界一流企业要素指引》等文件，将自主创新、资源配置、风险管控、人才队伍"四强"与经营业绩、公司治理、布局结构、企业形象"四优"及世界一流企业"四个特征"（主业突出且公司治理良好；拥有自主知识产权的核心技术和国际知名品牌；具有较强国际化经营能力和水平；综合指标处于国际同行业先进水平、形象良好并有一定影响力）全面深入分析而形成 13 项对标共性要素。显然，这 13 项对标共性要素从全球化视角勾勒出中央企业全新的运营体制机制以提高全要素生产率，而国企债务风险恰恰就表明高债务的核心问题是资源配置低效率。

全要素生产率的提高需要企业财务制度的创新支持，而企业财务与全要素生产率有着天然联系，美国管理之父彼得·德鲁克在《哈佛商业评论》上撰文指出："作为一种度量全要素生产率的关键指标，EVA 反映了管理价值的所有方面……"。实际上，国务院国资委在 2009 年 12 月颁布实施的《中央企业负责人经营业绩考核暂行办法》规定了施行 EVA 考核，2012 年 12 月重新修订的考核办法加大了 EVA 指标在考核分值中的比重，国资委 2014 年 1 月印发了《关于以经济增加值为核心加强中央企业价值管理的指导意见》提出围绕管资本健全 EVA 为核心的业绩考核体系，将 EVA 及其改善值作为中央企业负责人业绩薪酬核定的重要指标。2016 年 12 月 12 日国资委印发的《中央企业负责人经营业绩考核办法》更加突出经济增加值考核，针对不同功能、资本结构和风险程度的中央企业提出差异化资本回报要求，以实现资本投向合理、资本结构优化、资本纪律严格与资本效率提升。

由此国企财务战略应从提高企业全要素生产率着眼而科学配置企业财务要素以提升有效供给从而满足对需求变化的适应性和灵活性。比如中国航天科工集团公司 2016 年首批入围大众创业万众创新示范基地，该集团 2015 年上半年开始就启动了航天云网（内部专有云、工业互联网、国际工业互联网）建设，探索技术创新、商业模式创新、管理创新，像航天云网线上众创空间及线下双创基地已经汇聚了分布在北京、内蒙古、江西、贵州、四川、云南、广东、浙江等区域的社会双创项目近 1 000 项，在商业航天发射与应用技术、智能制造、智慧产业、自主可控信息技术与产品、大数据应用技术、智能机器人等领域投资了近百亿元，同时还向航天云网的用户开放了大量不涉密科研实验资源、专家库资源、知识产权资源以及外协与采购资源。

三、做强做优做大国企与中央企业整合

国企供给侧结构性改革同步推动着供给侧宏观管理的发展，国企去高杠杆下的分行业负债率警戒线管控制度就是具体体现，而中央企业整合则是其中的重点攻坚方向。国企整合是涉及作为出资人的政府和国企本身的双重主体行为，政府是推动国企整合的根本动力，国企则是整合实施主体。1995 年 9 月中共十四届五中全会在讨论制订国民经济和社会发展第九个五年计划和 2010 年远景目标时要求通过存量资产流动和重组对国有企业实施战略性改组；1997 年 9 月中共十五大首次明确提出关系国民经济命脉的重要行业和关键领域外的其他领域可以通过资产重组和结构调整提高国有资产整体质量；2003 年 10 月中共十六届三中全会则予以继续强调；2006 年 12 月 18日国务院办公厅转发国资委《关于推进国有资本调整和国有企业重组的指导意见》提出，对石化下游产品经营、电信增值服务等领域的中央企业加大改革重组力度。2016 年 7 月 17 日国务院办公厅发布的《关于推动中央企业结构调整与重组的指导意见》将目标定位于至 2020 年中央企业战略定位更加准确，功能作用有效发挥；总体结构更趋合理，国有资本配置效率显著提高；发展质量明显提升，形成一批具有创新能力和国际竞争力的世界一流跨国公司。《关于推动中央企业结构调整与重组的指导意见》提出，"重组整合一批"是四项重点工作之一，推进强强联合、推动专业化整合、加快推进企业内部资源整合、积极稳妥地开展并购重组则是其方向。显然，中央企业重组实际上已经成为国企改革的工作重点，自中国南北车 2015 年率先启动重组合并为中国中车后中央企业整合便拉开了序幕，宝钢和武钢、中国远洋与中国海运、神华集团和中国国电等 18 组 34 对中央企业实施了重组，中央企业数量从 117 户调整到了 98 户。

1. 中央企业整合的逻辑

中央企业整合最早可以追溯到 2003 年，此前还没有"中央企业"的说

法而只有所谓的"大国企",而"大国企"整合的主要思路是拆分,比如南车和北车就是在 2000 年由中国铁路机车车辆工业总公司拆分而来,又比如电信业拆分、国家电力公司拆分等。2003 年国资委成立后"大国企"被赋予"中央企业"光环,中央企业改革的思路也由"分"转向了"和"。李荣融任国资委主任 7 年间的中央企业整合逻辑就是"三年成为行业前三名",很多中央企业实施了横向、纵向、多元化混合及跨国合资等多种兼并,中央企业通过"做大"来打造具有国际竞争水准的中央企业并解决中央企业国内竞争问题,但该阶段中央企业整合也出现了"消化不良"与"整而不合"现象,比如由多个企业整合而成的中钢集团自 2009 年以来资产负债率连年超过 90%,巨大债务负担也是其连年亏损的最主要原因;又比如中国对外贸易运输集团和中国长江航运集团两家集团整合而成的中外运长航集团因双方行政色彩浓厚、管理文化难以融合等原因而失败。2011~2013 年被称为"后李荣融时代",王勇担任国资委主任期间的中央企业整合趋于理性,从做大到做优做强的思路转变,开始执行"不求数量求质量""成熟一家,整合一家"的方针,中央企业整合速度锐减,从 2010 年的 123 家缩减为 113 家。2013 年党的十八届三中全会后新一轮国企改革拉开大幕,中央企业整合则基本上延续了"后李荣融时代"思路,就是仍将做强国企作为本轮国企改革的核心目标但中央企业整合比较稳健,因为中央企业整合终究是一项难度极高的系统工程。

对于国企是做强做优做大还是做大做优做强还需针对相应的具体语境,比如 2013 年底国资委年度工作会议上的提法是"不断推进企业做强做优",到 2014 年底则口径微调为"做强做优做大国有企业",而习近平总书记 2015 年 7 月考察吉林时的表述为"坚持把国企搞好、把国企做大做强做优不动摇"。而现阶段中央企业整合实践的特征就是在做大基础上的做强,这体现着国家政经战略下的中央决策部署,比如推进"一带一路"、发展并使高端装备等新兴战略性产业"走出去"已是最为核心的国家战略,像南车与北车重组为中国中车、中电投与国家核电重组;而淘汰过剩产能和提高行业集中度也只有超大型企业才能依靠规模、资金、信用等优势得以实现,像宝钢和武钢、神华集团和中国国电等。另外,中央企业整合又应与全球经济形势、产业演进阶段等市场规律密切相关,不同中央企业整合有着不同的市场化需求，比如南北车整合语境是提高国际竞争力，整合的重要出发点是避免海外业务的恶性竞争；而宝钢武钢整合则主要基于去产能和优化国有资本布局。总的来说，中央企业整合最终要实现企业转型升级，而其所有权的全民所有性质又决定了国家深度参与。由此看出，中央企业整合的基本逻辑是双轮驱动，就是国家战略职能控制与实现和市场竞争效率提升。

显然遵循市场规律是双轮驱动的共同基础，由此中央企业整合的路径选择也就具有了多样化。从实践来分析，中央企业整合主要采用了行业内横向强强联合、行业内横向以弱并强、纵向产业链整合、主辅分离后网状整合及科研院所注入企业集团五种模式。李克强总理对本轮整合定位非常明确，"促进强强联合，优化资源配置，有效解决重复建设、过度竞争等问题"，这意味着中央目前最为重视的还是强强联合模式。当然，中央企业整合并不意味着简单地追求做大，企业集团内部资产证券化式分拆也是中央企业改革的重要环节，比如中国交通建设股份有限公司分拆疏浚业务并推进其上市。

尽管国务院国资委 2017 年专门制定《中央企业整合工作评价实施方案》，从方案制定、工作推进情况、效果定性定量分析等方面采取专项督察方式对中央企业整合进行评价，但中央企业整合经济后果现阶段尚难下结论。支持者认为考虑了中央企业间协同能力的整合必定会提高其效率和竞争力，反对者则认为国企间整合会加大现有的运营效率低下并使得对其监管更具挑战。显然，中央企业整合的直接后果是增强了相关行业国有资本密集度，进而提高中央企业产业话语权与定价权，但这并不等同于强化中央企业对产业的控制力和创新，甚至会出现大而不强、缺乏活力的后果，尤其是中央企业整合使得其资产规模变得更大而推高混合所有制改革难度。另外，是否真正有效融合而更具战略定力、更高效资源配置与更强协同能力还面临诸多挑战，像宝钢与武钢之间在管理机制和企业文化层面就存在极大差异，还有沪鄂两地政府对合并后的利益分配协调等。

2. 中央企业整合与国有资本出资者财务管控机制

中央企业整合既是国家战略也是企业发展的内在要求，正如诺贝尔奖得主乔治·斯蒂格勒考察美国巨型企业成长史后得出结论，企业通过兼并其竞争对手而成为巨型企业是现代经济史的一个突出现象，没有一家美国大公司不是通过某种程序、某种方式的兼并而成长起来的，几乎没有一家大公司主要是靠内部扩张而成长起来的。中央企业整合主要聚焦于深化供给侧结构性改革、突出精干主业（将资源向主业企业、优势企业集中）、做强做优做大（增强活力、控制力、影响力与抗风险能力）、行业健康发展（重点行业加大"去产能"力度）、创新能力提升（整合研发资源、提升研发效率）五个方面，国有资本出资者财务管控机制必须以此为导向进行总体性框架与实施路径设计。

为匹配于这五个方面，中央企业出资者财务战略定位与管控机制应具备特质性，主要体现在以下方面：其一，国有资本经营预算不仅从宏观上明确了国有资本布局而且在微观上影响着国有资本补充机制，不同中央企业存在差异化的国有资本能力，国有资本出资者财务必须在此约束条件下运行；其二是国企去杠杆必然会引发严格的分行业负债率警戒线管控制度，由此使得中央企业主业投资、非主业投资、推高负债率的投资等都受到影响，国有资本出资者财务活动就有了特定边界；其三是中央企业在国有资本经营预算与行业负债率警戒线双重控制下增强活力、控制力、影响力与抗风险能力的财务实现，尤其是在业财一体化大环境下财务战略、财务策略、财务活动对中央企业做强做优做大战略导向的配称；其四是提升创新能力已经成为国家战略，中央企业作为国家经济重要主体应在多重体制性制度约束下着眼于行业产业链而从国家战略角度进行投入和布局，中央企业财务资源配置应更注重效率提高；其五是中央企业出资者财务在注重宏观战略时也不应忽视企业的微观个体性，成熟的市场化财务工具使用应完美地嵌入中央企业日常经营活动中。

四、中央企业市值管理与国有资本保值增值

2014 年 5 月 8 日，国务院发布的《关于进一步促进资本市场健康发展的若干意见》首次提出"鼓励上市公司建立市值管理制度"，这是市值管理首次被写入资本市场顶层制度设计的国家级文件。2015 年 7 月 8 日国务院国资委在我国资本市场股灾最恐慌的时候就发布救市表态，《国资委采取有力措施维护股票市场稳定》要求所有中央企业应勇于承担社会责任，做负责任的股东，在股市异常波动期间不得减持所控股上市公司股票。同时，支持中央

企业增持股价偏离其价值的所控股上市公司股票，努力维护上市公司股价稳定。实际上早在 2005 年 9 月国资委就发布了《关于上市公司股权分置改革中国有股权管理有关问题的通知》，首次提出将市值纳入国资控股上市公司考核体系，2008 年 6 月发布的《关于国有控股上市公司规范实施股权激励有关问题的补充通知》明确将股权激励、市值考核等内容纳入上市公司考核。中央企业实践越来越重视市值管理，比如国药股份 2014 年报披露，在国资委《企业观察报》组织的央企上市公司市值管理绩效评选中获评"央企十佳市值管理上市公司"；国投电力披露公司股票市值突破 700 亿元，蝉联"中国上市公司资本品牌及资本品牌溢价百强"、荣获"央企十佳市值管理上市公司"。又比如中航工业微信公众号消息称 2017 年要起草上市公司资本运作规划及市值管理方案。显然，这些中央企业高水平市值管理无疑有力地提升了其品牌形象，并对其资本市场扩张形成强烈的正面效应。

1. 新国有资产管理体制与市值管理

中央企业市值管理与新一轮国企改革紧密相关。国有资产管理体制由"管企业"为主向"管资本"为主的转变意味着国有资本出资人最为关注的是国有股权回报，而国有股权市值又是国有股权回报最为重要的表现形式之一，中央企业将市值管理纳入考核范围成为一种必然，而作为国企改革最优路径之一的中央企业资产证券化也要求中央企业加大资本运作力度而战略性地实施市值管理。比如 2015 年 6 月国资委发布《关于进一步做好中央企业增收节支工作有关事项的通知》，要求中央企业加大资本运作力度，推动资产证券化，用好市值管理手段，盘活上市公司资源，实现资产价值最大化。按照国资委安排，2018 年将专门就加强央企上市公司市值管理发力以期增加股东回报。实际上从宏观视角看，政府强力支持资本市场的一个重要原因就是支撑国企混合所有制改革进程中国有股的高转让价格，否则就会陷入国有资产流失境况，因而也就有了很多国企将市值管理作为国企混合所有制改革相结合的重要工具。以国企债转股为例，用来抵债的股票的价格如果抵债时偏高会致使对价股数降低而得不到债权人认可，若抵债时价格偏低则对价股数就会增加而威胁控股股东地位，显然，债转股中股权价格是需要市值管理来支撑的。

国企担负着国有资产保值增值的使命，然而保值增值评价标准则受制于相应的国有资产管理体制。"管企业"为主的国有资产管理体制对国有资产保值增值的考核是基于账面价值的，统计显示2013～2016年中央企业国有资产保值增值率平均为107%，实际上这只表明会计学视角的国有财务资本保全水平，这种考核强调会计利润而忽视市值情况。"管资本"为主的国有资产管理体制则应转变为国有资本保值增值，这时市值便成为国有资本价值最直接的体现，国企价值有了客观资本市场标准。国务院国资委数据统计显示，中央企业控股境内上市公司290户，市值达到11.1万亿元，占境内A股市场总市值的20.66%，中央企业63.7%的资产和60.8%的净资产在上市公司。市值管理是上市公司题中应有之义。宏观视角的国企市值水平极大地影响着投资者对国企乃至整个经济的信心程度。实际上，现阶段中央企业去高杠杆负债率就是一种提升企业市值的有效方式，同时体现着运用资本工具推进国有资本保值增值的实现。

2. 中央企业市值管理导向的特定财务安排

中央企业市值的变化意味着其经营状况预期的改变，因此，中央企业财务活动导向应包括企业市值最大程度反映企业内在价值，也就是企业内在价值充分转换成企业市值的财务安排。这时国有资本运营效率不仅针对常规生产经营还涵盖通过增进资本实力实现保增长、稳增长目标，由此中央企业应建立基于企业价值的财务管理模式，构造市值分析财务决策体系，根据公司市值水平与趋势做出理性的财务决策，通过融资安排和财务战略行动实现公司价值动态持续优化。企业市值水平应纳入国企绩效考核体系，市值变化与国企高管人员薪酬激励挂钩才能真正使得国企切实加强市值管理，比如国企市值突破净值后应主动回购而高管人员立即增持本公司股票。当然，中央企业市值管理同非国企相比还存在一定的差异，应该说并不是完全意义上的市值管理，有着特定约束与固有边界。比如中央企业国有股东尽管要通过市值实现国有资本保值增值，但更宏观的目标是以国企市值信号促进结构调整和经济增长，诸如国企混合所有制改革与市值管理匹配以牢固国企公司治理基础。

成熟市场经济中的市值管理建立在价值管理的基础上，市值接近于价值。新兴市场中的市值与其内在价值却呈现大幅背离现象，企业不仅要最大化地创造内在价值，还需要通过揭示内在价值及减持与回购等资本经营手段实现内在价值与市值间的动态均衡，因此市值的任何变化一定程度上都可归结于企业内在价值变动及对其信息传递效率的改变，比如企业业绩的微小变化会通过市盈率倍数将企业股价放大。除去国家通过利率、汇率等政策对股市进行宏观调控和管理外，企业市值总体上还取决于其财务状况、经营能力、核心竞争力、治理水平等关键因素，也就是说中央企业必然兼顾宏观角度的市值管理与微观视角的利润获取，将企业估值及市值管理纳入财务战略管理体系，并由此引导中央企业公司治理、管控体系与全面风险管理机制的完善。

2017年7月18日国务院办公厅印发《中央企业公司制改制工作实施方案》，要求2017年底前按照《中华人民共和国全民所有制工业企业法》登记、国务院国有资产监督管理委员会监管的中央企业（不含中央金融、文化企业）全部改制为按照《中华人民共和国公司法》登记的有限责任公司或股份有限公司。"企业"转变为"公司"意味着公司法人治理结构有效制衡和市场化经营机制灵活高效的加快形成，体现了行政治理模式向经济治理模式的转变，实现了以完善的内外部治理机制厘清政府与市场边界前提下"权力制衡"与"决策科学"的并进。现代企业财务治理是公司经济治理的重要组成部分，中央企业国有资本出资者财务管控机制是"决策科学"的重要支撑。中央企业公司制改制为市值管理提供了微观治理基础。

主要参考文献

［1］张超、张旭：《调降评级　国企不用紧张》，载于《国资报告》2016年第5期。

［2］陈益刊：《穆迪取消22家国企负面展望　仍不调增中国评级》，载于《第一财经报道》2016年10月25日。

［3］王申璐：《标普的国企预警》，载于《财新周刊》2012年第43期。

［4］刘钧：《国企财务管控新高度》，载于《上海国资》2014年第5期。

［5］张达：《央企负债率高企有制度根源》，载于《网易财经》2013年4月28日。

［6］财政部：《中央国有资本经营预算重点产业转型升级与发展资金管理办法》，2013年11月29日。

［7］本刊编辑部：《国企改革背景下的财务管理变革》，载于《中国总会计师》2015年第10期。

［8］白建辉：《浅析国有资本经营预算与企业财务管理方式的接轨》，载于《中国石

油财会》2015 年第 5 期。

　　［9］谢志华：《两权分离与出资者财务》，载于《财务与会计（理财版）》2014 年第
9 期。

　　［10］蒋皓：《华生等 9 位专家谈资本市场：央企有市值管理吗?》，载于《国资报告》
2015 年 8 月 26 日。

　　［11］邵宇：《正解市值管理》，载于《上海证券报》2015 年 1 月 28 日。

　　［12］吴晓灵：《进一步厘清国有资产管理体制和国有资本收益分配机制》，中国人大
网 2016 年 7 月 7 日。

第十一章

国有资本出资人审计：国家特性治理导向与审计体系构建

2016 年，审计署时任审计长刘家义做的《2015 年度中央预算执行和其他财政收支的审计工作报告》披露，"审计 10 户中央企业的 284 项重大经济决策中，有 51 项存在违规决策、违反程序决策、决策不当等问题，造成损失浪费等 126.82 亿元，发现 47 起重大违纪违法问题线索涉及 295.02 亿元"。2017 年 6 月 23 日审计署披露了对 20 家中央企业的审计情况，其中 18 家近年采取违规开展购销、虚构业务、无实物流转购销业务、介入其他企业已达成交易业务、虚假劳务协议、虚假发票、合并报表范围不完整等方式累计虚增收入与利润 2 001.6 亿元和 202.95 亿元，分别占同期收入与利润的 0.8% 和 1.7%，此外还对华能集团总部及所属 6 家二级单位有关事项进行了延伸和追溯，发现 2011 年 4 月~2013 年 6 月间经华能集团集体决策的所属境外企业 103.27 亿元收购项目因电力市场需求持续疲软等形成经营亏损，而这 20 家中央企业 155 项境外业务中有 61 项因投资决策和管理制度不完善、调研论证不充分、风险应对不到位等而形成风险 384.91 亿元。

分析近几年审计机关对部分国有企业主要负责人履行经济责任审计情况发现，一些国有企业在落实中央有关政策，包括产业结构调整、收入分配、土地管理、环境保护等方面还做得不到位，重大事项决策不够科学、规范，造成国有资产大量流失，内部管理、内部控制比较薄弱，重大违纪问题时有发生；部分高管涉嫌犯罪，突出表现在资源开发、并购重组、国有资产及国有产权处置等方面涉及利益输送等。《中国共产党第十八届中纪委第五次全体会议公报》提道："着力完善国有企业监管制度，加强党对国有企业的领导，加强对国企领导班子的监督，搞好对国企的巡视，加大审计监督力度。"

公司治理结构包括内部治理结构和外部治理结构，内部治理结构通常描述为董事会的决策、经理层的执行和监事会的监督，而外部治理结构的核心职能就包括所有者对内部治理结构的健全性和有效性以及管理者受托责任履行情况的监督。《中共中央、国务院关于深化国有企业改革的指导意见》要求完善现代企业制度，推进公司股份制改革，健全企业法人治理结构。然而，国有企业存在的盲目扩张、违规决策、利益输送、国有资产流失等突出问题从所有者角度讲就是国有企业出资人履行监督职责不到位。因此，加强出资人审计是完善现代企业制度的内在要求，也是国有企业健康可持续发展的客观要求。

我国企业"走出去"过程中合规风险凸现，国际合规监管活动涉及我国的案例越来越多，比如中兴通讯 2017 年 3 月因违反美国出口管制相关法律法规，以支付 8.92 亿美元的刑事和民事罚金（相当于中兴通讯 20% 的净资产或两年利润）的条件与美国政府达成和解。2016 年，美国司法部《反海外腐败法》执法案件（含不予起诉决定）中有 10 件与中国有关，占比 45%；美国证监会海外执法案件中涉及中国 14 宗，占比 58%。习惯于"中国式打法"的中国企业，面临的合规风险更突出，国有资本出资人审计必须在这方面发力。

一、国家治理与国家审计

世界银行最早提出治理理念并认为国家治理有助于提高国家或地区的国际竞争力。2013 年中共十八届三中全会将"完善和发展中国特色社会主义制度，实现国家治理体系和治理能力现代化"确立为全面深化改革的总目标。国家治理目标导向是解决社会公共问题，通过维护国家政治经济秩序与促进资源有效配置而建立法治、高效、透明、责任的政府。《中华人民共和国国民经济和社会发展第十三个五年（2016～2020 年）规划》进一步提出，要健全政府内部权力约束机制，加强对权力部门的审计监督。原审计署审计长刘家义提出国家治理的核心是配置和运行国家权力。显然，权力是现代国家政治制度的基本要素，权力的配置与制约构成了国家治理的核心内容，中共十八大报告明确要求"要确保决策权、执行权、监督权既相互制约又相互协调，确保国家机关按照法定权限和程序行使权力"。强化对权力的监督制约在新形势下已成为国家审计的应有职责，十八届四中全会要求完善审计制度，保障依法独立行使审计监督权。时任审计长刘家义 2011 年便指出，国家治理中的国家审计实际上是依法运用权力监督制约权力，其本质是国家治理大系统中一个内生的具有预防、揭示和抵御功能的"免疫子系统"，属于国家治理的重要组成部分。比如宏观层面国家审计的国家治理功能体现在国家宏观调控政策更有效地得到落实、国有资产保值增值高质量实现、国企内部腐败得到有效根治等方面。

1. 国家治理与国家审计的内在关联性

现代国家制度运行于国家预算制度、审计制度和反腐败制度之上，因此，这些制度便构成了作为国家制度载体的国家治理的具体内容。预算是政府体制运行的血液，现代国家预算制度是国家建立高效政府的制度前提，西方国家主要经历了从"领地国家"到"税收国家"和从"税收国家"到"预算国家"的两次重大转型，拥有现代预算体制的国家也被称为"预算国家"，"预算国家"由此成为国家治理体系和治理能力现代化的特定表达。我国十二届全国人大常委会第十次会议表决通过并自 2015 年 1 月 1 日起施行《中华人民共和国预算法》，这意味着我国已经处于"税收国家"向"预算国家"转型过程中，"预算国家"的核心特征表现为预算监督。

审计概念通常构建于受托责任观，其本质是一种受托责任履约的保障机制。根据受托责任关系的不同，审计划分为国家或政府审计、社会审计与内部审计。国家审计或政府审计产生于公共受托责任，实践中两个概念并不作本质区别而同义使用。然而，政府审计在汉语语境下有"对政府进行审计"和"政府进行审计"两种理解，政府在前者中是审计客体而在后者中是审计主体。实践中我国《宪法》《审计法》没有明确界定国家审计和政府审计概念及其异同。《宪法》（1982 年）第九十一条规定：国务院设立审计机关，对国务院各部门和地方各级政府的财政收支，对国家的财政金融机构和企业事业组织的财务收支，进行审计监督。《审计法》（2006 年修正）第二条规定："国务院各部门和地方各级人民政府及其各部门的财政收支，国有的金融机构和企业事业组织的财务收支，以及其他依照本法规定应当接受审计的财政收支、财务收支，依照本法规定接受审计监督。审计机关对前款所列财政收支或者财务收支的真实、合法和效益，依法进行审计监督。"另外第十六条、第十九条至第二十六条还分别对审计机关职责做出了具体规定。

显然，我国《宪法》《审计法》所指国家审计或政府审计更偏向于审计署为主体的"政府进行审计"，其基本目标是监督和评价被审计单位财政财务收支真实、合法与效益。这使得国家审计或政府审计就弱化或丧失了原本就有的"对政府进行审计"，而能够同时涵盖"政府进行审计"与"对政府进行审计"的应为国家审计，换言之，国家审计概念涵盖着政府审计，政府本身就是代表国家利益的审计机关的审计对象，国家审计不应该成为政府本身，这样才能明确审计机关发挥保障国家经济社会健康运行的"免疫系统"功能。当然，实现"政府进行审计"向"对政府进行审计"的转变涉及《宪法》相关法条的修改，这种政治路径短期内很难实现，因此，在《宪法》框架内实现改良的路径较为现实，就是仍然以当前政府审计机关为审计主体，但重新考虑国家审计体系组成要素而提高国家审计有效性。

"预算国家"的重要标志之一就是建立起对政府财政的全面的、专业的、独立的审计体系。国家审计监督和评价被审计单位财政财务收支真实、合法与效益的标准是预算，可以说预算审计构成了国家审计的核心。这样基于预算审计的国家审计就与基于"预算国家"的国家治理建立了内在关联性，当然这种关联性呈现出差异化模式特征，在全球范围内看存在先国家预算后国家审计的法国模式、国家预算与国家审计交替推进的英国模式以及先国家审计后国家预算的美国模式。我国应该科学设计国家预算与国家审计的先后顺序，这是实现国家治理体系和治理能力现代化的基础。

2. 国家审计与审计全覆盖

由宪法、审计法、审计法实施条例、国家审计准则、地方性审计法规和规章构成的中国特色社会主义审计法律规范体系框架已经基本形成。国家治理现代化要求以现代国家权力运行逻辑为出发点而界定国家审计职责，深化监管范围和内容。2013年6月李克强总理到审计署调研时对审计工作提出实现审计全覆盖的要求，即凡是使用财政资金的单位和项目都要接受审计监督；在2014年2月11日第二次廉政工作会议上又指出对国有资产实行审计监督全覆盖。2014年10月国务院颁布的《关于加强审计工作的意见》提出，国家审计机关要推动深化改革。2014年，党的十八届四中全会《关于全面推进依法治国若干重大问题的决定》明确指出，审计要对公共资金、国有资产、国有资源和领导干部履行经济责任情况实行审计全覆盖。2015 年 12 月 8 日中共中央办公厅与国务院办公厅印发的《关于完善审计制度若干重大问题的框架意见》将"实行审计全覆盖"作为首要任务。2016 年 6 月颁布的《"十三五"国家审计工作发展规划》明确了国家审计机关要加大推动制度创新力度，比如审计署 2006～2015 年审计工作报告显示各年度相关单位根据审计建议完善了多项制度规定，从 2006 年的 121 项增长到 2015 年的 5 947 项，总计达 17 707 项。总体而言，国家审计覆盖面尽管越来越广，但必须是纳入法定审计对象和范围的事项，这也构成了国家审计机关的法定责任。

2013 年，时任审计长刘家义在全国审计工作会议上提出要实现"有深度、有重点、有步骤、有成效"的全覆盖，这意味着国家审计应嵌入国家治理的体制机制各个层面，并在新常态下将原先聚焦于财政财务收支真实、合法、效益的做法推进到多关注政策落实、权力运行、保障经济社会健康运行等方面。中共十八大以来国家审计在审计内容和范围上逐渐形成财政、金融、企业、经济责任、资源环境、民生及境内与境外审计等一体化，比如审计署 2015 年 9 月 18 日发布了《关于进一步加大审计力度促进稳增长等政策措施落实的意见》，旨在进一步加大审计力度以更有效地推动稳增长等政策措施落实；又比如国家审计应跟进国企国有资本经营预算制度进展、评判国有资本收益上交比例、关注国有股权划转社会保障基金及分红和转让收益用于弥补社会保障资金缺口情况等方面的内容；再以国企审计服务于国家治理为例，国家审计应适时跟踪国资国企改革重点事项，加大对国有资产的监管力度，比如关注国企分类改革、国有资产管理体制改革、国企结构调整与重组等，揭示国企改革中存在的国有资产流失、违纪违规问题，深刻分析国资监管中存在的越位、缺位、错位问题。

国家审计应健全与组织人事、纪检监察、公安、检察以及其他有关主管单位的工作协调机制以推动国家审计监督与党管干部、纪律检查、追责问责的结合。比如根据《中国共产党巡视工作条例》，及时全面地向巡视组提供被巡视党组织领导班子及其成员的有关情况；根据《关于防止官员"带病提拔"的意见》，及时向组织人事部门提供被审计单位干部的情况；根据《关于建立国有企业违规经营投资责任追究制度的意见》，加强对国资监管机构履行监管职责情况的同时还应对履行出资人职责机构在国企集团管控、投资并购、风险管理等方面实现信息共享以共同做好责任追究工作。又比如国家审计与社会审计对国企深化改革的协同治理，像《中央企业经济责任审计管理暂行办法》规定，资产规模较大企业的负责人，委托国家审计机关组织实施，未委托国家审计机关的，采取招标等合理方式，聘请具有相应资质条件的社会审计组织实施。统计显示，由国家审计机关对中央企业负责人审计的中央企业数量仅接近50%，其余的均由有关部门或者委托会计师事务所审计，这表明国企购买审计服务呈现扩大化趋势，国家审计与社会审计在国企监管中具有协同作用。

二、国有资本出资人审计与国企审计监督体系

审计本质存在着查账论、经济监督论、经济控制论、权力制约论及民主法治论等诸多观点，这也意味着不同审计活动有着各自的边界，比如权力制约论揭示了国家审计的终极目标是控制政府权力以防止腐败和权力滥用，若将国家审计监督权也视为一种权力则国家审计就是以权力制约权力。由此形成了国家审计、社会审计和内部审计三种基本成熟的审计模式，然而，这三类审计模式尽管有各自审计职能定位但具体审计范围边界却交错在一起，预防国家审计越位、社会审计错位与内部审计缺位的基础就是国有资本出资人审计的到位。《中华人民共和国国民经济和社会发展第十三个五年规划纲要》提出，要建立国有资产出资人监管权力清单和责任清单，建立覆盖全部国有企业、分级管理的国有资本经营预算管理制度。这样就明确了国有资本出资人审计范畴，清晰了国家审计与国有资本出资人审计之间的边界。

1. 国家审计与国有资本出资人审计

《国务院办公厅关于加强和改进企业国有资产监督防止国有资产流失的意见》指出："健全国有企业审计监督体系，完善国有企业审计制度，进一步厘清政府部门公共审计、出资人审计和企业内部审计之间的职责分工，实现企业国有资产审计监督全覆盖。"这是出资人审计首次写入国务院文件。出资人审计与国家审计的明显差异在于受托责任契约的不同，它们基于各自定位和目标只能监督国企部分受托责任履行情况。依照国家审计机关对国企

审计侧重点的不同，国企审计经历了财经法纪审计、资产负债损益审计、经济责任审计与维护国有资产安全审计的四个阶段。2017 年 3 月中共中央办公厅、国务院办公厅印发的《关于深化国有企业和国有资本审计监督的若干意见》指出，国有企业和国有资本审计监督的具体对象为国有独资企业、国有资本占企业资本总额50% 以上的企业以及国有资本占企业资本总额比例不足50% 但国有资产投资主体实质上拥有控制权的企业、国有企业领导人员履行经济责任情况、国有资产相关监管机构；具体审计内容要围绕国有企业、国有资本、境外投资以及国有企业领导人员履行经济责任情况做到应审尽审、有审必严，包括遵守国家法律法规、贯彻执行党和国家重大政策措施情况，投资、运营和监管国有资本情况，贯彻落实"三重一大"决策制度情况、公司法人治理及内部控制情况等方面。

可以看出，国家审计以宏观的党和国家监督为视角，对国企审计更侧重于国有资本的宪政性导向。然而随着我国经济体制改革的深化与国有资产管理体制的转变，尤其是《中共中央、国务院关于深化国有企业改革的指导意见》从顶层设计层面提出健全企业法人治理结构，而国务院办公厅《关于进一步完善国有企业法人治理结构的指导意见》则从企业制度体系角度规范了履行出资人职责的机构、股东会、董事会、经理层、监事会、党组织和职工代表大会等治理主体权责。显然，国企法人治理结构要解决的基本问题依然是国有资本出资人与国企管理层间的委托代理问题，国有资本出资人的首要特征就是其拥有的股东权利，只是国有资本出资人对所出资企业进行监督管理的核心是维护国家所有者权益。从法律层面看，国家审计与国企法人治理结构间的关系建立于国家审计对国有资产监管机构的审计监督，鉴于国有资产监管机构与履行出资人职责的机构两者间特殊委托代理关系的存在，国家审计对国企法人治理结构便具有了衍生性审计监督，但必须是依法进行审计监管而不得干预企业正常生产经营活动。

总体而言，国家审计监督的最基本定位就是如《中华人民共和国国民经济和社会发展第十三个五年（2016 ~ 2020 年）规划》所言的"健全政府内部权力制约机制，加强对权力部门的监察和审计监督"，由此可以认为国家审计是国家强制安排而具有行政性质的侧重于经济监督视角的权力制衡机制。国有资本出资人审计，从微观角度看是监督国企全面有效地履行受托责任，从所有者角度看是国企出资人履行监督职责的充分到位，比如《企业国有资产监督管理暂行条例》规定，国有资产监督管理机构"通过统计、稽核等方式对企业国有资产的保值增值情况进行监管"。这样，尽管国家审计的内容边界会随着特定情境发生变化，尤其是对国企法人治理结构具有了衍生性审计监督职责，但从国企微观视角而言终究是政府部门公共审计，而随着出资人审计概念的正式确立，国有资本出资人审计一定程度上传承了国家审计在国企内部的具体审计活动，实质上是对国家审计在国企内部活动内容的边界限定，比如《关于建立国有企业违规经营投资责任追究制度的意见》提出，履行出资人职责的机构要加强与审计机关的协同配合以共同做好国企违规经营投资责任追究工作。

从更直观的视角看，国家审计与国有资本出资人审计的关系就是"权力"和"权利"的关系问题。国家审计是国家治理系统中权力制衡机制的重要组成部分，而国企尽管一定程度上可视为政府权力在企业中的延伸，但《国务院办公厅关于进一步完善国有企业法人治理结构的指导意见》提出，"遵循市场经济规律和企业发展规律，使国有企业成为依法自主经营、自负盈亏、自担风险、自我约束、自我发展的市场主体"是改进国有企业法人治理结构和完善国有企业现代企业制度的主要目标之一，这意味着国企内部权力运行和监督机制要具体化为特定治理主体行为规范，加之《国务院国资委以管资本为主推进职能转变方案》保证了政资分开而《国务院关于改革和完善国有资产管理体制的若干意见》确保了政企分开，由此实现了宏观行政性国家权力转换为微观企业国有股东权利，否则在"一权独大"的情形下很难构建起国有企业法人治理结构，实践中仅仅"一股独大"就对国有企业法人治理结构形成巨大挑战。至此国有资本出资人审计成为国企审计全覆盖的重要内容。

2. 国有资本出资人审计与国有资本授权经营体制

国有资本宪政性引致的国企特殊定位使得国企法人治理结构具有了国家特性，但国企终究属于微观企业范畴，具有系统性的市场化运行体系，国家审计、社会审计与内部审计都只能完成各自相应的受托契约，而且这三种审计模式之间在国企审计中还通常存在重叠，比如国家审计和社会审计在国企监管中的协同、国家审计机关监督与指导内部审计、社会审计对内部审计资料的使用等。这三类审计模式所对应的审计主体各有其侧重点，然而面对新国有资本授权经营体制却未能实现企业国有资产审计监督全覆盖。尽管通过公司治理结构行使国有股东权利会成为常态，但新国有资产管理体制下国有资产监管机构、履行出资人职责的机构与国企董事会三者间构建的国有资本授权经营体制使得国企法人治理具有了明显的国家特性，常规性公司治理审计并不能胜任新的国有资本授权经营体制，国有资本出资人审计则是国有企业审计监督体系的重要组成部分。

《国务院关于改革和完善国有资产管理体制的若干意见》明确提出"发挥国有资产监管机构专业化监管优势，逐步推进国有资产出资人监管全覆盖"。《国务院办公厅关于加强和改进企业国有资产监督防止国有资产流失的意见》提出，开展国有资产监管机构向所出资企业依法委派总会计师试点工作以强化出资人监督企业重大财务事项；由政府对国有资产监管机构所出资企业依法实行外派监事会制度以强化对企业财务、重大决策、运营过程中涉及国有资产流失的事项和关键环节、董事会和经理层依法依规履职情况等重点问题进行当期和事中监督。显然，委派总会计师与外派监事会都属于出资人监督范畴，而国有资本出资人审计更侧重于监督受托责任全面有效履行情况。这同时表明国有资本出资人审计定位于国有资产监管机构是有法律依据的，由此可将国有资本出资人审计界定为国有资本出资人依法对以管资本为主的国有资本授权经营体制的运行状况及结果进行的专业化监督。

鉴于政府与国有资产监管机构、国有资产监管机构与履行出资人职责的机构、履行出资人职责的机构与其所出资企业间的多层级国有资本授权经营体制特征，国有资本出资人审计主要指向履行出资人职责的机构与其所出资企业。这样国有资本出资人审计的法律依据就主要聚焦于两个层面：其一是与履行出资人职责的机构相关的规范，如《国务院关于改革和完善国有资产管理体制的若干意见》《关于国有企业功能界定与分类的指导意见》与《中央企业负责人经营业绩考核办法》等；其二是与履行出资人职责的机构所出资企业相关的规范，如《国务院关于国有企业发展混合所有制经济的意见》《国务院办公厅关于进一步完善国有企业法人治理结构的指导意见》《国有企业境外投资财务管理办法》《国务院办公厅关于建立国有企业违规经营投资责任追究制度的意见》等。国有资本出资人审计对这些规范既可以进行常规性审计，也可以是跟踪审计或专项审计形式，前者如对国企境外投资进行审计监管，后者如对国企薪酬分配的审计监管。

国有资本出资人审计主要是针对国有资本投资运营公司、实体产业集团及其出资企业进行的经常性审计活动，其首要任务是国有资本出资人权益保护，正如中共中央、国务院 2016 年 11 月 4 日发布的《关于完善产权保护制度依法保护产权的意见》所言，国有产权所有者和代理人关系不够明晰使得内部人控制、关联交易等存在而致使国有资产流失，而国有资产管理体制与国企的改革深化推动着国企股权多元化使得国有股权面临着权益被侵害风险。由此，国有资本出资人审计应发力于国有资本产权制度和产权保护框架，以明晰国有产权所有者和代理人关系为核心，聚焦于国有资产登记、转让、清算、退出等程序和交易行为的规范，比如重点审查民营企业参与国有企业兼并重组中是否存在恶意侵占国有资产行为，以审计监督切实防止国有资产流失、促进国有产权保护。

深化国企改革的主要目标是实现国有资本保值增值，国有资本出资人审计目标也应围绕此构建以有力地促进国企发展。鉴于国企分类改革，国有资本出资人审计对国有资本保值增值的关注应差异化，商业类国企应依据主业特征而展开审计监督，比如，主业处于充分竞争行业和领域的重点审查经营业绩、国有资本保值增值与市场竞争能力；主业处于关系国家安全、国民经济命脉的重要行业和关键领域、主要承担重大专项任务的，应同时审查经营业绩和国有资本保值增值情况及服务国家战略、保障国家安全和国民经济运行、发展前瞻性战略性产业及完成特殊任务等情况。国有资本出资人审计不能将国有资本保值增值极端化，国有资本保值增值作为结果性指标要与以做强做优做大为导向的国有经济活力、控制力、影响力和抗风险能力的过程性指标保持均衡，宏观视角的国有资本保值增值是与国有资本整体布局相对应的，微观视角的国有资本保值增值是与国企特定的功能定位相关的，因此国有资本保值增值水平存在"一企一策"的异质性。

以管资本为主的国有资本授权经营体制使得国企法人治理结构具有了国家特性，而公司章程配置股东权利义务与明确议事规则和决策机制的功能使其在公司治理中具有统领作用，同时企业的各项基本制度、管理机制和工作体系也很大程度上依据公司章程而建立健全，如细化董事会、经理层工作规则。显然，公司章程包括履行出资人职责的机构与其出资企业两个层面，国有资产监管机构将其行使的投资计划、部分产权管理和重大事项决策等出资人权利授权于履行出资人职责的机构行使，履行出资人职责机构的公司章程内容及落实情况就应为国有资本出资人审计严格监督，相应的由公司章程统领的法人治理结构的健全性和有效性也属于国有资本出资人审计监督范畴。当然，特定情境下国有资本出资人审计也可深入到履行出资人职责的机构所出资企业，尤其是所出资企业为混合所有制国企，比如对所出资混合所有制国企由董事会选聘的经理层成员离任而进行经济责任审计甚至实施任中审计、国有资本出资人权益与子企业经营自主权的关系等。

合规管理是国企做强做优做大的一项基础性工作，有助于提升企业治理水平与强化企业管理。2014 年 12 月国资委《关于推动落实中央企业法制工作新五年规划有关事项的通知》强调，通过 5 年努力（2015～2019 年）进一步提升合规管理能力和依法治企能力，2016 年 1 月 13 日公布的《关于全面推进法治央企建设的意见》提出，中央企业到 2020 年依法治理能力进一步增强。国务院国资委已经开始研究起草《中央企业合规管理工作指引》，组织了中国石油、中国移动、东方电气集团、招商局集团、中国中铁 5 户中央企业开展合规管理体系建设试点工作，以加快形成与经营范围、组织结构、业务规模、行业特征相适应的合规管理体系，同时也为国企参与"一带一路"建设、境外国有资产投资运营等合规监管提供良好示范。实际上世界各国监管机构及国际机构都提高了企业合规经营管理要求和执法力度，如美国仅 2016 年反腐败合规监管执法金额是过去十年金额的总和。国企违规经营必然会侵害国有资本出资人利益，因此，国企合规监管是国有资本出资人审计的重要内容。

还有就是随着国企改革的深化而探索拓宽国有资本出资人审计领域以增加审计监督覆盖面，提升审计监督的灵活性。比如为强化对国有资本经营预算资金使用情况的监督力度而实施国有资本经营决算复核审计；为配合《中央企业负责人经营业绩考核办法》而开展企业经营绩效专项审计；为国资国企内部审计监督体系的完善而强化对企业内部审计工作的监督与指导；尤其是随着《领导干部自然资源资产离任审计规定（试行）》2018 年起从试点阶段进入全面推开阶段而成为一项全新的、经常性审计制度，该审计新规无疑会影响实体经济发展模式，国企自然资源资产审计必成为趋势。总之，国有资本出资人审计应成为国资国企制度体系的核心内容。

三、国企内部审计职能定位与组织架构

2001 年国际内部审计师协会（IIA）第七次定义将内部审计概念界定为"一种独立、客观的确认和咨询活动，旨在增加价值和改善组织的运营。它通过应用系统、规范的方法，评价并改善风险管理、控制和治理程序的效果，帮助组织实现其目标"。2002 年 4 月，对美国国会关于萨班斯法案的意见陈述书指出，内部审计、外部审计、董事会、高层管理人员被称为有效公司治理的四大基石。中国内部审计协会将内部审计定义为"组织内部的一种独立客观的监督和评价活动，它通过审计和评价经营活动及内部控制的适当性、合法性和有效性来促进组织目标的实现"。我国审计署对其概念界定为"独立监督和评价本单位及所属单位财政收支、财务收支、经济活动，关注真实、合法和效益的行为，以促进加强经济管理和实现经济目标"。总体而言，内部审计最为基本的两个职能就是监督与价值增值。

内部审计从工业时代到网络时代经历了世界范围内运行方式的重大变革，从内部审计国际先进实践看，呈现出从合规导向型内部审计向管理导向型内部审计的演进以增加内部审计附加值，而风险导向型内部审计是当前内部审计最新研究领域并有可能形成一种新型审计模式。理论上，国企内部审计面临着监督与价值增值这两个基本职能的均衡问题，这主要体现在内部审计组织架构上。实践中的内部审计机构设置主要包括董事会主导型、监事会主导型与管理层主导型，显然，这三种设置方式恰好分别对应着董事会、监事会与管理层的内部治理结构要素，或者说内部审计分别建立于决策、监督、执行层面上。另外，在内部审计直属于公司管理层的情形中，因董事会、监事会与管理层同为公司内部治理结构要素，董事会与管理层间的委托代理关系及董事会与监事会在特定公司治理结构中并列或隶属关系的存在，内部审计设置还有双重隶属关系的可能，比如同时隶属于董事会的审计委员会、隶属于监事会或接受股东（大）会的委托等。我国国企内部审计机构实践中多由企业自行组织和设定，内审部门基本上由国企一把手分管和主导。内部审计

双重隶属关系的实质就是实现内部审计在监督与价值增值两者间的均衡，而不是简单地取舍。

普华永道（PwC）发布的《2017 年内部审计行业现状研究报告》指出，内部审计职能未能密切把握给组织带来影响的各种干扰性力量的动向而影响了利益相关者对其职能的评价，即利益相关者认为内部审计能为组织带来重要价值的比例已经从 2016 年的 54% 下降到 2017 年的 44%。影响各行业的前五大干扰因素包括：监管新规（58%）、商业模式或战略的变化（44%）、网络安全和隐私威胁（37%）、财务挑战（36%）和技术进步（34%），其中，金融服务领域约 76% 的受访者认为监管变化是迄今为止最大的干扰性因素。分析上述前五大干扰因素可发现，基于深化国企改革而构建的新监管体系直观地反映出国企内部审计对基本职能的均衡需求。《中共中央、国务院关于深化国有企业改革的指导意见》在 "（二十）强化企业内部监督" 中提出 "建立审计部门向董事会负责的工作机制"；《国务院办公厅关于加强和改进企业国有资产监督防止国有资产流失的意见》提出 "增强董事会运用内部审计规范运营、管控风险的能力"。2018 年 1 月 22 日颁布的《审计署关于内部审计工作的规定》则明确了 "国有企业内部审计机构或者履行内部审计职责的内设机构应当在企业党组织、董事会（或者主要负责人）直接领导下开展内部审计工作，向其负责并报告工作"。同时，该《规定》进一步拓展了内部审计的职责范围，界定了 12 项职能，较 2003 年规定增加了贯彻落实国家重大政策措施情况审计；发展规划、战略决策、重大措施以及年度业务计划执行情况审计；自然资源资产管理和生态环境保护责任的履行情况审计；境外机构、境外资产和境外经济活动审计；协助督促落实审计发现问题的整改工作；指导监督所属单位内部审计工作等职责。为了内部审计机构或者履行内部审计职责的内设机构有效履行上述职责，该《规定》提出 "国有企业应当按照有关规定建立总审计师制度。总审计师协助党组织、董事会（或者主要负责人）管理内部审计工作"。

显然，将国企内部审计定位于董事会导向是与国有资本授权经营体制相对应的。另外，针对国企的国家特性企业治理特征，加之内部审计天然的自我保护倾向会在信息不对称情形下极易演变为内部人控制，国企内部审计职能定位在监督与价值增值两者间的选择上应以纯粹的监督为导向，可以说现阶段国企内部审计组织高效地发挥监督职能就是一种最大化的价值增值。从制度层面看,《关于深化国有企业和国有资本审计监督的若干意见》要求各级国有资产监管机构组织做好对国有企业的内部审计工作,显然,这可以理解为由国有资产监管机构牵头建立健全内部审计监督机制,推动完善内部审计管理体制、制度和机制,由此将国企内部审计纳入纯粹的监督体系也是可行的。因此,可考虑国企内部审计组织应当隶属于监事会而直接受其领导并对其负责,也即内部审计组织应该定期、及时地将审计结果向监事会报告,内部审计的权威性和独立性才能够得以最大限度地体现。这样,国企外派监事会、内设监事会与内部审计组织就形成了独立性审计监督体系,内部审计组织成为国企大监督协调运转机制的重要内容。为此,现阶段应以国企内部审计监督职能的法律化为基础构建内部审计制度体系,对已有的具有通用框架性质的内部审计准则依据国企的国家特性治理特征进行适应性制度创新。

主要参考文献

[1] 刘家义:《论国家治理与国家审计》,载于《中国社会科学》2012 年第 6 期。

[2] 王绍光:《从税收国家到预算国家》,载于《读书》2007 年第 10 期。

[3] 蔡春、朱荣、蔡利:《国家审计服务国家治理的理论分析与实现路径探讨——基于受托经济责任观的视角》,载于《审计研究》2012 年第 1 期。

[4] 徐薇:《国家审计全覆盖的实现路径研究》,载于《审计研究》2015 年第 4 期。

[5] 刘家义:《国家治理现代化进程中的国家审计:制度保障与实践逻辑》,载于《中国社会科学》2015 年第 9 期。

[6] 戚振东、尹平:《国家治理视角下的审计全覆盖:一个理论框架》,载于《学海》2015 年第 6 期。

[7] 陈丽红、张龙平、朱海燕:《国家审计能发挥反腐败作用吗?》,载于《审计研究》2016 年第 3 期。

[8] 陆迎霞:《关于审计机关监督企业内部审计的路径研究——基于国有企业角度的分析》,载于《中国内部审计》2013 年第 8 期。

[9] 杨海涛:《审计机关在履行内审指导监督职责中存在的问题和对策》,载于《现代审计与经济》2013 年第 6 期。

[10] 王兵:《中国内部审计需求调查与发展方略》,载于《会计研究》2015 第 2 期。

［11］蔡利、马可哪呐：《政府审计与国企治理效率——基于央企控股上市公司的经验证据》，载于《审计研究》2014 第 6 期。

［12］刘家义：《适应新常态 践行新理念 更好地履行审计监督职责》，载于《中国审计报》2016 年 1 月 29 日第 2 版。

第十二章
国企监事会体制：外派内设与内部控制的整合

2009年7月31日美国司法部判定美国控制组件公司（Control Components Inc，CCI）违反了美国《反海外贿赂法》（FCPA），其8月19日公布的CCI行贿案的系列文件显示，CCI以现金、为高管子女支付海外求学费用等方式在全球30多个国家行贿，其中涉及9家中国企业。美国司法部的36页起诉书和2份CCI前高管认罪书显示，CCI行贿案涉及中海油、中国东方电气、中石油、中国石油物资装备公司、江苏核电、国华电力、华润电力、大唐电力、定州电力9家中国企业。控方的证据来自FBI（美国联邦调查局）的华盛顿区域办公室，负责该案的是FBI内部从事调查海外腐败案件的专业机构。

早在2009年中央就颁发了《国有企业领导人员廉洁从业若干规定》，2011年国资委出台了《中央企业负责人职务消费管理暂行规定》。财政部、监察部、审计署和国资委于2012年5月印发了《国有企业负责人职务消费行为监督管理暂行办法》，对公款装修、公务用车等12种行为做出禁止性规定。2014年8月，中共中央政治局审议通过了《关于合理确定并严格规范中央企业负责人履职待遇、业务支出的意见》，对中央企业负责人公务用车、办公用房、培训、业务招待、国内差旅、因公临时出国（境）、通信等设置上限标准，明确禁止性规定，进行严格规范。然而中央巡视组对中央企业的专项巡视却发现有的企业对中央要求视若无睹，享乐、奢靡问题仍然突出。

2015年神华集团有5名中、高管相继落马，2014年中央巡视组对神华集团专项巡视后反馈了若干问题，排在第一位的是审批权"黑金"："一些企业领导人操控重点合同煤审批权谋取腐败'黑金'。较长时间内，神华集团煤炭经营销售管理混乱，少数人操控重点合同煤审批权，形成较大寻租空间。

有些企业领导人在煤炭经营销售中结成利益同盟，利用煤炭政策价差牟取私利，涉嫌严重违纪违法。"长虹集团党委副书记、纪委书记杨学军 2015 年 7 月 27 日采取公开报案方式，举报长虹集团、长虹股份董事长赵勇在投资安徽鑫昊等离子显示器件有限公司等离子项目的决策中，存在严重滥用职权、违法决策，并造成巨额国有资产损失的有关问题。

英国学者雷曼纳特姆研究表明，国企最明显特点是与政府部门间联系非常密切，这使得国企既非完全公共组织也不是纯粹私人组织而介于两者之间。世界银行的研究恰恰表明，腐败问题多出现在公共部门和私人部门的结合处，而斯蒂芬·莫尔也认为，大企业和政府在滋生腐败方面具备同样条件，因此，重视政府腐败的同时应关注大企业问题。具体分析中纪委公布的案件查处信息发现，腐败已远非个别国企高管贪污受贿、生活腐化，而是已影响到企业改制重组、产权交易、投资决策、物资采购、招标投标等重点领域关键环节，使得国有资产存在严重流失的风险。甚至出现了国企高管向地方变相输送利益，结成国企资本与地方政治利益共同体的迹象。

一、新国有资产监督体系与国企监事会体制

中国国有企业有着缜密的监管层次：从中纪委到审计署、从反贪局到公检法、国资委派驻的监事会、国资委派驻各中央企业的纪检人士、每年基于行业规划考虑由国务院派审计署对某些重大行业中央企业审计等。又比如中央深化改革领导小组第十三次会议 2015 年 6 月 5 日审议通过了《国务院办公厅关于加强和改进企业国有资产监督防止国有资产流失的意见》，明确指出要强化国有企业内部监督、出资人监督和审计、纪检巡视监督以及社会监督，加快形成全面覆盖、分工明确、协同配合、制约有力的国有资产监督体系。监事会制度是我国防范国企内部人控制，尤其是国企管理层贪腐寻租的基石，新一轮国企改革应以强化和完善监事会制度为首要前提。

1. 公司治理规则与监事会职能

西方公司治理结构比较流行的划分是外部控制模式与内部控制模式。外部控制模式以美国和英国为代表，故又名英美法系型；内部控制模式是以德国与日本为代表的大陆法系型。外部控制模式只由股东大会和董事会组成而

不设监事会，两者之间形成一种典型的委托代理关系。内部控制模式设立股东大会、董事会与监事会，这三者因上下层级关系不同而可细分为两种类型，即德国公司治理结构与日本公司治理结构。德国公司治理结构是股东会下设监事会而监事会下设董事会，即监事会是上位机关而董事会是下位机关。也就是说德国公司监事会相当于美国公司的董事会，而董事会职责相当于美国公司管理层，而日本公司是董事会和监事会都由股东会选举产生并互不隶属的列于股东会之下。

理论上，公司制企业监事会受股东委托监督董事、高级管理人员的职务行为与检查公司财务，是现代公司治理结构中最重要的监督制衡机构，监事会专职行使监督职责，也是股东权益保护的必然制度选择。我国国内监事会也称"公司监察委员会"，是股份公司法定的必备监督机关，通常做法是在股东大会领导下与董事会并列设置，对董事会和管理层行使监督的内部组织，使得股东大会、董事会与监事会形成"三权分立"的治理结构模式，充分体现了"所有权与经营权相分离、经营权与监督权相制衡"的公司治理特征。以现行上市公司治理准则要求为例，监事会应向全体股东负责，对公司财务及董事、经理和其他高管履行职责的合法合规性进行监督，维护公司及股东的合法权益。我国《公司法》明确监事会财务监督权、业务监督权、管理者监督权（罢免建议权和诉讼权）、临时股东会议提议权（召集和主持权与提出提案权）、董事会议列席权（质疑与建议权）。可以说监事会最基本的定位就是公司治理监督，其中监督清单、监督标准和监督规程为内容体系，问询常规监督、调查分析专项监督、法定审议全面监督为监督方法体系。

研究与实践都表明，上市公司监事会要聚焦于三个方面的角色定位，就是公司规范运作的"监视器"、股东利益的"平衡器"和收购活动的"稳定器"。比如有举牌股东从一己私利角度提出高送转、跨境并购、持股炒作概念等追逐短期利益，监事会作为内部监督机构应当作为股东利益"平衡器"，从公司和全体股东利益出发行使监督职责，对于滥用股东权利的行为要依法监督并及时发表意见。又比如对于大股东掏空上市公司、侵犯中小股东利益的事件，监事会要作为公司规范运作的"监视器"密切关注公司重大项目、重大交易，必要时要主动检查公司财务，及时发现问题，提出质询意见，承担起公司内部的"看门人"的责任。然而国内上市公司监事会呈现出"有名无实"状况，企业董事会重大会议按惯例请来监事会成员，但他们通常不发言，监事会成了"旁听会"，这在国企司空见惯。这源自公司股权结构、制度配套等多方面。比如上市公司一股独大的治理结构很难保证监事会的独立性，法规赋予的许多职权没有统一的可操作规范而使监事会行权不到位。又比如差异于国内监事会和董事会的并列设置而同时对股东大会负责，德国监事会与董事会呈现出上下级关系，即德国监事会因享有针对董事会的人事任免权、薪酬决定权和工作组织权而成为董事会的上位机关，监事会和董事会呈垂直的双层制，因此，我国监事会较德国监事会也就处于弱势地位。

当然，我国监事会现状也开始得到改观。证监会目前正在持续推进新的上市公司治理准则修订工作，并将通过行政监管结合行业自律和公司自身努力，解决监事会制度"形至而神不至"的问题。从法律层面而言，就是应激活《公司法》第 148 条的规定：董事、监事、高级管理人员应当遵守法律、行政法规和公司章程，对公司负有忠实义务和勤勉义务。上海证券交易所统计，2015 年与 2016 年共有 7 家上市公司 18 人次的监事因未能勤勉履职被采取监管措施。另外，进一步完善职工监事制度以及探索独立监事制度等也得到重视。

2. 国资监管与外派监事会制度

作为国家对国企进行出资人监督的外派监事会制度是中国特色社会主义制度的一个创新，外派监事会制度的生成和演变基本上与我国国企改革进程是同步的。九届全国人大第一次会议审议通过《国务院机构改革方案》，决定由国务院向国有重点大型企业派出稽查特派员。1998 年 3 月，国务院发布的《国务院稽查特派员条例》规定，稽查特派员由国务院派出并代表国家对国有重点大型企业行使监督权力。稽查特派员制度的核心是通过稽查小组形式监督检查国有企业的财务和经营状况。1999 年 12 月，重大修改后的《公司法》明确了国有独资公司建立监事会制度。十五届四中全会决定国务院稽查特派员制度过渡为外派监事会制度，2000 年 3 月颁布的《国有企业监事会暂行条例》对此进行规范，将促进国有资本保值增值、防止国有资产流失作为主旨。这样我国国企监事会制度也就确定为外派监事会架构。2003 年 5 月，国务院发布《企业国有资产监督管理暂行条例》，规定由国务院国资委代表国务院向部分国有重点大型企业派出监事会。2006 年 9 月，国资委印发

《关于加强和改进国有企业监事会工作的若干意见》，这样外派监事会就纳入国有资产监管体制而成为国有资产出资人监督的专门力量，国资委对企业内部运作的监管则主要依靠国有重点大型企业监事会。2007 年，外派监事会以事后监督为主的功能定位得以改革，监事会由当年检查企业上年度情况逐步调整为检查当年情况，实行当期监督，并强化了重大事项快速反应机制，及时发现并提示中央企业存在的问题和风险隐患。国企监事会具备了过程监督和事后监督的双重功能，一定程度上避免了因缺乏过程监督而造成既成事实损失的发生。

国有重点大型企业监事会由国务院派出，对国务院负责，代表国家对国有重点大型企业国有资产保值增值状况实施监督。为保证监督权的高规格，所有监事会主席均由国务院直接任命，由副部级干部专职担任。为防止监事会与企业形成利益关系，所监管企业每三年轮换一次。监事会制度实施以来，由国资委代表国务院履行出资人职责的中央企业全部派驻了监事会。监事会日常工作通常包括列席会议与提交监事会报告。会议一般包括董事会会议、监事会工作例会、监事会与其他部门的联席会议等；报告主要是监事会对外报告和派出监事会报告，前者主要针对被监督单位及社会公众而出具的报告，后者主要是根据其履职情况向派出方（履行出资人职责的机构或笼统称为国有资产出资人）出具的报告。监事会报告通常涉及总体评价、存在问题及处理情况和企业领导队伍任职情况三个方面内容。

从以往监督实践看，外派监事会是一种具有较强权威性和独立性的行之有效的制度安排，在维护国有资产运行安全、防止国有资产流失、规范企业领导人员履职行为、促进国有企业持续健康发展等方面发挥了有形监督和无形约束的重要作用，同时监事会还动态跟踪中央企业稳增长、化解过剩产能和处置僵尸企业等情况，配合巡视、经济责任审计、经营业绩考核等工作以实现出资人监督管理有效联动。公开资料显示，十八大以来，监事会累计实地检查中央企业及重要子企业 5 684 户，列席企业会议 10 157 次，谈话 20 679 人次，对 13 家企业开展集中重点检查，揭示企业各类问题和风险 12 226 项，向国务院和国资委报送 1 362 份各类报告。其中，对 67 家中央企业 793 个境外项目开展了监督和检查，包括"一带一路"沿线国家 26 个，检查涉及资产总额达到 2.55 万亿元，涉及合同额 4 900 多亿元，发现各类问题和风险 2 600 多项。以 2016 年为例，该年度中央企业外派监事会累计报送报告 1 362 份，揭示问题 12 226 项，向中央巡视组和国资委巡视组通报线索 2 944 项。

然而实践显示，监事会报告揭示的企业问题及缺陷基本上在企业管理层年度工作总结中都有，其实这不难理解，因为现阶段外派监事会作为一种外部监督形式，其监管权力边界并不清晰、监管对象只能是组织任命的干部而无法企及市场化聘任的干部、监管范围只能是母公司而不能或很难延伸至二、三级公司等，另外对专职监事依据国家公务员考核办法的行政化责任管理体系不能准确衡量其工作成果，而国企混合所有制改革却意味着国家公务员身份向股东监督代理人的角色转换，这也导致专职监事监督动力不足。

3. 深化国企改革与强化外派监事会监管职能

2015 年 1 月 12 日，国资委主任张毅主持国资委全面深化改革领导小组第十八次全体会议，审议《关于进一步加强和改进外派监事会工作的意见》。同时，国资委加大力度修改《企业国有资产监督管理暂行条例》，试图从赋予监事会更多权责，发挥其事前、事中、事后监督作用，以及整合监事会、巡视组、审计、纪检等外部监督力量的角度出发，在体制、机制和职能上形成监管合力。2015 年 11 月，国务院发布的《关于加强和改进企业国有资产监督防止国有资产流失的意见》指出，要加强和改进外派监事会监督，强调了监事会监督重点、监督程序以及监事会权利和责任考核机制，尤其是明确了建立外派监事会可追溯、可量化、可考核、可问责的履职记录制度以切实强化责任意识与健全责任倒查机制。国务院办公厅 2017 年 4 月 24 日发布的《关于进一步完善国有企业法人治理结构的指导意见》再次重申对国有资产监管机构所出资企业依法实行外派监事会制度，负责检查企业财务，监督企业重大决策和关键环节以及董事会、经理层履职情况。

2016 年 7 月 28 日国务院国资委召开中央企业监事会工作会议，对新一届监事会进驻中央企业作动员部署。国资委主任、党委副书记肖亚庆要求，要进一步突出监督重点，围绕"三重一大"事项，加强对企业内部控制体系及其有效性的监督，对企业重大决策和运营过程中涉及国有资产流失的事项和关键环节以及董事会和经理层依法依规履职情况深入开展检查。肖亚庆称"要重点关注中央企业推进供给侧结构性改革、瘦身健体、提质增效以及僵尸企业处置情况，对出现的新情况、新问题以及潜在的国有资产流失隐患，要深入核查、及时报告"。国务院派驻中海油监事会进驻大会于 2016 年 8 月 15 日上午召开，国务院国有重点大型企业监事会主席季晓南会上称，企业内部控制体系检查是监事会五项具体工作之首。

2016 年 10 月 26 日国务院国资委表示再次改革监督体制机制以充分发挥监事会作用，新设三大监督局，并以国资委党委会和主任办公会、分管委领导、监事会主席为主体，形成领导决策、协调处置、监督报告三大平台。监督报告平台由监事会主席负责，监事会承担具体工作，主要任务是发现和报告问题，督促落实应由企业自行整改事项；协调处置平台由分管委领导负责，三个监督局承担具体工作，主要任务是推动监事会监督检查成果的综合运用；领导决策平台以国资委党委会和主任办公会为主体，研究监事会工作中的重大事项，听取监事会主席对有关企业监督检查重大情况报告以及监督局专项工作汇报。显然，国资委打造三大平台旨在建设完整有效的国资监管体系，使监管权力部门上中下联动起来。

国有重点大型企业监事会第六任期首个监督检查年度，监事会累计列席中央企业会议 3 351 次，实地检查中央企业子企业 1 745 户，开展各类谈话 5 713 人次，对 9 家中央企业进行了集中重点检查，对 29 家中央企业 107 个境外项目开展了实地检查，报送各类报告 341 份，印发监督检查情况通报、提醒函和整改通知 174 份，提示存在的问题和风险 5 171 项，充分发挥了出资人监督专门力量的应有作用。2017 年 12 月 13 日国务院常务会议听取了国资委关于监事会对中央企业监督检查情况的汇报，会议指出监事会把握出资人监管定位深入企业实地监督，推动国企在改革创新、淘汰落后产能、重组整合、压缩管理层级等方面取得积极成效。

二、外派监事会与内设监事会联动机制

《国有企业监事会暂行条例》第 34 条规定，国有资本出资人机构依照规定代表本级人民政府向所出资企业中的国有独资企业、国有独资公司派出监事会。就是这两类企业坚持外派和高配的原则实行外派监事会制度；两者之外的其他类型国有企业因子公司控制绝大部分资产而依据《公司法》《公司

章程》等实行内设监事会制度，但其中关系国计民生和国家安全的经国务院
批准也应实行外派监事会制度。随着国有资产证券化进程的加快，大部分优
质国有资产注入上市公司已成为趋势，尤其是国企混合所有制改革成为新一
轮国企改革突破口的背景下，我国国企监事会制度应形成与之相匹配的功能
定位，比如外派监事会由此对国有上市公司延伸检查以加强国有资产监督。
习近平总书记强调"要深刻分析新形势下外派监事会如何发挥作用，提出可
行的改革办法"。国企监事会制度应有新格局，内设监事会是企业内部监督
体系的重要组成部分，外派监事会是企业外部监督机制的重要内容，外派内
设联动的监事会制度应该成为国有资产监管体制创新的重要内容。

1. 外派监事会与内设监事会的边界

我国《公司法》明确代表国家行使出资人监督权力的监事会是国有企业
必设机构，以出资者所有权为基础对企业财务和经营管理进行全面监督，防
范企业所有权与经营权分离带来的内部人控制风险。新一轮国企改革推动了
国有资产出资人监管机构依法向董事会授权而使其成为公司重大决策的责任
主体，监事会就应强化企业重大决策行为的过程监督，而这又需要权力源于
股东会的监事会必须真正独立于公司董事会和经理层。《中共中央、国务院
关于深化国有企业改革的指导意见》指出，要落实企业内部监事会对董事、
经理和其他高级管理人员的监督。《国务院办公厅关于加强和改进企业国有
资产监督防止国有资产流失的意见》提出，应建立监事会主席由上级母公司
依法提名、委派制度，提高专职监事比例以增强监事会的独立性和权威性，
加大监事会对董事、高级管理人员履职行为的监督力度，并进一步落实监事
会检查公司财务、纠正董事及高级管理人员损害公司利益行为等职权，保障
监事会依法行权履职，强化监事会及监事的监督责任。

《国务院办公厅关于进一步完善国有企业法人治理结构的指导意见》提
出，严格规范履行出资人职责的机构、股东会（包括股东大会）、董事会、
经理层、监事会、党组织和职工代表大会的权责，强化权利责任对等，保障
有效履职。这表明深化国有企业改革要处理好国有企业监事会与其他治理主
体的关系。针对履行出资人职责的机构与监事会的关系则提出作为公司权力
机构的股东会依据法律法规和公司章程，通过委派或更换监事（不含职工代
表）、审核批准监事会年度工作报告方式对监事会以及监事的履职情况进行

评价和监督，而出资人机构根据本级人民政府授权对国家出资企业依法享有股东权利，并制定监事会建设、责任追究等具体措施。

2017 年 5 月 10 日国务院办公厅转发的《国务院国资委以管资本为主推进职能转变方案》明确取消 26 项事项就包括了"审批中央企业职工监事选举结果""指导中央企业内设监事会工作"。这意味着国有资产出资人对其所出资企业以外派监事会制度专司国有资本监管而不干预企业依法行使自主经营权。实际上，《中共中央、国务院关于深化国有企业改革的指导意见》明确指出，要将延伸到子企业的管理事项原则上归位于一级企业，也就是通常所说的履行出资人职责的机构，这是因为履行出资人职责的机构行使的是国有资本代理人职责，而国有资本向中央企业集团母公司（绝大多数中央企业未来会整体上市）及子公司的配置则是以纯粹生产要素形式的国有资产体现的，与此相应就有了国有资本保值增值与国有资产保值增值的区别，理论上前者构成了外派监事会核心职能，而后者则是内设监事会核心职能。换言之，外派监事会与内设监事会的边界取决于国有资产管理体制对国有资本与国有资产概念的适用范畴。

比如时任国资委主任张毅 2016 年 1 月 15 日在中央企业、地方国资委负责人年度会议上明确提出，中央企业集团公司是处置国有僵尸企业的责任主体，并称将把国有僵尸企业处置工作纳入监事会重点监督检查范围；地方国资委与此呼应而纷纷出台规划，青海省国资委发文《2016 年省政府国资委派出监事会工作要点》提出，把僵尸企业处置工作纳入监督重点，重庆市国资委 2016 年 8 月召开市属国有重点企业监事会 2015 年度集中监督检查汇报会，提出监事会要重点关注僵尸企业、空壳企业和低效无效资产处置风险。

2. 国企监事会联动机制的制度体系

以"管资产"为特征的传统国有资产管理体制下的监事会监管与国有资产实物形态配置并进，这导致了外派监事会延伸到国有参股公司而形成"一司两会"的冲突。以"管资本"为特征的新国有资产管理体制下的监事会监管则区别于国有资本价值形态与国有资产实物形态两类而设计差异化监管权限，这就清晰界定了国企外派监事会与内设监事会的边界。比如《国务院关于改革和完善国有资产管理体制的若干意见》明确要强化国有资产监督，加强和改进外派监事会制度，建立健全国有企业违法违规经营责任追究体系、国有企业重大决策失误和失职渎职责任追究倒查机制。《国务院办公厅关于建立国有企业违规经营投资责任追究制度的意见》提出，履行出资人职责的机构要加强与外派监事会等的协同配合，共同做好国有企业违规经营投资责任追究工作。《中央企业负责人经营业绩考核办法》规定，企业发生重大事项应及时向国资委报告，并同时抄报派驻本企业监事会；经营业绩总结分析报告报送国资委，并同时抄送派驻本企业监事会；国资委对企业负责人考核目标的完成情况进行考核要听取监事会意见；企业分配方案报国资委审核备案后执行，同时抄送派驻本企业监事会。

从宏观层面看，国企外派监事会核心职能定位于国有资本的根本导向是保障公有制基本经济制度，可以认为外派监事会应服务于全民股东利益而具有更强的政治性，应有助于增强中央企业的国有经济活力、控制力、影响力、抗风险能力；从微观层面看，国企内设监事会核心职能定位于国有资产并聚焦其运行效率与效果，可以认为内设监事会更具经济性。国企监事会监管的外派与内设分置必须协调好两者关系，首要的是为内设监事会的同体监督特性而设置相应配套制度以规避国企"内部人"监督"内部人"。实际上早在2014年10月8日召开的国务院常务会议就明确提出，监事会要创新监督形式以进一步提高监督的针对性和有效性。国企监事会联动机制整体制度安排是创新监督形式，其目标是抑制"内部人控制"但又不使国企陷于行政控制，从而实现异体监督与同体监督间的均衡。

国企监事会监管的外派与内设分置的配套制度之一是纪检监察专责监督。国企纪委通常在同级党委领导下开展工作，因此，其工作主导权实质上受制于企业，这就形成了纪委"同级监管太软、下级监督太难"的尴尬局面。国务院国资委在由其管理主要负责人的中央企业派驻纪检组试点就是要破除"同级监管太软"的症结，派驻纪检组将平行监督变成垂直监督从而提高纪委监督的相对独立性和权威性，中纪委2014年专门组建"第五监察室"对国企进行纪律检查。当然不容忽视的是派驻纪检组长因同时又是党组成员而呈现"半同体半异体"状态并滋生可能的"猫鼠结亲"现象，另外这种纪检监察专责监督外部化进程不能干预企业正常生产经营，而是随着现代企业制度的健全和监督体系的强化与股东大会、董事会、监事会工作运行机制融合而不能完全自成系统。

国企监事会监管的外派与内设分置的配套制度之二是国企总会计师制度。实践上国有资产出资人对国有独资企业与国有独资公司实行了所谓的"外部会计制",《中央企业总会计师工作职责管理暂行办法》明确,履职于中央企业的总会计师需要经国资委考核并由国资委聘任,这表明中央企业总会计师属于代表出资人履行财务监督的异体监督范畴,涉及企业重大事项参与权、重大决策和规章制度执行情况监督权、财会人员配备人事建议权以及企业大额资金支出联签权。另外,《总会计师条例》则提出,总会计师是公司行政领导成员而为内部单位服务,这意味着中央企业总会计师属于企业主体的同体监督范畴。显然,中央企业总会计师的职位定位存在一定矛盾性,换言之就是中央企业总会计师既承担监督职责又受监督对象管理,因此,也就有了国企总会计师成为高危群体的现状。

国企监事会监管的外派与内设分置的配套制度之三是国企内设监事运行机制完善。实际运行过程中的监事会因各种局限的存在而出现"形似而神不至"现象,仍然处于弱势地位。比如有三个方面就比较明显。其一是整体上市中央企业不仅有内设监事会还有独立董事,而《中国上市公司治理准则》赋予大部分由独立董事组成的审计委员会类似于监事会的财务监督权,独立董事比监事会甚至有更大监督权,如可以独立聘请外部审计机构和咨询机构等。其二是国企财务、审计等部门直接隶属于管理层而并不直接对监事会负责,比如国企内审机构基本上由企业自行组织和设定并受一把手主导,这极易导致其不仅不积极配合监事会工作甚至还阻碍监事会依法行使职权。其三是监事会人员构成不甚合理,监事专业知识背景欠缺,对监事缺乏应有的激励机制。

三、国企监事会监督与内部控制体系再思考

我国国企理论上已经初步构建了较为完整的内部控制体系。2002 年 11 月召开的党的十六大要求健全企业内部控制;国务院国资委 2006 年 6 月印发《中央企业全面风险管理指引》对内部控制系统进行了界定;随着财政部等五部委 2008 年 6 月 28 日颁布《企业内部控制基本规范》、2010 年 4 月 26 日发布《企业内部控制评价指引》《企业内部控制应用指引》《企业内部控制审

计指引》及财政部 2012 年 2 月 23 日颁布《企业内部控制规范体系实施中相关问题解释第 1 号》，国资委与财政部 2012 年 5 月 7 日颁布《关于加快构建中央企业内部控制体系有关事项的通知》；财政部与证监会 2012 年 8 月 14 日联合发布《关于 2012 年主板上市公司分类分批实施企业内部控制规范体系的通知》，要求中央和地方国有控股上市公司应于 2012 年全面实施企业内部控制规范体系；2013 年、2014 年《石油石化行业内部控制操作指南》和《电力行业内部控制操作指南》陆续颁布实施。

　　然而现实却是这些规范对解决中央企业约束不到位并未有太大帮助。审计署 2016 年 6 月 29 日发布中国石化集团等 10 户中央企业 2014 年度财务收支审计结果公告，中国石化集团在财务管理和会计核算、企业重大决策和管理、发展潜力、廉洁从业、以前年度审计查出问题整改五方面存在 31 个问题。比如审计结果明确提出，其存在违规分配原油指标、对海外项目风险因素估计不足、违规购置办公楼等问题；在发展潜力方面存在研发投入不足、存在较大加油站处理压力等问题。中纪委公开数据显示，仅与中石油一家相关的贪腐涉案金额就高达 1 020 多亿元，几乎是 2013 年国资委直接监管的 113 家中央企业利润总额的 10%。曾有报道《四川富豪刘汉与五矿暗黑交易：虚开增值税发票近 50 亿》提到，中国特定社会环境使得民企与国企建立了经常性"往来"，该事件就是虚构贸易背景下民企替国企做大销量而国企帮民企低成本融资，其间还包含寻租成本。

　　1. 国企治理结构特质性与内部控制体系

　　理论上公司治理结构与内部控制针对着不同的委托代理关系而两者间又存在内在逻辑关系，通常认为公司治理结构的核心是董事会而内部控制则围绕管理层展开。其中，监事会职责定位于监督董事会与管理高层完善企业内部控制体系、履行内部控制职责并要求董事长、董事及高级管理人员纠正其损害企业利益行为并监督执行。比如深圳证券交易所《上市公司内部控制指引》就规定公司监事会对公司内部控制自我评价发表意见；《证券法》明确上市公司监事会对董事会编制的公司定期报告进行审核并提出书面审核意见；《上市公司章程指引》第 144 条从八个方面具体内容及一个注释角度明示了监事会应行使的职权。

　　然而，国企治理结构终究与一般企业治理结构存在差异，由此国企内部控制体系较一般企业内部控制做法也会有所不同。比如首任国资委主任李荣融早在 2006 年 1 月 17 日《在中央企业纪检监察工作会议上的讲话》发言稿中提及，中央企业党风建设和反腐倡廉工作是国资监管体系的重要组成部分，要深入贯彻落实《建立健全教育、制度、监督并重的惩治和预防腐败体系实施纲要》，把构建惩治和预防腐败体系纳入企业改革发展总体目标和战略规划并与企业内控机制和经营管理体系建设有机结合。《关于在深化国有企业改革中坚持党的领导加强党的建设的若干意见》明确，国有企业要将党组织的机构设置、职责分工、工作任务纳入企业的管理体制、管理制度、工作规范。显然，作为联结企业治理与企业管理的内部控制体系也应由此而动态更新、持续改进，比如党组织参与公司治理是制约内部人控制的重要制衡机制，国企内部控制体系就应更新与完善相关规范，国企内部控制体系随新形势的权变是其精髓体现。

《企业内部控制基本规范》将内部控制概念界定为"由企业董事会、监事会、经理层和全体员工实施的、旨在实现控制目标的过程"，而内部控制目标则指向"合理保证企业经营管理合法合规、资产安全、财务报告及相关信息真实完整，提高经营效率和效果，促进企业实现发展战略"。深入分析深化国企改革"1+N"制度体系可发现，内部控制五个层面目标实质上都有各自规范所指。"合法合规"对应于《关于全面推进法治央企建设的意见》与国务院国资委将研究起草《中央企业合规管理工作指引》；"资产安全"对应于《国务院办公厅关于加强和改进企业国有资产监督防止国有资产流失的意见》与《企业国有资产交易监督管理办法》及《国务院办公厅关于建立国有企业违规经营投资责任追究制度的意见》；"财务报告及相关信息真实完整"对应于《关于推进中央企业信息公开的指导意见》；"提高经营效率和效果"对应于《关于完善中央企业功能分类考核的实施方案》与《中央企业负责人经营业绩考核办法》等；"促进企业实现发展战略"对应于《关于国有企业功能界定与分类的指导意见》。这样看来，上述并不完全严谨的对应关系表明国企改革"1+N"方案需要通过内部控制体系进行落地执行。

2. 国企监事会治理监督与内部控制体系再思考

2000 年 3 月 15 日我国颁布的《国有企业监事会暂行条例》明确监事会

职责包括：（1）检查企业贯彻执行有关法律、行政法规和规章制度的情况；（2）检查企业财务，查阅企业的财务会计资料及与企业经营管理活动有关的其他资料，验证企业财务会计报告的真实性、合法性；（3）检查企业的经营效益、利润分配、国有资产保值增值、资产运营等情况；（4）检查企业负责人的经营行为，并对其经营管理业绩进行评价，提出奖惩、任免建议。随着国有资产管理体制改革深入，国资监管体系也对国企监事会职能进行新的探索与规范，比如《关于全面推进法治央企建设的意见》提出，加大监事会对依法治企情况和董事、高级管理人员依法履职情况的监督力度，配备具有法律专业背景的专职监事，将企业合规经营、依法管理作为当期监督的重要内容；探索建立法律、合规、风险、内控一体化管理平台。

国有企业依然存在特定目标定位，比如做强做优做大国企等，因而政府干预对国有企业内部控制的影响较非国企会更强，由此政府减少干预的简政放权制度环境会一定程度上阻断政府权力在国企内的延伸与滥用，国企内部控制体系的作用也就显著起来，然而这期间也应防范国企内部控制走向内部人控制的极端状况。国有企业特定制度的特征之一就是内部人控制，国有企业多级复杂委托代理关系的存在导致国有资本出资人与国有资产经营者间信息高度不对称，国有资产经营者利用信息优势最终控制国有企业。内部权力集中和外部监督缺乏是国企内部人控制的两个主要层面，未充分制衡内部人控制使得国企成为权力套现和腐败寻租的对象，高管作为控制者最终导致"利益均沾"式群体腐败。

强化所有权监督实质上是弱化国企管理层内部人控制的最主要手段，监事会监督权是出资人履行股东权力而派生出的一种间接权力，其核心是围绕保障国有资本出资人权益进行监督检查并使监督工作随着国有资产而延伸。实践中的国企内部人通常指的就是董事长、总经理等国企主要负责人，这样外派监事会就天然具有了对企业内部人控制的对抗性。然而对于按公司法规定在二、三级国有企业实行内设监事会制度的监督效果则值得商榷，这是因为内设监事会组成人员的劳动关系、薪酬待遇、职务变动等均掌握在企业管理层手中，职工监事素质也参差不齐，这往往使得内设监事会处于弱势地位而难以真正发挥对企业决策、执行的制衡作用。换言之，内设监事会不同程度地受制于内部人而弱化了行权能力，甚至于会出现内部控制成为强化内部人控制的工具。

国有企业集经济、社会与政治三种责任于一体的特性使得其法人治理结构具有了特质性，国资监管体系创新于外派监事会、内设监事会与内部控制体系的整合具有独特价值。整合的主要思路是将外派监事会天然地对国企内部人控制的对抗性延伸至内设监事会，并一定程度上重构内部控制体系而得以贯穿，由此应修订现行的《国有企业监事会暂行条例》以实现国资监管监事会新体制。当然，不容忽视的现实是尽管监事会由国务院派出并对国务院负责，但在国有资本授权经营体制下的多层委托代理链条中却具有了内部性特征，也就是说将国有重点大型企业监事会职责置于国务院国资委的终极结果是被内置而独立性不足。这也就有了2018年新一轮国务院机构改革将国务院国资委的国有重点大型企业监事会职责划入审计署，通过对派出审计监督力量进行整合优化而构建统一高效审计监督体系的做法。

主要参考文献

[1] 高明华：《国有资产监督目标模式与外派监事会监督机制创新》，载于《天津社会科学》2017年第5期。

[2] 李南山：《国企监事会的新挑战》，载于《董事会》2014年第7期。

[3] 时光：《外派监事会是符合中国国情的国有企业监督制度》，载于《国有资产管理》2013年第1期。

[4] 熊维平：《切实改进和加强外派监事会工作》，载于《中国党政干部论坛》2016年第29期。

[5] 夏旭田：《国资委新设三大监督局：强化国有资产流失监管》，载于《21世纪经济报道》2016年10月27日。

[6] 崔丽：《专家建言国企监事会监督如何不"空转"》，载于《中国青年报》2014年10月13日。

[7] 蒋占华、周德春、王佩辉、赵东风、杨勤国：《国有企业外派监事会制度研究》，载于中央党校网2015年1月28日。

[8] 江国臣、赵凯、崔德泉：《关于对外派、内设监事会模式的比较研究》，载于《现代国企研究》2017年13期。

[9] 冯彪：《国资委新设3监督局 促国企监事会"闲职"职权落实》，载于《每日经

济新闻》2016 年 10 月 27 日。

　　[10] 国资委：《加强对企业内部控制体系及其有效性的监督》，载于国资委网站 2016 年 7 月 28 日。

　　[11] 王成饶：《六问国企监事会制度 改革刻不容缓》，载于《企业观察报》2015 年 8 月 4 日。

第十三章

《会计法》框架：会计信息产权保护与会计信息功能拓展

1985 年 1 月 21 日中华人民共和国首部《中华人民共和国会计法》（简称《会计法》）由中华人民共和国第六届全国人民代表大会常务委员会第九次会议通过，并从 1985 年 5 月 1 日起施行，标志着我国的会计工作从此走上了法治的轨道。1993 年 12 月 29 日、1999 年 10 月 31 日分别通过了《会计法》的第一次修订与第二次修订。《会计法》及其修订对规范会计行为、提高会计信息质量与维护市场经济秩序等方面发挥了重要作用。然而，会计行为深受外部环境影响，创新、协调、绿色、开放、共享的发展理念必将推动会计变革，《会计法》也因此存在修订之必然。《会计法》修订工作已被列入 2014 年国务院立法工作计划调研类项目，《国务院 2015 年立法工作计划》将《会计法》修订（财政部起草）列为研究项目。

《会计法》修订工作具有顶层设计的意味，整体主义战略、缜密理性思维和强调执行力是其核心特点。《会计法》修订的整体主义战略意味着对会计体系的新定位问题，以财务会计为例，经济全球化与资本市场国际化推动着统一会计语言的国际趋同却不可能是全部，会计准则国际趋同不能忽视现实约束条件，我国会计准则国际趋同必须围绕价值标准与观念、政治、组织与交易及会计之间基本逻辑关系来通盘考虑，会涉及国际会计准则话语权、会计准则与法律关系、会计准则执行与监督机制等问题。《会计法》修订的缜密理性思维意味着高质量会计规则形成要突破知识相对性与理性有限性尤其是严重的认知偏见，将《会计法》内容构建于完全信息与完美信息基础上。《会计法》修订的强调执行力意味着高质量会计规则因信息不对称与人的有限理性而使得会计规则执行人的行为异化，会计规则实施机制必须得到充分重视。《会计法》修订的顶层设计三要素是紧密相连的。

信息有效性是评价经济制度优劣的基础，比如国有企业内部人拥有信息优势而导致国有资本运营存在严重的信息不对称，因而国企改革的基石就包括国有资本透明度问题，然而国有企业特殊的非完全市场合约性质又使得信息有效性存在多视角评价问题，也就是特定情境的信息有效性问题，比如应该用国家租金概念界定公有制企业行为目标而不是利润概念。提高信息有效性的经济后果表现为经济制度得以优化，而深化国企改革作为经济制度改革的重要组成部分也应遵循这样的逻辑。会计信息是信息最重要的构成内容，它不仅描述着经济制度的优劣也推动着经济制度改革，对深化国企改革提供着信息支持。会计信息维护公众利益不仅是提供投资者所需信息，更在于保护和加强公众对市场经济的信任，从而带动全社会信息质量的提升。

一、深化国企改革与会计信息产权保护

国企集权化与分权化改革的选择很大程度上取决于局部性信息优化效果，像中央企业压缩管理层级而改子公司为分公司实质上就是一种集团权力重构，同时也一定程度上解决了信息不对称问题。深化国企改革是一场全面重构企业权力体系的过程，而作为一项社会性基础安排的产权制度又直观地体现着该过程。其中，会计信息产权保护实施方式是重要内容。之所以说会计信息具有产权性是因为会计准则具有公共物品性，而由会计准则生成的会计信息则有着明显的产权特征，尤其表现在会计政策选择的经济后果上，国企的企业属性决定了其市场化而国有属性则决定了其政府职能的延伸性，这增加了国企会计信息产权的复杂性。从深化国企改革角度看，国企所有权安排不再是一个离散的极端分布，而是一种将企业所有权按某待定系数连续分布于共享的多种性质的资本所有权上，像国企混合所有制改革就是明证，这样会计信息供给要满足更多的产权主体需求。

我国修正于 2004 年 3 月的《宪法》明确指出，我国以公有制为主体，国有经济是国民经济中的主导力量。中共十八届三中全会《中共中央关于全面深化改革若干重大问题的决定》明确提出："公有制为主体、多种所有制经济共同发展的基本经济制度，是中国特色社会主义制度的重要支柱，也是社

会主义市场经济体制的根基。"十八届三中全会《决定》提出"公有制经济财产权不可侵犯，非公有制经济财产权同样不可侵犯"。十八届四中全会《中共中央关于全面推进依法治国若干重大问题的决定》中涉及"基本经济制度"改革任务的最重要内容是"健全以公平为核心原则的产权保护制度，加强对各种所有制经济组织和自然人财产权的保护，清理有违公平的法律法规条款""创新适应公有制多种实现形式的产权保护制度，加强对国有、集体资产所有权、经营权和各类企业法人财产权的保护"。2016 年 11 月 4 日公布的《中共中央、国务院关于完善产权保护制度依法保护产权的意见》再次强调了对公有产权与私有产权的平等保护观念。

　　会计信息产权概念意味着中国独特制度背景下特定会计信息供给，现有会计信息体系满足了会计准则国际趋同的需要，但不足以解决特殊信息不对称问题，因此，需进行会计信息功能中国化拓展。显然，国企改革理论与制度变迁必然影响到会计信息职能的界定，比如会计信息功能应拓展以适应国有资产防范需求，这需要国有资本透明度的会计概念框架构建；实践上要深入研究"三去一降一补"涉及会计问题，这需要相关会计准则体系的完善。换言之，会计准则在我国完全"中立"或者"无偏向性"做法是不现实的。实际上，既要打破国有资本体制粘性导致的低透明度情形下会计信息产权完全的国有本位导向，又要满足深化国企改革对特定会计信息职能需求，比如供给侧结构性改革导向下会计视角的国有资产流失概念界定及流失程度计量，构建国有资本竞争性市场的基础是实现信息对称等，比如处理国有僵尸企业应更加注重财务报表的审慎原则。

　　理论上，会计制度应匹配监督管理权和所有权的治理体系，会计信息功能拓展应成为体现和保障国企全民所有制性质的基本机制之一，因此，会计信息功能拓展应发力于推动国有资产流失防范、实现国有资产保值增值的整合监督体系构建，成为国企改革"1 + N"方案得以具体操作的依托平台，对国有资产监管机构（国有资产出资人代表）、履行出资人职责机构以及国家审计组织等提供信息决策支撑。比如国企可能通过改变消费性现金支出会计科目归类来部分规避"八项规定"监管。总体上看，深化改革要坚守法律红线和政策底线，作为市场经济基础性法律的《会计法》应以崇尚契约和诚信精神为核心理念，发力于支持国家重大战略决策、更好服务经济社会发展与全面转型升级会计工作。

二、供给侧结构性改革与《会计法》修订的顶层设计

会计活动与经济社会发展具有很强的互动性，《中华人民共和国国民经济和社会发展第十三个五年规划纲要》明确提出以产业升级和提高效率为导向发展法律会计等产业。供需错配是中国产业转型所亟须面对的，这也就有了我国的供给侧结构性改革。习近平总书记 2015 年 11 月 10 日在中央财经领导小组第十一次会议上提出："在适度扩大总需求的同时，着力加强供给侧结构性改革，着力提高供给体系质量和效率，增强经济持续增长动力"。供给侧结构性改革的核心思想是通过降低制度成本来推动经济高质量增长，其实质是增加要素投入量及提高全要素生产率，其突破口是去产能、去库存、去杠杆、降成本、补短板的"三去一降一补"。中共中央政治局 2016 年 7 月 26 日召开会议分析研究当前经济形势并部署下半年经济工作，会议指出去产能和去杠杆的关键是深化国有企业和金融部门的基础性改革，去库存和补短板的指向要同有序引导城镇化进程和农民工市民化有机结合起来，降成本的重点是增加劳动力市场灵活性、抑制资产泡沫和降低宏观税负。

1. 《会计法》修订的市场经济导向

中共十八届三中全会通过的《中共中央关于全面深化改革若干重大问题的决定》（简称《决定》）意味着市场开始由"基础性作用"向"决定性作用"的重大转变，而《会计法》修订需要紧密跟随我国社会主义市场经济建设步伐。《会计法》是我国经济领域的一部基础性法律，这体现为《会计法》修订要有助于规范政府行为又能促进市场的资源配置决定性作用的发挥。从信息经济视角看，会计规范是一种专业化信息加工与披露的市场制度，高质量会计信息是高透明市场和健康经济体系的关键基础，会计法律法规又是高质量会计信息生成的重要构成部分，由此会计法律法规修订必将以市场为准绳来满足市场发挥决定性作用。市场经济导向的《会计法》修订意味着该工作是一项系统工程。市场经济需要完善的法律体系做支撑，正如《决定》第九部分提出推进法治中国建设，而全国人大常委会委员长张德江在第十二届全国人民代表大会第二次会议上表示要修订预算法、证券法、行政诉讼法等。

只有这样才能打破市场经济法律体系中可能存在的竞合性问题，杜绝法律政策间套利空间的存在，当然这也意味着《会计法》要避免成为部门法。《会计法》修订要从机制与内容上实现与各项相关法律法规的协调统一。比如政府会计总体上是推进财务会计与预算会计适度分离并相互衔接，因此就需要处理好《会计法》与新《预算法》的协调关系；又比如在我国资本市场"披露型监管"大趋势下《会计法》与《证券法》在信息披露上的"双轨制"问题。

中共十八届三中全会做出"国有企业总体上已经同市场经济相融合"的科学判断并更加明确"混合所有制经济"，以"管资本"为核心的国企改制由此进入深化改革阶段。新国有资产管理体制意味着需要构建国有资本出资人会计体制以维护国有股东利益，比如对于混合所有制国企就需要通过建立会计新秩序以适应新责任关系；又比如《中共中央、国务院关于深化国有企业改革的指导意见》提出"开展总会计师由履行出资人职责机构委派的试点"，这表明被委派总会计师承担着履行出资人职责机构国有资产保值增值责任而不再单纯地对国有资产监管机构（国有资产出资人代表）负责。新一轮国企改革推动了会计监督职能的再定位，而市场化就是最直观表现。当然，这也意味着国有资产监管机构会计监督会有特定的方式。

2. 《会计法》修订对宏观与微观管理的基本需求的满足

会计活动无论从历史还是现实看都具有独特性，这主要体现为会计信息能够有效联结宏观与微观经济领域价值创造且计量资源配置效率。宏观经济政策与微观企业行为间存在着内在传导性，而会计信息很大程度上承担着载体功能，可以说广义的会计信息结构是经济学与管理学共同衍生的结果，宏观经济政策制定通常需要考虑微观企业反应，而微观企业行为的汇总影响着宏观经济政策制定，学术研究正逐步将会计信息的有用性拓展至宏观层面。2014年10月20日财政部、国家税务总局颁布《关于完善固定资产加速折旧企业所得税政策的通知》，根据上海证券交易所测算，该政策使得A股所有上市公司第一年预计总共节省税收可达2 333亿元，占2013年所有上市公司经营活动现金流总额的7.8%。2013年国务院总理李克强建言"阳光央企"实质上要求央企信息公开透明。总之，我国宏观经济发展新常态必然对微观企业行为产生挑战，比如供给侧结构性改革对会计发展模式有怎样的影响？前中纪委书记王岐山在国企反腐中提出"签字背书"做法有制度创新意义，《会计法》修订相关条款时是否及以何种方式体现？《企业会计准则第 11 号——股份支付》对混合所有制经济员工持股应有怎样的适用性？《企业会计准则第 9 号——职工薪酬》如何反映"健全资本、知识、技术、管理等由要素市场决定的报酬机制"？等等。

供给侧结构性改革实际上具有自上而下的宏观微观一体化互动改革性质，财政部为此也有应对措施，比如《财政部会计司 2016 年工作要点》就提及"深入研究'三去一降一补'涉及的会计问题"，为此财政部已经发布《"三去一降一补"有关会计规定（征求意见稿）》及《企业破产清算有关会计处理规定（征求意见稿）》。然而具体分析《"三去一降一补"有关会计规定（征求意见稿）》发现只是规定国有独资企业间的无偿划拨，而对实务中可能出现的混合所有制国有企业划拨并没有进行规范，而破产清算显然不局限于国有企业而适用于所有类型的经济组织，另外这些规范显然未发挥会计信息作为经济环境中重要的公共信息来源而参与宏观经济管理。以处置国有僵尸企业为例，政府应考虑构建国有企业僵化指数以实现对经济运行僵化状况的常态化监控，而这无疑对特定经济组织的会计信息结构提出了新披露要求。正如中央财经领导小组第十二次会议明确提出，供给侧结构性改革方案的首要方向是"情况要摸清，搞清楚现状是什么，深入调查研究，搞好基础数据测算，善于解剖麻雀，把实际情况摸准摸透，胸中有数，有的放矢"。《会计法》修订应该对供给侧结构性改革涉及的全局性活动进行原则性整体规范。

三、《会计法》修订的先进技术体系性

会计是一门国际通用商业语言，但组织的外部环境变化又不断地改变着商业实践，《会计法》修订应体现变化中商业行为的发展趋势。国务院总理李克强就曾指出，要紧紧抓住世界新科技革命和产业变革的机遇，落实创新驱动发展战略，积极发展新经济，依托"互联网＋"和大众创业、万众创新，弘扬企业家精神和工匠精神，不断创新技术、产品与服务，提高主业的核心竞争力，推动传统产业改造升级。

1. 《会计法》修订与会计职能新定位

《会计法》是我国会计工作的根本大法，起着引领我国会计发展的作用。

党的十八届三中全会《决定》提出"财政是国家治理的基础和重要支柱"的新论断对会计的宏观定位有着导向作用。这就需要以新视角定位会计职能问题，现行《会计法》规定会计职能是会计监督与会计核算，而将会计职能界定为广义价值创造代表了主流趋势，也能更好地促进社会经济发展而不是为部门利益寻求最大话语权与自由量裁权。同时，会计职能定位还影响到会计地位，如果仅仅将会计职能界定为会计监督无疑会弱化会计地位，反而使得会计工作局限在报销、收付款项、记账与编制报表等简单的核算环节。另外，《会计法》下辖的相关会计法规已经融入了会计的广义价值创造观念，比如《企业产品成本核算制度（试行）》在规范企业产品成本核算工作的基础上提供了行之有效的成本管理思路，核算与管理实现了有机结合。2014 年财政部印发《关于全面推进管理会计体系建设的指导意见》，《管理会计基本指引》也已经于 2016 年制定发布。实践中，信息搜集、成本管理、风险防范、库存管理、信息分析、全面预算管理、绩效评价、辅助决策等管理会计职能多年来一直是企业管理的根基。显然，会计职能新定位使得会计行为具有了新范式，《会计法》修订应对此留有足够衍生空间。

2. 《会计法》修订与会计信息整体性

《会计法》修订将会计职能定义为广义会计价值创造，就需要打破会计信息碎片化现状而实现会计信息整合，实际上国际会计准则也关注了财务会计信息的管理决策导向，比如国际会计准则理事会《动态风险管理会计处理：对宏观套期运用组合重估法（讨论稿）》提出，要实现"财务报告需对动态风险管理提供更为明晰的信息"要求则意味着趋同与管理的统一。又比如尽管业内通常认为我国财务会计体系已经和国际接轨，但不能忽视财务会计信息质量与管理会计行为的相关性，而企业管理会计活动又有个性化信息需求，实际上会计信息整体性对传统意义的会计信息结构提出新要求，这主要表现为企业生存已面对"互联网＋"、大数据、碳减排等新外部环境要素，这意味着会计系统生成会计信息应该是纳入管理体系的数据治理过程。比如"十三五"规划纲要第四十六章提出，"推动建设全国统一的碳排放交易市场，实行重点单位碳排放报告、核查、核证和配额管理制度"，而国家发展改革委在 2014 年 1 月下发的《国家发展改革委关于组织开展重点企（事）业单位温室气体排放报告工作的通知》明确，节能减碳能力在碳市场制度体系下将成为企业新竞争力，企业应当提高碳资产管理意识和管理水平。既然会计信息的形成过程及结果导向都应实现同步变化以适应其信息环境，《会计法》修订在这方面应如何体现呢？换言之，《会计法》修订要为会计信息结构拓展留有话语权。

3. 《会计法》修订过程中的法律责任问题

《会计法》修订需要完备法律责任，国外法律对行政责任、刑事责任和民事责任的规定较为详细和完善，而我国现行《会计法》对民事法律责任没有任何规定，这一定程度上导致违法成本很低，相关会计信息使用者的合法权益受到损害，因此，《会计法》修改应对民事诉讼及诉讼时效、民事赔偿机制等方面进行原则规定。会计信息失真严重侵害资本市场投资者的合法权益，而会计规则执行人故意违规是会计信息失真的一种重要情形，《会计法》在治理会计信息失真方面必须有所作为。另外，会计人员作为民事责任主体需要对会计责任边界进行清晰认定，企业数据质量责任应由相应业务部门承担，会计信息质量责任流便得以建立，这是一种会计信息与企业组织层级相对应的管理责任制。会计信息生成及结果导向机制应实现与企业组织架构同步变化，以防范出现较大会计信息差距或会计信息信任缺失。当然，明确会计法律责任同时应匹配相应的权力。比如会计监督在《国务院办公厅关于加强和改进企业国有资产监督防止国有资产流失的意见》所提的国有资产监督体系中如何定位？又比如如何理顺内部控制与会计监督的关系？"十三五"规划纲要第十四章提出，建立健全权力清单、责任清单、负面清单管理模式，《会计法》修订在此方面应进行深入研究与实践。

4. 《会计法》修订与会计人才培养

《会计法》修订要树立人才导向，在保障会计人权益基础上树立会计人的人力资本观念。2012 年 4 月 1 日中共中央、国务院印发《国家中长期人才发展规划纲要（2010～2020 年)》，其中就提到加大会计等专业技术人才队伍培养开发力度。"十三五"规划纲要第九章"专栏四重大人才工程"提到，"培养 1 万名精通战略规划、资本运作、质量管理、人力资源管理、财会法律等专业知识的企业经营管理人才"。因此，《会计法》修订应将财政部已实施的行之有效的做法写入，比如已有的对会计从业人员、总会计师等多层次会计人才做出总体安排。然而面对会计人员由普通"账房先生"向战略性财务管理会计转变的大趋势下，我国财务会计人员占比近90%，这还表现在财务会计资格认证火热而有些甚至没听说过管理会计 CMA 认证；即使是"账房先生"也面临着人工智能对会计行业的冲击，如德勤就宣布与 Kira Systems 联手将人工智能引入会计、审计等工作。同时需要战略架构我国会计人员管理体制问题，尤其是在我国国有资产管理体制发生系统变革的大背景下，比如轮岗制度下新任会计负责人不一定有会计从业资格。另外，会计作为独具特色的行业，会计人员时刻面临职业道德考验，会计教育如何有机融入社会诚信文化是必须直面的问题。总之，会计行业需要在理论研究、学科发展、人才培养、职业制度和业务规范标准等方面进行系统建构，比如《会计法》修订应有助于极大推动会计学科嵌入国家发展战略，应对注册管理会计师资格、会计教育等问题有前瞻性规划。

5.《会计法》修订对会计技术处理方法的导向性

《会计法》修订要力求术语的严谨性。比如《会计法》总则第一条"会计资料真实、完整"的含义及标准的界定，是否包括因制度不完全而导致的规则性失真？国有企业存在特定的会计信息真实性标准？又比如对会计人员的界定问题，是否包括会计信息化相关人员？另外，《会计法》修订面临着规则导向还是原则导向的选择，也就是《会计法》修订面临着程序法还是实体法的选择问题。世界上很多国家的会计法规制度基本上都是以"保证会计资料真实、完整"为立法目的并以此来设计具体规范。然而从具体条文内容来看，我国现行《会计法》作为会计法规制度的上位法，在部分内容上规定得过于详细，实际上《会计法》不需要对每项会计业务都详细规定而应由相关行政法规解释具体业务。理论上，会计可理解为一种语言和工具，特定会计主体具体运用何种手段和方法来使用会计是该主体自身的事情，只要这些手段和方法将"会计资料的真实、完整"作为唯一目的即可。如果《会计法》对会计行为规范得过于具体，会计主体在所有情境下都采用同一种手段来处理会计信息，这在一定程度上反而无法保证会计资料的真实和完整。解决之策在于确定会计活动自由量裁权的配置，《会计法》不应当对会计主体自由裁量权内的会计活动规定得过于详细。比如管理会计、内部控制与会计信息化这三项内容多属于会计主体自由裁量权之内，因此，只需规定它们的边界、厘清相关内容之间的关系即可，不需要规定得过于详细。

四、深化国企改革对《会计法》修订的特性需求

中共十八届三中全会提出"财政是国家治理的基础和重要的支柱"，国有企业又是财政工作的基础和重要支撑，而会计监督职责则应以会计秩序有力维护财经秩序和市场经济秩序。这不仅涉及为推进国家治理体系现代化提供可靠的宏观调控数据，还应促进国企规范核算以增强经济主体的活力和竞争力。总体而言，国企改革"1＋N"方案得以实现的基础是充分的数据支撑，另外，像"互联网＋"推动中央企业转型、中央企业商业模式重构等趋势也使国有企业面临管理体制与经营机制的深刻变化，《会计法》修订在一贯支持企业会计准则国际趋同的情境下，不应忽视深化国企改革所需的特定会计制度安排。这样，会计监督层次和成效就具有特定含义，比如现阶段国有企业的宏观经济政策工具功能依然存在，宏观经济层面会计监督的首要职责是确保中央政令畅通、贯彻落实国家重大决策部署及财税政策等，而政治层面会计监督是严明党的廉洁纪律、源头上治理腐败，而微观国企治理层面则是完善日常会计监督体系并与随机抽查和重点检查有机结合。

中国经济改革存在两个双轨制，即国有企业与民营企业、产品和要素市场。国有企业作为理论上营利性经济组织而其微观活动却受政治考量，因此，国有企业会计数据同时受政绩观与业绩观的不同诠释而使得真相更具非唯一性特征，并超出了会计政策选择的技术范畴。实际上，现阶段国企治理需同时具备政治意识与市场意识，这主要表现为兼顾"向上负责"与"向全体股东负责"。其实这不难理解，国有企业尽管并不等同于国有经济而国有经济也不能完全涵盖国民经济，但国有企业在国民经济中的基础地位是显然的，国有独资公司"全体股东"就是全体国民，因此，就有国资委 2013 年 4 月 23 日召开会议强调中央企业必须以"保增长"助力全国"稳增长"的要求。国企改革理论与制度变迁必然影响到会计信息职能的界定，正如库珀等（Cooper et al.），在 1984 年提出"政治经济会计学"（PEA）概念并强调经济活动所处社会特定历史和制度背景对会计的影响。我国会计制度的政治经济性有其特定内涵，即国企会计信息不仅反映所有者与经营者间信息不对称，还要反映会计数据偏离市场程度。前者是保障国企全民所有性质的基本机制，

而后者是将不同所有制企业差异性政策影响显性化以体现社会公正程度。

1. 《会计法》修订与"阳光央企"建设

中央政府正着手推动国有企业信息公开试点工作,国务院办公厅 2016 年 4 月 18 日发布《2016 年政务公开工作要点的通知》,明确要推进国有企业运营监管信息公开,比如及时公开中央企业改革重组、公司治理及管理架构、财务状况、重要人事变动、企业负责人薪酬等信息。就具体内容而言,该《通知》还存在深入探讨之处,比如提出要公开企业国有资产保值增值及经营业绩考核的有关情况。这就涉及国有资产流失问题,是国企改革的一条红线,然而从贱卖国企到管理层收购再至利用"混合"机会浑水摸鱼,国有资产流失呈现多样化,但至今对国有资产流失仍然未形成一致性概念认识与评价标准。尽管发布了《国务院办公厅关于加强和改进企业国有资产监督防止国有资产流失的意见》与《企业国有资产交易监督管理办法》,这两部法规极大地推动了国有资产监督体系的构建,然而只要导致国有资产流失的信息不对称存在就不能真正消除国有资产流失,防止国有资产流失的最根本途径是实现信息充分披露。

2. 《会计法》修订与国有资产流失防范

具体到《国务院办公厅关于加强和改进企业国有资产监督防止国有资产流失的意见》而言,该《意见》提出要强化国有企业内部监督、出资人监督和审计、纪检巡视监督以及社会监督,加快形成全面覆盖、分工明确、协同配合、制约有力的国有资产监督体系。不难看出,该《意见》称得上是一项强监管政策,为防范国有资产流失而实施强监管政策是否会造成国有企业会计信息质量偏向的社会后果值得思考。实际上国企改革基石包括国有资本透明度问题,即打破国有资本体制粘性导致低透明度下会计信息产权的国有资本本位导向。另外,国企改革目标又是做强做优做大,这就使得《会计法》规则对所有使用者都应平等的要义面临挑战,《会计法》修订需对此有所行动。

3. 《会计法》修订与国家特性国企治理创新

从更深层次看,财政部 2017 年 8 月 17 日召开了《会计法》修订工作领导小组第一次会议以全面部署修订工作,对修订提出的首要具体要求就是提高政治站位。《关于在深化国有企业改革中坚持党的领导加强党的建设的若干意见》用法律形式明确了党管企业，指出坚持党的领导是国企独特优势，国企党组织在公司法人治理结构中拥有明确的法定地位。国企是党和政府执政基础的理念的最直观体现就是强调党管国企，党管国企的最直接目的就是抑制腐败，鉴于会计制度实质上是权力制衡中的相关方在现代企业治理中与管理层权力交叉，《会计法》修订应明晰会计制度安排与政治权力间的关系，会计制度要适应推进国家治理体系与治理能力的现代化要求。

4. 《会计法》修订与会计人员诚信管理规范完善

财政部对修订提出的具体要求包括有坚持法德相济内容，这实质上是对我国会计文化根基的总体概括，会计发展应成为我国整体文明的基本要素。比如《社会信用体系建设规划纲要（2014～2020年）》与《关于加强个人诚信体系建设的指导意见》对会计人员诚信建设提出明确要求，指出"要加快建立和完善会计审计人员个人信用记录形成机制，及时归集有关人员在相关活动中形成的诚信信息，确保信息真实准确，实现及时动态更新"。2017年7月财政部办公厅发布了《关于加强会计人员诚信建设的指导意见（征求意见稿）》。《会计法》修订应将国家治理、法制与职业道德有机嵌入会计职业规范。

2017年10月31日中央纪委监察部网站发布《甘肃省通报3起违反中央八项规定精神问题》："2. 甘南州林业技术综合服务中心原主任、党支部原书记闵敬套取资金违规发放奖金问题。2013年至2015年，闵敬安排单位有关人员先后14次以虚开发票、编造花名册等手段，套取各类资金共计71.3689万元，用于发放福利、违规接待、购买烟酒和人工工资等支出。闵敬还存在其他违纪问题。闵敬受到撤销党内职务、行政撤职处分，时任服务中心党支部书记李明、党支部副书记高建发、会计房慧分别受到党内严重警告处分，发放福利费用已追缴。"显然，该案件中的会计受到党内严重警告处分更增强了国企会计制度兼具通用商业语言工具与政治工具的特性，是对国家特性国企治理特征的呼应。也就是说深化国企改革对《会计法》修订的特性需求意味着，新国有资产管理体制下创新国有资本授权经营机制应被单独对待而构造特定的会计信息机制，而国有资本出资人为主体的广义会计制度安排是核心。

会计行业在将整体社会资源整合进数字化记录系统过程中受到云计算技术、人工智能、互联网、大数据、社交媒体等多方面的影响，会计信息面临着严峻的信息竞争，传统的会计职业能力构建模式必须改变以应对挑战，但会计的社会制度性也不能忽视。总体而言，在追求会计技术严谨性的同时不能忽视会计行为背后的文化、伦理及制度内涵，同时在聚焦重大问题时要兼顾一般性与我国特定问题并重。尽管我国内生性国企改革与供给侧结构性改革一脉相承并成为其主体，但两者对《会计法》修订还是有着不同侧重点的导向，供给侧结构性改革为《会计法》修订提供了新政治经济学视角的依托平台，深化国企改革则为《会计法》修订设定了一种特定的商业模式情境，而发展社会主义市场经济又为《会计法》修订指明了市场化技术经济学方向。因此，可以认为这三个方面构成了《会计法》修订的"三分法"，也就是《会计法》修订顶层设计的总体架构，是立足我国国情和发展实践的规律性总结，同时表明《会计法》修订一定要体现出会计的时代性，理顺会计监管机制、整合会计监管资源以形成会计监管合力才有利于推动社会财富的创造与积累。

主要参考文献

[1] 肖祯：《〈会计法〉修订需更具前瞻性》，载于《中国会计报》2014 年 8 月 22 日。

[2] 王仲兵：《〈会计法〉修订："三分法"视角的内容建构研究》，载于《财政科学》2016 年第 9 期。

[3] 杜兴强：《国有企业会计信息产权的畸形性及其解读》，载于《会计研究》2003 年第 2 期。

[4] 陆正飞、叶康涛：《产权保护导向的会计研究：新近研究回顾》，载于《中国会计评论》2007 年 3 月。

[5] 刘安天：《国企会计政策选择和信息披露或将更平衡》，载于《中国会计报》2015 年 11 月 2 日。

[6] 于树一：《从深化国企改革视角 重新认识企业财务会计制度改革》，载于《国企管理》2015 年第 3 期。

[7] 冯巧根：《供给侧改革与管理会计创新》，载于《会计之友》2016 年第 7 期。

[8] 高鹤、何欣哲：《会计人可全方位介入供给侧结构性改革》，载于《中国会计

报》2016 年 3 月 11 日。

　　[9] 刘安天:《会计转型升级助力"中国制造"》,载于《中国会计报》2017 年 2 月
24 日。

　　[10] 毛洪涛:《发展中国特色管理会计助推中国经济转型升级》,载于《财务与会
计》2015 年第 2 期。

第十四章

中央国资与地方国资：同构性与国企价值多元化

　　自2006年3月国务院国资委向中央企业发出《关于推进中央企业与湖南省企业开展对接合作工作有关事项的通知》，中央企业与省级地方政府对接合作2010年和2011年达到了高潮，中央企业对各省份的投资项目动辄千亿元。统计数据显示，中央企业2009年、2010年和2011年间在地方投资总额分别为2.81万亿元、5.12万亿元和11.38万亿元，呈现快速增长态势，与之相应的是中央企业与地方国企间交易的达成。2012年2月4日新疆召开中央企业援疆项目对接成果汇报会、2月9日安徽召开全省推进与中央企业合作发展工作会、2月10日河南省召开中央企业在豫机构负责人座谈会、2月13日与14日广西召开"央企广西行"前期项目对接座谈会。2016年国务院国资委与地方国资委一同推动中央企业与12个省市开展恳谈对接活动，央地合作得到进一步加强。2017年6月23日举行的中央企业入湘对接暨衡阳市投资推介会上，衡阳市现场签约23个重大项目，总投资额达727亿元人民币。其中，中央企业国企投资项目16个，占项目签约总数的70%；中央企业国企项目投资额589亿元，占总投资额的81%。时任国资委主任李荣融2008年提及鼓励中央企业之间、中央企业与地方企业相互持股，而现阶段地方国企与中央企业搞联合还占主导，尽管中央企业营业收入和地方GDP增长并不存在直接关系。

　　中央企业投资和增长对地方经济增长具有一定的拉动作用，比如20世纪90年代财税金融和国企改革之后，中央企业成为地方政府加大当地投资和发展经济的重要力量，同时因中央企业实际上介乎于"政府和企业"之间的中间角色地位而具有强大的"议价能力"，比如中央企业中煤陕西榆林能源化工有限公司在陕西榆林上马的煤化工项目毁掉固沙防护林6 000亩仅被当地国土局罚款500多万元，而当地公安称管不了中央企业。随着经济下行及国企反腐的推进，中央企业投资增幅开始放缓，加之很多中央企业为加强北京总部的控制而采取了"中央集权模式"，这意味着对地方税收贡献并不多。因此，先前中央企业与地方政府间曾经的利益同盟开始出现裂痕，比如陕西榆林市当地法院2013年10月冻结了中石油长庆油田分公司22个银行账户而导致7万余名职工短期内无法发工资，该事件起因是长庆油田未缴纳2年零9个月共8.5亿元的水土流失补偿费和滞纳金被榆林水土保持监督部门告上法庭，输掉官司后被法院强制执行。

改革开放以来，中央企业改革和地方国企改革都是在中央政策方针指导下分为国务院有关部门和地方政府两层次主体在各自相对独立的运作体系中进行，各自承担相应的改革责任。实践表明，这样的改革有利于强化地方政府国企改革责任的同时也调动地方国企改革积极性，地方政府积极创新又为中央企业改革提供了经验。然而，随着深化国企改革的"1＋N"政策体系的出台，地方政府也被要求相应出台有关方案和文件，比如地方对国企进行分类、地方组建国有资本投资经营公司、地方国企负责人薪酬制度改革等，同时还带有时间要求。这种做法很可能对地方国企改革形成很大约束，地方国企改革自主权和相对独立性受到事实侵害。然而必须承认的是，地方国企比中央企业更具市场化，因而也就更具有自下而上的市场化勇于试错的制度创新。换言之，从国有资本宏观功能定位角度看，中央企业与地方政府及地方国企间的复杂关系定位存在经济导向还是政治导向之分，比如现阶段从中央企业一定程度地作为中央政府职能延伸的政治视角看，中央企业与地方政府的关系构建主要还在于中央政策的传导、贯彻和落实。

一、现代财政视角的中央与地方关系

中央和地方的博弈一直伴随着我国近40年的变革与发展，两者间的博弈关系呈现出的复杂性在于政治、利益及经济等多元逻辑的交织，但总体而言这种博弈关系是围绕政府间事权、财权、财力和支出责任四要素的不同组合而形成的，该四要素实现对称才能使一级政府正常运转。政府间事权的具体实践中不仅涉及行政还涉及立法、司法等广义公共服务部门，中央政府基于现实考量而选择财政事权改革以推进政府间事权改革，财政制度安排实际上体现并承载着中央与地方间的基本关系。尤其是 2013 年中共十八届三中全会对财政的定位是"财政是国家治理的基础和重要支柱"，并指出"必须完善立法、明确事权、改革税制、稳定税负、透明预算、提高效率，建立现代财政制度，发挥中央和地方两个积极性"。中共中央政治局 2014 年 6 月 30 日审议通过的《深化财税体制改革总体方案》明确了改进预算管理制度、深化税收制度改革以及调整中央和地方政府间财政关系三大改革任务。

2013 年中共十八届三中全会《中共中央关于全面深化改革若干重大问题的决定》指出"建立事权和支出责任相适应的制度"，明确了中央事权、中央和地方共同事权、地方事权的支出责任，并在保持现有中央和地方财力格局总体稳定的情况下结合税制改革进一步理顺中央和地方收入划分。2016 年国务院发布《关于推进中央与地方财政事权和支出责任划分改革的指导意见》，专门对中央与地方财政事权和支出责任划分改革做出总体部署，尤其是提出中央决定财政事权、激励地方政府主动作为的中央领导与合理授权的中央与地方财政事权和支出责任划分模式。这实际上是一种政府公共权力的纵向配置，也就表明地方政府在履行公共职能过程中必须接受上一级中央的行政调控。2018 年 2 月 8 日国务院印发了自 2019 年 1 月 1 日起实施的《基本公共服务领域中央与地方共同财政事权和支出责任划分改革方案》，将义务教育、基本养老保险、基本医疗保障等八大类共 18 个事项纳入中央与地方共同财政事权范围并规范支出责任分担方式，这意味着中央与地方关系的标志性新进展。

另外，自分税制改革以来的近 20 年间，我国中央财政和地方财政、财政和国企财务之间支出责任不够明确的状态一直存在，政府为刺激经济进行融资以应对金融危机更加强化了财政和国企软约束局面，加之地方国企与地方政府支出责任尚未得到根本性有效划分，地方政府债务风险越来越具有"灰犀牛"特征。2016 年 10 月 27 日国务院办公厅发布《国务院办公厅关于印发地方政府性债务风险应急处置预案的通知》，明确规定"省级政府对本地区政府性债务风险应急处置负总责，省以下地方各级政府按照属地原则各负其责"，这无疑明确了地方政府债务责任以避免引发道德风险而引致的债务风险向上级政府转移。2017 年 4 月 26 日财政部联合发展改革委、司法部、人民银行、银监会、证监会发布《关于进一步规范地方政府举债融资行为的通知》及财政部 2017 年 5 月 28 日发布《关于坚决制止地方以政府购买服务名义违法违规融资的通知》规范地方政府举债融资行为。

当然，规避地方政府债务道德风险的基础是防范信息失真，为此 2016 年 10 月中央深化改革领导小组第二十八次会议通过《关于深化统计管理体制改革提高统计数据真实性的意见》，2017 年 6 月 26 日第三十六次会议审议通过了《地区生产总值统一核算改革方案》，原先由各省（自治区、直辖市）统计局负责的生产总值核算改革为国家统计局组织领导、各省（自治区、直辖市）统计局共同参与的统一核算。2017 年 10 月国家统计局宣布从 2019 年开始实施地区生产总值统一核算改革。实际上，这之前就有地方政府承认经济数据造假，2017 年初的辽宁省人大会议上，政府公开承认 2011～2014 年经济数据连续造假，而财政压力是其讲真话的缘由，正如政府报告所述："财政数据造假问题，不但影响中央对辽宁省经济形势的判断和决策，还影响到中央对辽宁省转移支付规模，降低了市县政府的可用财力和民生保障能力。"随后，内蒙古、天津滨海新区等多个地方政府承认国内生产总值（GDP）数据造假，云南省主动披露了省级融资平台违约情况。

我国政治上体现为中央集权体制，地方政府权力源自中央政府而经济上则具有很强的自治性，经济数据下行意味着偿债保障弱化而令地方债务压力上升，这实质上反映了地方政府有限财政收入与持续增长的财政支出的矛盾日显。党的十九大报告《决胜全面建成小康社会夺取新时代中国特色社会主义伟大胜利》指出，"加快建立现代财政制度，建立权责清晰、财力协调、区域均衡的中央和地方财政关系""赋予省级及以下政府更多自主权"。理论与实践都表明国企在弥合收入差距上有着很大贡献，比如《中共中央关于全面深化改革若干重大问题的决定》提出，"划转部分国有资本充实社会保障基金。完善国有资本经营预算制度，提高国有资本收益上缴公共财政比例，2020 年提到百分之三十，更多用于保障和改善民生"。然而，借助深化国企改革优化中央与地方财政关系也面临着政治、利益及经济三层逻辑间的系统性重构问题。

二、中央企业与地方国企关系演进

国务院国资委、地方国资委与国企之间的关系经历了系列动态演进，国务院国资委与中央企业、地方国资委与地方国企存在着各自的直接监管关系，而国务院国资委与地方国资委之间、中央企业与地方国企之间，甚至地方政府与中央企业之间的各自关系则呈现出一定的复杂性，比如中央企业与地方国企间的交叉持股甚至开展产品购销业务、中央企业与地方政府合作等，甚至有些地方准备把基础建设设施、教育、医疗、养老等民生投资项目都交由中央企业。理论上，这些复杂关系都存在着相应的寻租风险，如中央企业高管与地方政府部门形成互相利用的利益关系，尽管国企与生俱来的政治关联必然造就中央企业与地方政府及地方国企间的同构性。当然，中央和地方国有资产在结构、质量、功能等方面还存在不小差异，各地方政府也都在国资管理体制和国企改革方面开展了有益的探索，并形成了各地方特色以实现国有资本更好地服务地方经济社会发展。

1. 国资监管体系的分权制

中共十四届三中全会指出"对国有资产实行国家统一所有、政府分级监管、企业自主经营的体制"。由此各地开始了建立国资监管机构的探索，其中三个层次国有资产管理和运营体系是典型模式，即第一层级的省市政府成立国有资产管理委员会、第二层级的国有资产产权运营机构、第三层级的国有资产经营机构，该三层架构以期实现政府全社会管理者职能和国有资产所有者职能的分开、政府行政管理国有企业职能和国有资产运营职能的分开、国有资产运营职能和国有企业自主经营职能的分开。另外，国有资产管理体制改革的武汉模式（人模式）、吉林模式和天津模式（只履行出资人职责）等也得到大胆探索。

2003 年国务院国资委的成立使得国有资产管理有了明确的责任主体，国务院国资委成立后便以各种方式限制地方国企产权改革的大胆探索，在以国资委为核心的国有资产管理体制下，虽然作为国资监管机构并分别隶属于中央和地方的国务院国资委与地方国资委之间并没有上下级行政关系，但为了避免地方大型国企产权多元化改革特别是非国有化改革对中央企业形成倒逼机制等不利影响，国务院国资委还是以各种方式限制地方国企产权改革探索。如2006年国务院国资委颁布了《地方国有资产监管工作指导监督暂行办法》，要求各地国资委根据国务院国资委的文件和规定制定具体的执行法规和准则，2007年国务院国资委发布消息称将建设统一的国资监管网络系统，与全国各省市国资委监管系统实现实时链接，并且对地方国资委将以财物与产权交易为重点实现实时监控。这些规范实质上要求各地国资委要更加严格地按照国务院国资委的文件行事而不能随性理解和执行，从而制约了各地国企改革的大胆探索。

任何机构天生都具有自我强化的本能，国务院国资委垂直监管将国有经济从"块块"变成了"条条"且日趋僵化。钱颖一等撰文指出，中国经济改革比苏联经济改革成功的很重要的原因是中国经济结构是各地方能够从实际情况出发自我调整的"块块"，而苏联经济结构是灵活性不足的中央垂直管理的"条条"。实际上，我国国企改革历来都是地方先行先改以探索新路径，地方国企在改革实践中积累的成功方法、总结的失败教训对全面深化国企改革来说是非常宝贵的经验。比如从1998年开始的管理层回购改革就不是依靠自上而下的行政命令而是自下而上进行的，顺德和诸城进行了最早的试点，比如发源于广东顺德的美的集团1968年以集体所有制企业名义开始营业，1993年率先通过员工持股方式实现私有化并在香港上市，2000年美的集团完成管理层收购，2013年实现了在深圳证券交易所上市。

国有企业最初就是作为我国中央集权制度不可或缺的一部分，因此分权式改革是我国改革的主要路径之一，作为一种特殊组织的国有经济体系的动态演变实践就表现为分权，我国国企实行中央企业与地方国企的分级管理模式本身就是分权，而将传统的巨无霸式国有经济部门由政府序列转制为全民所有制中央企业并进而进行中央企业公司制改制的实质也是分权。分权的最显著特征是决策权的不断下移，国企效率低下的重要原因之一就是拥有不充分的决策权，由此可以说分权是国企改革的重要路径，政府简政放权与激励相容同步推进。我国国有资产监管体系体现着分层特征，国家、省、市乃至不少县级政府均设置了国资监管部门。基于分权角度的考虑，我国国有资产监管体系应该充分放权给地方政府，也就是国务院国资委应弱化对地方国资委的指导监督而向地方分权，分权给地方政府使得作为政府特设机构的地方国资监管机构就可先行先试并取得显著成果而形成对整体国企改革的倒逼机制。

实践中，随着国资国企改革的深化，各省级国资委和计划单列市国资委以及部分地级市国资委已经探索经营性国有资产全覆盖工作，部分地方还尝试了对文化、传媒等具有特殊属性的国有资产进行监管；也有的地方政府出于某些考虑而在政府机构改革中将国资管理机构职能转移合并至其他部门。以上海国资监管为例，国资委负责资本监管、国资流动平台负责资本运作、企业集团负责日常经营的格局基本形成；江西国资委坚持放管结合，积极转变职能，探索"三管三转"模式，以管资本为主加强国资监管；山东国资委研究起草了关于充分发挥混合所有制企业中小股东作用的指导意见以吸引非国有资本参与混改；重庆国资委通过重庆渝富集团运用资本市场、基金、AMC 等运营工具，推动集团由单一的资产管理职能向股权管理、流动增值和优化布局等资本运营功能转变，成为重庆国有股权市场化运作专业平台。

2015 年 9 月颁布的《国务院关于国有企业发展混合所有制经济的意见》提出"（八）鼓励地方从实际出发推进混合所有制改革"。2015 年 10 月中央全面深化改革领导小组会议指出：中央通过的改革方案落地生根，必须鼓励和允许不同地方进行差别化探索；基层改革创新，既鼓励创新、表扬先进，也允许试错、宽容失败，营造想改革、谋改革、善改革的浓郁氛围。2017 年全国两会期间，政府工作报告也首次提出"赋予地方更多国有企业改革自主权"。2017 年 5 月 10 日国务院办公厅转发《国务院国资委以管资本为主推进职能转变方案》明确精简 43 项国资监管事项，其中取消 26 项事项、下放 9 项事项和授权 8 项事项，这无疑放宽了国企经营权，有助于简化审批程序、激发企业活力，显然这是一个向企业分权的过程。在此之前，地方国企重组、改制、上市都需上报地方国资委并由其上报给国务院国资委审批。

2. 中央企业试点与地方国企创新

随着深化国企改革"1 + N"制度体系的日趋成型，尤其是 2014 年中央企业"四项改革试点"扩展至 2016 年国企"十项改革试点"，新一轮国企改革正从顶层设计阶段过渡到关键的贯彻执行阶段。另外，新一轮国企改革的突破口在地方国企，国企改革新经验将先从地方涌现出来，比如近年来各地积累了许多国企混合所有制改革经验。这样看来，深化国企改革采取了中央企业试点与地方国企创新相结合的模式，体现着当前深化国企改革形式的较优选择，这主要在于历史和制度层面等原因，客观上使得政策制定者每次启动国企改革都希望从顶层设计到实施细节最大限度的详尽从而尽量缩短转型阵痛期。"中央企业试点"降低了试错成本，"地方国企创新"又因地方政府兼具改革动力与能力而强劲推动着改革第一线的发挥，尤其是地方政府在顶层设计未能覆盖的领域还直接进行着自主制度创新。地方改革自主权持续增强使得地方政府主体作用已初步显现，有 24 个省、市、自治区在 2016 年初政府工作报告中对地方国企改革进行了明确部署，上海、广东、山东、江西、四川、重庆等地区相继出台国企改革方案和试点计划为改革落地提供了详细的实施措施。

总体而言，地方国企改革保持了与中央企业改革步调的一致，尤其是 2015 年 9 月《中共中央、国务院关于深化国有企业改革的指导意见》发布拉开新一轮国企改革序幕后，地方政府纷纷依托分类改革、管资本、混合所有制和国企党建等相关规范出台细化方案，各省份已出台的国企改革方案都涉及总量目标、混合所有制、企业治理结构、监管方式转变、分类管理、国资收益提升等内容。大部分已公布方案的省市都给出了时间表和具体指标，比如江西提出 5 年内混合所有制经济要占国资的 70%，重庆规定 3~5 年 2/3 的国企将发展成混合所有制；湖北省提出到 2020 年力争将全省国有资本证券化率提高到 50%，湖南省目标是到 2020 年国有资产证券化率达到 80%；江西要求国有资本收益在 2018 年前上缴比例要达到 30%，天津要求每年增加 1 个百分点；上海提出 80% 以上国有资产集中在战略新兴产业、先进制造业与现代服务业、基础设施与民生保障等关键领域和优势产业，四川提出 80% 的国有资本集中在公共服务、战略性新兴产业等重点行业和关键领域；山西省出台了《关于深化国企国资改革的指导意见》《省属国有企业发展混合所有制经济的实施意见》《山西省国有企业分离办社会职能的实施意见》《关于在深化国有企业改革中激发企业家活力的指导意见》。

当然，国企改革的地方经验也做出了有益的探索，比如地方国企分类改革在体现国企改革共性规律的同时也因各地情况不同而呈现出差异化特征。《中共中央、国务院关于深化国企改革的指导意见》将国企分为商业类和公益类，《关于国有企业功能界定与分类的指导意见》对此进行了针对性规范，由此地方政府提出了各自的分类原则。内蒙古将自治区国企分为商业竞争、特定功能和公益三类；浙江将本地国企只分成竞争类和功能类；四川将省属企业总体界定为商业类，具体划分为功能性企业和竞争性企业，其中，功能性企业细分为功能Ⅰ型、功能Ⅱ型，竞争性企业细分为竞争Ⅰ型、竞争Ⅱ型；广东则将国企分成竞争性和准公共性。地方政府对国企具体分类提供了各具特色的操作细节，如内蒙古对复杂的跨类企业界定采用业务板块定量测算，即以企业三年财务决算数据为基础，对公益类业务、特定功能类业务和商业竞争类业务的资产总额、营业收入、净利润、从业人员四项指标占企业对应指标总值的比例进行测算，定量测算结果作为确定企业类别的参考因素；山东强调主业突出原则，即凡某项核心业务功能特别突出的则依此确定企业类别，各项功能比较均衡的则考虑企业战略定位和发展目标及各类业务对企业的重要程度等因素综合确定企业类别。分类改革在国企改革中具有基础性作用，地方政府采取相对特殊的分类方式体现了在遵循中央精神的基础上"先行先试"的调整与适应。又比如福建省国资委办公会议审议通过了《福建省国资委履行出资人职责事项清单》，在以法律法规、政府授权和国资国企改革发展政策为依据对其履行出资人职责事项进行全面梳理的基础上，形成了包括31项监管事项、26项审批审核事项、7项服务事项在内的清单。

还有就是地方国企改革创新也存在着共性，比如各地要高度重视投融资平台改革，国务院2014年10月出台的《关于加强地方政府性债务管理的意见》要求地方政府不得再通过平台进行举债。推动融资平台转型已成为各级政府深化财政体制改革的必然要求，同时也对深化地方国企改革提供新路径，主要做法是通过实施资产和业务重组而推动融资平台向国有资本投资运营公司转型，辅以拓展PPP业务而充实经营性资产，实现融资平台从政府的附属机构转变为具有独立市场主体地位的国企。可以说，地方国企改革任务和中央国企改革任务还是存在较大差异的，地方国企改革要和地方债务化解、投融资平台清理、财税体制等很多问题结合起来，但这也构成了地方国企改革的一些共性。

三、国有资本市场化配置的挑战

尽管中央与地方及地方之间在国有资本结构、功能分布、国有资产质量、国有资产管理体制等方面存在差异，地方国企改革有其较大的创新空间，然而各地国企改革皆呈现"政策—文件—实践"模式，就是各地在深化国企改革的指导思想上均与中央保持高度一致，都是从改革国有资产管理体制、发展混合所有制经济、完善现代企业制度、国企功能界定与分类、加强和改进党对国企的领导等方面展开，体现了明显的"中央模式，地方参照"特征，比如各地都高度模仿中央企业改革试点而确定本地试点内容、多地提出将国有资本集中到关键领域的目标设定在"80%"以上、多地均提出提高国有资产证券化率并均给出明确的比例指标、各地都强调国企分类分层管理等。显然，地方国企改革的先试先行、探索创新还需强化，而这就不能忽视深化国企改革过程中中央企业与地方国企间关系的应有逻辑。

以现阶段探讨东北经济衰落为例，诸多观点几乎共同聚焦于东北国有经济比重大对东北地区营商环境的影响。国企当道是东北经济的典型特征，长期振兴东北计划中的国家政策、资金和项目支持主要放在以国企改组改制为重点的体制机制创新上，东北地区国企的绝对统治地位使得传统公有制经济的官僚等级制度仍然占据主导地位，国企要听命于政府安排已成为既定思维模式，形成了难以扭转的"强行政、弱市场"的体制惯性，加之东北三省的"央企大省"现实使得其资源为过于强势的中央企业绝对掌控，地方政府为了短期政绩对中央企业竭力逢迎而中央企业却可以多种方式转嫁成本给地方政府。显然，中央企业、地方国企与地方政府三者间复杂的行为关系对东北地区营商环境影响至深，国企没有成为市场经济充分主体的结果就是导致市场化不彻底，地方政府企业化与国企政府化相交织。

从更宏观层面看，国有资本天然有规模大、直接体现政府意志、对政府要求执行力强等独特优势，实施不当就导致对中国特色社会主义的中国特色资本主义、国家资本主义或权贵资本主义等诸多错误解读，进而延伸出中国特色社会主义国家治理现代化的国家治理资本主义化理解误区。这实际上也一定程度上源于国家政府本身的资本化倾向，像权贵资本主义就是官员和资本结合；又比如我国资本市场本质上由政府主导就是表象，尤其是地方政府作为资本市场参与者必然有其直接利益诉求，因此，应对国有资本进行合理约束而使其不能成为政府行政权力在经济领域的延伸。

从具体操作层面看，对国有资本进行合理约束就涉及中央国企、地方国企与地方政府间关系的应有逻辑，比如应防止出现"地方央企化"。中共中央国务院《关于全面振兴东北地区等老工业基地的若干意见》提出，要研究中央企业与地方协同发展、融合发展的政策。国资委主任肖亚庆在 2017 年年初召开的中央企业、地方国资委负责人会议上部署当年国企改革重点工作时提出，要支持中央企业间、中央企业和地方国有企业间交叉持股。地方政府也在践行着这样的要求，山西省 2017 年 6 月 22 日出台国企混合所有制改革方案，支持国企集团公司加大与中央企业、省外企业交叉持股力度，支持国企接受中央企业兼并重组。2017 年 11 月 9 日，山西省与江苏省签订送受电框架协议，江苏国信集团作为江苏省政府独资的地方最大能源投资主体将控股山西部分煤电企业。

然而，面对各地方利益诉求日益多元、各地方与中央关系的不一致，尤其是地方竞争原本就是推动中国经济高速增长的重要制度优势，而且地方国企更易受行政干预的影响，由此对于地方国企与中央企业联合问题就值得深入探讨，两者间的关系实际上体现着中央和地方的利益协调问题。混合所有制改革作为国有经济布局调整的一种最重要手段更倾向于国有资本与不同所有制资本的联合，而同为国资背景的国企间交叉持股对改变"股权一家独大"、防范管理层内部人控制等作用有限，一定程度上限制了混合所有制国企向充分市场经济主体的转型，同时对充分调动地方政府积极性，发挥地方信息优势及首创精神以激发经济活力都会造成负面影响；甚至可能为了特定利益而影响公共政策的制定与执行。总之，现阶段对国有资本的这种制度安排应确保其有助于降低全社会交易成本，相关配套机制构建还是必需的，比如混合所有制国企信息披露制度。

主要参考文献

［1］原诗萌：《地方国企分类改革分析报告》，载于《国资报告》2016 年第 12 期。

［2］朱梓烨：《市国资委们的"老大难"》，载于《国资报告》2016 年第 1 期。

［3］刘青山：《地方国资监管版图变阵》，载于《国资报告》2016 年第 8 期。

［4］陈灏、杨毅沉、王炳坤、李美娟、叶锋：《"不惜得罪中央部委"！地方国企改革原来这么给力》，载于《经济参考报》2016 年 12 月 28 日。

［5］李保民：《央企与地方对接五大优势》，载于《现代国企研究》2010 年第 1 期。

〔6〕陈列强：《把握规律深化央企对接》，载于《浙江经济》2013 年第 20 期。

〔7〕曹煦：《地方国企改革怎么搞？国企出身的省长们有高招》，载于《中国经济周刊》2016 年第 4 期。

〔8〕黄范章：《国有资产管理体制中的中央与地方的关系》，载于《中国经济时报》2005 年 10 月 31 日。

〔9〕康怡：《地方国企成央企主战场之一 地方盼加大投资》，载于《经济观察报》2012 年 1 月 6 日。

〔10〕邢莉云：《央企掀控制地方国企潮 交易规模可能达 7 万亿》，载于《21 世纪经济报道》2009 年 12 月 29 日。

〔11〕曾丽园：《加强中央企业与地方政府战略合作》，载于《证券导报》2016 年 4 月 7 日。

〔12〕李少林：《央企与地方国企争夺稀土采矿权》，载于《中国证券报》2012 年 3 月 8 日。

〔13〕黄淑和：《地方国资监管要做好"五篇文章"》，载于《首都国资》2015 年第 1 期。

〔14〕彭旺贤：《以融资平台转型为核心推动地方国企改革》，载于《首都国资》2015 年第 3 期。

〔15〕楼继伟：《深化财税体制改革 建立现代财政制度》，载于《求是》2014 年第 20 期。

〔16〕郑永年：《中国央地关系向何处去？》，载于《联合早报》2018 年 1 月 30 日。

第十五章

北京国资与国企改革：总体方略、路径选择与机制创新

　　2017 年北京市国资委系统构建了"1 + 31"改革政策体系，出资人监管权力和责任清单将审批事项精简至 31 项、精简优化监管事项 61 项；全系统实施 4 个一级企业重组项目，减少 6 户一级企业，119 家子企业完成混合所有制改革而引入非公有制资本 331.4 亿元，6 家企业员工持股试点有序推进，积极推进 6.4 万名退休人员社会化管理，累计移交 867 万平方米非经营性资产；分类处置僵尸企业 90 家，压减企业法人 349 户，都超额完成全年目标；超额提前完成"疏解整治促提升"专项行动任务，疏解面积 282.6 万平方米、人口 9.82 万人；开展 8 户企业领导人员经济责任审计，延伸审计企业159 户；全系统深化中央、市、区三级国有企业合作，全年开展合作项目 68个，涉及金额 872.6 亿元；加大国有资本经营预算对"高精尖"产业和科技创新的支持力度，开展科技型企业股权和分红权激励试点，推动市属企业与中关村企业创新合作，达成合作项目 50 余个；市国资委直接出资企业全部完成了公司章程、党委会议事规则和"三重一大"决策制度修订工作，全部实现党委书记、董事长"一肩挑"。

　　北京市人民政府 2018 年《政府工作报告》明确提出："完善国有资产管理体制，做好国有资本投资和运营公司试点，加快国有经济布局调整和战略重组，推动国有资本做强做优做大。大力压缩国有企业管理层级，发展混合所有制经济，推动一级企业整体上市或主业上市。"北京市国资委系统 2018年力争实现资产总额 5 万亿元、归属母公司权益 1 万亿元、利润总额 100 亿元的发展目标；全年计划减少企业法人 700 户左右，退出城内六区低端低效企业和工业企业 40 户以上，处置僵尸企业 50 户以上；推动 10 户左右科技型

企业实施股权和分红权激励试点；推动 2～3 个一级企业重组项目，力争年底员工持股试点范围达到 10 家；市属企业信息披露系统年内上线运行；市国资委党委将更加注重科学统筹、标本兼治，更加注重分类指导、精准施策，更加注重与时俱进、开拓创新，努力探索具有首都国企特色的党建新路径。

首旅集团改组国有资本运营公司试点、首钢深化改革综合试点、京粮集团与珠江控股专业化重组、首农股份入选国家第三批混改试点、金隅股份与冀东集团战略重组等深化改革实践使北京市国企改革目标、方向和路径清晰起来，北京市国企要通过改革创新走上高质量发展之路。当然，北京市国企深化改革依然面临着种种挑战。2017 年 11 月 1 日十二届北京市委开始对 24 家市属国企进行第二轮巡视，发现 9 家国企"疏解整治促提升"工作不力，如北京隆达轻工控股有限责任公司执行"疏解整治促提升"专项行动站位不高、行动迟缓；11 家国企或二级企业选人用人不规范，如城乡商业（集团）股份有限公司选人用人问题突出，制度落实不严，干部队伍结构失衡；6 家企业存在违规兼职问题，如北京粮食集团有限责任公司履行干部选任程序不严，违规兼职、因私出国（境）等专项治理工作不到位；17 家国企存在违反中央八项规定精神问题，如北京对外经贸控股集团有限公司下属企业违反中央八项规定精神现象和"四风"问题依然突出。

一、北京市国企改革总体方略

截至 2017 年年底，市属企业资产总额突破 4.5 万亿元，营业收入、利润总额分别同比增长 19.3%、32.9%，均高于全国国有企业平均水平，创历史新高；截至 2016 年年底，北京市属企业实现营业收入 12 257.6 亿元，同比增长 15%；实现利润 664.5 亿元，同比增长 16.2%；已缴税费总额 917.9 亿元，增长 26.4%。财政部数据显示，2016 年全国国有企业营业总收入同比增长 2.6%，利润总额同比增长 1.7%。显然北京市属企业主要经济指标增速明显高于全国国有企业平均水平，位居四个直辖市之首。2016 年市属企业资产总额、所有者权益分别为 39 325.9 亿元和 13 026.9 亿元，同比分别增长 15.3%、16.5%；2016 年北京市属国有企业共退出僵尸企业 55 户，2017 年全年目标是退出 50 户以上僵尸企业，2016 年通过国有资本经营预算为僵尸企业退出工作提供资金支持近 2 500 万元；北京市国资委系统推动高端轨道交通装备、新能源开发利用、大环保产业等 15 个产业转型重点任务以加快培育新增长点从而聚焦"高精尖"经济结构；国有资本经营预算用于支持疏解任务和产业项目建设资金占年度预算支出 1/3 以上，2017 年市国资委系统要完成钢铁、煤炭和水泥过剩产能化解任务和加快机器人创新产业基地、新能源智能汽车产业园建设，持续打造曹妃甸协同发展示范区、京津合作示范区等首都产业转移承接平台，加快推进曹妃甸首钢京唐二期、京唐城际铁路等重大项目建设。

1. 北京国企改革路线图与基本做法

北京国企在首都社会经济发展中一直扮演着举足轻重的角色，而北京国企改革也在持续进行，通过对市属国企"调改剥退""调改合创"逐步形成了以基础设施、公用服务业为基础，以现代制造业和现代服务业为支柱，战略性新兴产业初具雏形的国有经济布局。北京市 2014 年 8 月 5 日出台的《关于全面深化市属国资国企改革的意见》，明确了新阶段北京国资国企改革的指导思想、基本原则、发展目标、政策措施和实现路径。这份文件充分体现了北京市属国企的根本职责就是要紧紧围绕首都经济社会发展的需要而发挥作用。为实现这样的目标，该文件围绕三个方面展开：其一是国有资本布局调整，就是到 2020 年将 80% 以上国有资本集中到提供公共服务、加强基础设施建设、发展重要前瞻性战略性产业、保护生态环境、保障民生等领域，国有资本要在保障城市安全运营、治理"城市病"、推动京津冀协同发展等方面发挥积极作用；其二是一级企业股权多元化，就是推进具备条件的一级企业实现整体上市，使上市公司成为国有企业发展混合所有制经济的主要形式；其三是国资国企监管方式改进，就是以战略执行一致性、财务真实性、人员履职合规性为主线加强对企业的监督管理，尤其是对混合所有制企业实行更加市场化的监管机制。

北京市政府 2015 年 3 月 10 日印发的《2015 年市政府工作报告重点工作分工方案》对国资改革任务给予了详细部署，提出"出台市属国资国企改革实施规划和配套政策，妥善解决国有企业历史遗留问题，推动市属企业与中央企业、中关村高新技术企业合作发展，提高国有资本证券化率"。2016 年 8 月 10 日北京市国资委发布《北京市国资委国有经济"十三五"发展规划》，提出北京"十三五"期间将打造 10～15 家国内行业领先、实力强、规模大、品牌好的上市公司，每家竞争类企业至少控股 1 家上市公司；除此之外，还要进一步深化改革，推进企业改制上市。2016 年 8 月 30 日北京市国资委宣布启动首发集团和公联公司合并重组。为进一步提高市属国企运转效率，北京市国资委出台了《关于加快推进劣势及不符合首都功能定位的国有企业退出工作的指导意见》，六类不符合首都功能定位的企业被纳入退出名录。

2016 年 12 月北京市出台了《关于市属国有控股混合所有制企业开展员工持股试点的实施办法》，提出了要坚持五方面原则，即依法合规、公开透明；试点先行、稳妥推进；自愿参与、风险共担；以岗定单；科学管理、放管结合。分别从员工范围、出资来源、出资方式、入股价格、持股比例、持股方式、收益和损失、流转和提出、股权管理主体和股权管理方式十个方面进行了详细的规定。北京市员工持股试点工作主要集中在新能源、生活服务业、文化创意产业等领域的竞争类企业，初步将北汽新能源、庆丰包子铺、正达坤顺等 6 家企业作为试点。2017 年北京市将围绕供给侧结构性改革重点任务，着力强化创新驱动，深入推进改革试点，增强国有企业发展活力，确保完成各项改革任务。一是围绕城市可持续发展加快推进改革，在"调""治""进""去"上下功夫；二是围绕国有企业提质增效加快推进改革，深化市属国有企业与中关村企业的合作，深化央地合作，大力推进降本增效、做好疏解腾退空间的再利用；三是围绕防止国有资产流失加快推进改革；四是围绕从严落实治党责任加快推进改革。

总体而言，作为地方国企改革的"排头兵"，北京市国企改革进程亮点纷呈，尤其是形成了"1+31"的制度体系。比如已经颁布了《关于改革和完善国有资产管理体制的实施意见》《北京市剥离国有企业办社会职能和解决历史遗留问题实施方案》《关于市属国有企业发展混合所有制经济的实施意见》《关于贯彻落实〈企业国有资产交易监督管理办法〉的意见》《关于进一步完善市属国有企业法人治理结构的实施意见》《北京市市属国有企业领导人员经济责任审计工作管理办法》《关于市属国企履行社会责任的指导意见》《关于在深化市属国有企业改革中坚持党的领导加强党的建设的若干意见》《北京市关于加快培育和发展战略性新兴产业的实施意见》《关于加强市属国有企业信息化工作的指导意见》《关于进一步加强市属国有独资公司外部董事管理的意见》《北京市市属国有企业内部经济责任审计工作管理办法》《国有资本经营决算草案编报暂行办法》《国有资本经营预算支出绩效评价管理暂行办法》《关于加快推进劣势及不符合首都功能定位的国有企业退出工作的指导意见》《关于国有控股混合所有制企业开展员工持股试点的意见》《关于市属国企履行社会责任的指导意见》《市属国有企业开展职业经理人试点工作方案》《北京市国资委出资人监管权力和责任清单》《推进京津冀国有技术类无形资产交易加快创新成果转化的工作意见》等。

2. 北京市国企改革与国有资本出资人体系

北京市国资国企监管体系在改革深化过程中日趋完善，比如在全国率先建立国有资本经营预算制度、健全以董事会建设为核心的法人治理结构、监事会监督检查、经济责任审计、廉政风险防控、总法律顾问制度、国有资产统计等监管的全覆盖；提出到 2020 年 80% 以上国有资本集中到提供公共服务等领域，国有资本证券化率力争达到 50% 以上；明确北京市属国有企业将分为城市公共服务类、特殊功能类、竞争类，其中 60% 的资本分布到城市公共服务和特殊功能领域，竞争领域以战略支撑企业为主，国资增量一般不再以独资增量方式进入完全竞争领域；混合所有制的重点集中在一级企业，鼓励国有资本与创投基金、产业投资基金等共同设立股权投资基金，积极参与国企改制上市、重组并购等；国有资本投资运营公司则倾向在现有一级企业的基础上改组改造具备条件的企业；研究制定了职业经理人、薪酬分配差异化、分类收缴国有资本收益等多项改革试点方案等。

北京国企改革成绩的取得有必然性，这主要体现在具体改革路径的确定上，即北京国资委以出资关系为基础行使权利并履行职责，着重围绕关系出资人权益的重大事项和履行出资人职责的重点环节制定出资人审批事项清单，以控制资本投向、优化资本结构、规范资本运作、提高资本使用效率和效益为重点。实际上，北京早在 2008 年就成立了国有资本经营管理中心，该中心成立至今已经有力地贯彻落实了北京市委市政府的战略意图，成为以市场化方式运营配置国有资本以实现调结构、保民生、促发展的重要平台。2001 年 4 月，按照现代企业制度正式改制重组设立了北京市国有资产经营有限责任公司对北京市重要的国有资产进行经营和管理；2014 年，成立了政府背景的京国瑞国企改革发展基金参与北京市属国资国企重大股权投资。显然，这些实体已经为国有资本出资人体系及广义会计制度安排打下了良好基础。

　　然而理论上这种做法仍然没有到位，国有资本授权经营模式实践也有待规范。比如北京市国资委 2017 年 7 月 14 日组织召开了公交集团出资人（扩大）会议，市国资委领导班子成员与市发展改革委、市财政局、市交通委、市安监局等相关领导出席会议，特邀部分人大代表、政协委员、行业专家、媒体及社会公众代表参加会议。公交集团董事长王春杰代表董事会报告企业工作情况，相关委办局围绕各自职能就公交集团未来发展模式、资金使用、安全生产等多项重点事项进行了沟通交流；人大代表、政协委员及行业专家从不同角度对公交集团生产运营、日常管理提出了意见建议；社会公众和媒体代表积极为公交集团不断提高服务质量出谋划策。公交集团董事会对参会代表所提问题进行了积极回应，对相关意见建议进行了说明或采纳。不难看出，公交集团是作为城市公共服务类国企定位的，因此，政府机构、社会组织等利益相关者都是以各自名义所有者身份全面参与社会监管，这是国有资本监督社会化的基本实现形式，但并不能由此替代国有资本所有权社会化。

　　可以认为，公交集团该项活动混合了国有资本监管、国有资本运营与国有企业监管，这种对国有资本授权经营模式的实践有待理论辨析。国有资本所有权社会化实现路径存在多层面选择，我国现阶段新国有资产管理体制的基本运行是，政府接受人大委托而由国资委代行出资人权力，显然人大受托于全体国民在政治层面具有天然社会性，政府及作为政府特设机构的国资委受托成为国有资本出资人并取得经济层面的国有股东身份，国有资本投资运营公司及实体产业集团在国有资本授权经营体制下获取部分国有资本出资人职责而市场化运作国有资本，既然要市场化运作国有资本则所获出资人职责就应以创新的治理结构来支撑，换言之，就是这类国有资本市场化运作专业平台是需要国有资本所有权社会化还是国有资本监管社会化的选择问题。

　　理论上，我国设立国有资本投资运营公司履行国有资本出资人职责一定程度上嫁接了投资基金中的机构投资者功能，从而实现了平台公司作为企业主体的运作理念市场化与操作团队专业化。中国诚通集团和中国国新主要管理 4 只基金，总规模合计 8 500 亿元，初步形成了系列化、差异化、协同化运营公司基金系，比如中国国有企业结构调整基金、中国国有资本风险投资基金已经开展实质性的运作。各地方的政府投资引导基金的运作模式虽然不完全相同但具有一定相似性，比如重庆战略性新兴产业股权投资基金通过205 亿元国有资本权益撬动了 6 000 亿元产业投资。显然，国有资本投资运营公司以投资基金形式对特定国有资本运作本质上还仅体现为一种操作工具的使用，该操作工具以外的大量直接投资项目还需要从国有资本投资运营公司治理结构、商业模式与管控体系进行整体设计。

3. 北京市国企改革同构性与异质性的均衡

北京作为国家首都定位于政治中心、文化中心、国际交往中心、科技创新中心，由此国有资本应围绕四个中心的建设来研究确定作用方向、集聚领域，加快调整功能结构，实现有序进退。也就是说，北京因担负着特殊使命和任务而在国企改革方面较其他省份需要考虑更多的因素，比如市属国有资产与中央企业间的协调。北京市经济结构以金融服务业为主，然而为北京提供经济贡献的企业很多却非市属国企，如大型国有银行、在京中央企业、全国性企业北京总部等，因此，北京国资改革在涉及北京经济发展模式调整和变化时应考虑对本地国有资产利益保护问题；另外，市属国有资产涉及京津冀一体化合作等方面内容，因此，必将推动北京国企混合所有制改革与京津冀协同发展的整体战略相一致。这样看来，北京国资国企改革不会像全国其他地区那样有激进表现而可能呈现出比较大的历史惯性，但可以肯定的是，北京国资国企改革思路和方式在北京定位为"全国政治中心、文化中心、国际交往中心、科技创新中心"的基础上形成具有自身特色的模式。

和其他省份相比，北京有明显的区位优势，能够借助京津冀协同发展战略深化改革。推动京津冀协同发展是党中央制定的国家重大战略，《京津冀协同发展规划纲要》2015 年正式发布，因此，北京国有经济发展与京津冀协同发展要融合，统筹利用市属国企资金、技术、土地等资源优势在区域内合理布局和优化配置，努力提升市属国有经济质量效益。比如北京市属的金隅集团 2016 年与河北省属的冀东集团实施战略重组，重组后，金隅股份将持有冀东集团 55% 的股权，水泥熟料产能将超过 1.1 亿吨，跻身全国前三。北京市副市长阴和俊表示，这是京津冀产业协同发展的一次有益尝试，得到了习近平总书记"方向十分准确"的评价。另外，北京作为国家首都拥有中央企业资源又同时背靠中关村企业人才优势，从而使北京市属国企混合所有制改革拥有了更多创新空间，比如将中关村新型经济体以及行业经验与传统市属国企嫁接从而提高北京国有资产竞争力，因此，就有了北京市国资委与中关村管委会共同出台了《推动市属国有企业与中关村加强合作的实施意见》，双方将推动市属国企与中关村在节能环保、新一代信息技术、智能制造、新一代智能汽车、轨道交通、互联网金融、大数据与云计算、生物技术等重点领域开展合作。还有就是北京具有明显的科技优势，有助于加强国有企业与科研院所的合作。这些角度都表明北京市属国企改革要在同构性与异质性间取得均衡，这也构成了北京国企改革的最大特性。

二、北京市国企改革具体路径

我国国企改革经验表明，地方政府拥有更多国企改革自主权有助于发现更有效的国企改革路径。就北京市深化国企改革而言，政策层面已经形成了较为完善的"1＋N"制度框架，国企改革试点层面已经形成深化董事会建设、分类考核、国有产权流转、信息公开试点等近20项可复制推广的改革经验，监管体制层面已经科学界定了政府、国资委、国有资本出资人、国有企业之间的边界。总体上看，北京市国企改革形成了较丰富的规章制度与政策文件成果，国企改革实践也较好地激发了企业活力，比如北京市39家重点骨干企业全部建立了董事会且竞争类企业基本实现外部董事占多数；北京市国资委直接出资的44家企业中设有董事会的企业全部实现了党委书记和董事长由一人担任；北京已有50余家市属国企通过公开选拔、内部竞聘、竞争上岗、人才招聘等方式选聘158名经理层人员并实行了与选任方式、企业功能性质、经营业绩等配称的差异化薪酬体系等。

然而不难看出，北京市国企改革具体路径的总体特征是向上对接中央政策、向下立足首都城市战略定位，这使得政府对国企改革从政策到实践都具有明显的强力推动作用而市场经济规则被动附带引入，也就是说地方国企尚未成为真正的改革主体，换言之，国有资本出资人制度未真正建立，体制层面的具体表现就是国有资本投资运营公司改革成效一般化，这也揭示了党的十九大报告提出的改革国有资本授权经营体制的缘由。现阶段国资监管部门还囿于选择怎样的试点企业承担有关国企改革的重点内容并要求试点企业主动推进自身的相应改革，这样试点工作就演变成为试点企业集团内部管控机制设定或者仅仅是企业集团总部职能优化变革，国有资本出资人体制机制创新也就无法达成，其后果就是阻碍了市场在资源配置中的决定性作用和更好地发挥政府作用间的结合。

1. 做强做优做大国有资本的微观实现

《中共中央、国务院关于深化国有企业改革的指导意见》明确提出"做强做优做大国有企业""培育具有创新能力和国际竞争力的国有骨干企业"，而中共十九大报告首次提出"做强做优做大国有资本""培育具有全球竞争力的世界一流企业"。显然，从"国有企业"转变为"国有资本"更加匹配国有资本授权经营体制，进而有利于完善产权制度和要素市场化配置。理论上，任何企业的实物形态仅仅是资本价值形态的具体载体，究竟选择以企业形态还是以资本形态引领整个社会价值创造取决于相应的经济体制。传统观念上，国有企业是国有经济的唯一载体，并且以社会基本经济单元方式放大国有资本功能，这表现为国有企业一定程度上包办了社会职能，从而就形成了传统国有企业的政策性负担以至于预算软约束的经济后果。新国有资产管理体制下的国有资本授权经营体制则强调了国有资本对价值创造的引领作用，通过提高国有资本配置和运行效率来增强国有经济活力、控制力、影响力和抗风险能力。实际上，新国有资产管理体制的"管资本"特性也更有利于国有企业回归企业本质，进而实现公平竞争的营商环境。另外，以资本方式引领价值创造必然要求各类资本在企业组织内部的科学配置，尽管国有资本在特定企业组织类型中处于控制地位。这样，国有资本与其他各类资本的共同缔约也就加速释放国民共进红利，国企民企融合发展总趋势促成了"国有骨干企业"向"世界一流企业"的转变。2017 年，中央企业集团层面完成公司制改制是这一转变的直观体现，充分利用现代公司治理机制明晰国有资本的地位，实现国有资本在公司法调整下的保值增值。

从宏观经济政策到微观企业行为间的理论框架来看，我国经济高质量发展、深化国企改革"1 + N"政策体系、培育具有全球竞争力的世界一流企业间有着内在逻辑关系，三者间的联结性制度就是新国有资产管理体制下国有资本出资人体系，这也符合国企改革从国营企业到国有企业再至国有资本的深化逻辑，即用资本权属来界定企业所有权性质。现阶段就是国资委将国有资本权力授权给投资运营公司与实体集团而构造出新的市场化国有资本经营主体。该体系宏观层面为做强做优做大国有资本，微观视角是国企改革"1＋N"政策体系具体化为企业要素并借助国有资本出资人广义会计安排得以实现。国有资本出资人广义会计安排具有如下特征：首先，国有资本出资人会计主体有效联结了国家权力与市场规则；其次，国有资本出资人广义会计更具有以深化国企改革顶层设计为导向的整合性；再次，国有资本出资人广义会计不仅能读懂"1＋N"政策体系，并且会通过自身变革创新国企改革理念与提升改革实践，尤其是其实践作为已高度信息化的可视性产权工具会有助于改革路径智能化；最后，"1＋N"政策体系也使得国有资本出资人广义会计在国有经济领域具有了明确的政治站位，实现国际趋同与国家特性会计治理双轮驱动。

2. 国有资本与市场经济相融合的机制

深化国企改革的国有资产资本化管理模式要求履行出资人职责机构成为真正的市场化主体，《中共中央、国务院关于深化国有企业改革的指导意见》提出，国有资产监管机构授权国有资本投资运营公司对授权范围内的国有资本履行出资人职责。总体上讲就是依法落实国有资本投资运营公司董事会职权，即由其董事会审议决定公司经营方针、全面预算管理，决定公司投资、融资、产权转让、增资、资产转让等重大事项，决定公司高管的选聘、解聘及薪酬待遇等；应构建完善的资产管理、股权代表管理、全面预算管理、审计监督管理等制度。国有资本投资运营公司作为国有资本市场化运作专业平台依法自主开展国有资本运作，对所出资企业行使股东职责。通过开展投资融资、产业培育、资本整合，推动产业集聚、转型升级和布局结构优化实现地方政府战略意图；通过股权运作、价值管理、有序进退等方式，促进国有资本合理流动，实现国有资本保值增值。

另外，《中共中央、国务院关于深化国有企业改革的指导意见》又明确要求"正确处理好顶层设计和尊重基层首创精神的关系"。统计显示，各地国资委截至 2017 年年底共改组组建国有资本投资运营公司 89 家，其中，重庆渝富资产经营管理集团有限公司、上海国际集团资产管理有限公司与上海国盛（集团）有限公司、深圳市投资控股有限公司等都是基层首创的典型示范，然而基层首创也呈现出一些乱象，比如有些省市以行业龙头国企为主体将行业国企归并而组成像机械、水务等产业单一的专业化平台型公司；部分省市国有资本投资运营公司功能定位不清晰，投资运营业务实行一体化运作；各省市纷纷启动打造"地方版淡马锡"行动计划等。由此可见，各级地方国资委面对国有资本投资运营公司新举措仍然存在诸多问题，这实际上表明国有资本投资运营公司兼具宏观与微观层面的双重改革，是设立这类平台公司应遵循的逻辑，然而现实恰是其微观层面改革被忽视。

作为地方政府功能性公司的国有资本投资运营公司更应剥离国有资本的政策性任务而专注于市场化业务，具体做法就是将国有资本经营权授权到位，然而总体上看，现阶段仍然是各级国资委组织指导企业编制"一企一策"方案并定期检查，国资监管机构仍然实行行政手段与市场化手段相结合的管控方式，因此，要进一步厘清与国资监管机构的界面关系，创新监管授权的"负面清单"机制，制定专门针对两类公司的监管负面清单。比如"一企一策"推进是由国有资本出资人还是履行出资人职责机构进行？目前看来还是由国资监管机构主导。又比如履行出资人职责机构能否由其董事会将出资人代表与职业经理人截然分离？等等。这些问题的实质是国有资本投资运营公司得到充分有效授权。

三、北京市国企改革现实突破口

我国能在中央集权的政治体制下发展充满活力的市场经济的重要制度安排就是创新国有资本授权经营体制，这就涉及最基本的三层面内容。其一是强化国有资本所有权监督管理的权利与责任的内容，这就是要形成出资人监管权力和责任清单；其二是履行国有资本出资人职责机构的营运体制，这就要形成国有资本投资运营主体；其三是拥有充分国有资产经营权的企业。实际上，中共十五届四中全会通过的《中共中央关于国有企业改革和发展若干重大问题的决定》就首次在中央文件中提出授权经营的概念，基本认同授权经营管理体制，明确了所有权与经营权概念。授权的目的是赋予企业更多自主权，这是通过两层次授权实现的，首先是政府对国资委"出资人"身份授权，也就是说所有权不在授权之列；其次是国资委对"经理人"经营权限授权，当然特定情形下也有必要充分授予经营者部分出资人权利以利于实现国有资本保值增值目标。

党的十九大报告提出，建立授权经营体制而不是明确所有权范围，2018年《政府工作报告》则从建立权责清单入手进入操作阶段。从地方深化国企改革实践看，云南省国资委印发了《云南省国资委履行出资人职责事项权利责任清单（暂行)》，规范了省属企业报送审核审批备案报告共计26事项；成都市国资委出台了《出资人监督权力清单2018年版》《出资人监督责任清单2018年版》《出资人服务事项清单2018年版》"三张清单"；《湖北省国资委出资人监管权力和责任清单》确定了18项出资人职责；《黑龙江省国资委监管事项权力清单》则涉及25项监督管理事项和7项发展改革事项；《海南省国资委出资人审批事项清单》提出了18项出资人审批事项；合肥市《市国资委政府权力清单和责任清单》规范了9个方面的责任事项；《北京市国资委出资人监管权力和责任清单》指向了具有较强约束力的决定、审批、核准、审核、监督类权责31项。

显然，在清晰界定国有资本所有权范畴后就应设计市场化国有资产监管机构指令的实施机制，就是将出资人指令与企业决策机制有机结合起来，现阶段是通过具有规范的法人治理结构的国有资本投资运营公司作为平台具体执行。以国资改革引领国企改革是基础性关键任务，中共十八届三中全会决议所提的"以管资本为主加强国有资产监管"是一个原则性表述，国有资产管理体制从"管人、管事、管资产"为主转变为"管资本"为主并不意味着国资监管机构对"管人"或"管事"的完全放弃，"管资本"是通过市场化和法制化的手段行使这些职责，直接后果就是将这些活动高度的资本化后由相应的市场机制规范，比如依赖于职业经理人市场的国企经营性干部的选择、员工持股计划下的人力资源资本化等。换言之，深化国企改革的实质是重新确定国企契约关系，尤其是国有资产管理体制的核心转为"管资本"，由此国企必须建立起市场化资本规则框架，只有这样才能打破国企与民企间存在着两种价值体系及行为规则的状况。

通过国有企业改革构建高质量发展的微观基础是总体思路，具体而言，企业集团层面按照公司法注册完成公司制改革是国有资产资本化的基础，加之地方国企在改革与市场中的位置更基础、更前沿、更具阵地性，因此，北京国企的微观视角深化改革核心就是让国企回归现代企业本质。北京市国企深化改革现实突破口的选择导向也正是资本化，这主要表现为三个层面的协同推进。

其一是政府层面推进国有资产资本化以实现国有经济范畴内构造独立市场经济主体。北京市国企人力资本机制的渐成，2017年3月北京市国资委初步选定北京新能源汽车股份有限公司、北京正达坤顺技术检测有限公司、北京市建筑设计研究院深圳院、北京798文化创意产业投资股份有限公司、北京庆丰包子连锁企业、北京城建设计发展集团股份有限公司六家企业作为员工持股试点。2017年12月北京市政府印发的《关于进一步激发重点群体活力带动城乡居民增收的若干政策措施》提出，加快推进国企职业经理人制度改革，实行市场化选聘职业经理人及薪酬分配机制；北京市国资委先后出台了《市属国有企业开展职业经理人试点工作方案》和《关于在市属企业开展职业经理人试点有关工作的通知》，并以下发的《关于组织开展职业经理人试点工作的通知》对绿色动力环保集团股份有限公司等27家企业开展试点职业经理人工作。2017年9月国务院发布的《关于营造企业家健康成长环境弘扬优秀企业家精神更好发挥企业家作用的意见》明确提出国有企业家概念并对其地位、作用进行了多方面阐释。显然，从员工持股计划到职业经理人再到国有企业家概念的提出，本质上是承认与计量国企人力资本产权，以此为基础就可以开展落实董事会职权、职业经理人制度、薪酬分配差异改革等综合性改革。

其二是在国企微观层面实施资本机制的同时，全面加强国企党的建设以构建中国特色现代国有企业制度，实现党的领导和完善公司治理有机统一。这涉及落实党组织法定地位、完善重大问题决策机制、直接出资企业全部完成公司章程及党委会议事规则和"三重一大"决策制度等内容，尤其是探索加强国有资本投资运营公司党建工作的方法途径。匹配于北京市国企深化改革微观视角的资本化回归，北京市国资系统在国企党建方面起到了应有的导向作用。金隅股份上市后便重新修订完善党委会、董事会、经理层议事规则，健全决策沟通机制和决策程序，形成了完整的决策体系，为党组织发挥核心作用奠定了坚实基础，比如通过修订基层党组织目标管理考评量化指标和评价办法而形成了覆盖全系统各层级基层党建考核评价体系。京粮集团制定了《党建责任树形结构目录清单》，构建了集团党委主导体、基层党委执行体、党总支或党支部及党小组层级执行体、党员最终执行单元的体系。京煤集团党委在全系统深入开展了"三基九力"（基层、基础、基本功；团队凝聚力、亲和力、执行力、管控力、经营力、现场力、创新力、学习力、文化力）活动。但就国有企业党的建设而言，重视程度越往下越低、责任链条越往下越虚、压力传导越往下越小、基础保障越往下越弱现象较普遍存在。

其三是国企监管体制应与社会主义现代经济体系相匹配，形成国资与国企的改革协同以实现国资改革带动国企改革。企业所有权国有制特性使得国有股存在于超复杂的行政性上下级关系的委托代理链条中，国资监管具有了更广义的外延，表现为行政监管与股东监督并行过程中更偏向国家机构行政监管，监管内容不仅涉及国有股的资产财务方面而且还包括安全生产、人事、纪律等方面，其实质就是重行政机构而轻市场化出资人机构。《中共中央、国务院关于深化国有企业改革的指导意见》和北京市《关于全面深化市属国资国企改革的意见》均先后提出，国有资产监管机构要"建立监管权力清单和责任清单，实现以管企业为主向以管资本为主的转变"。新国有资产管理体制"管资本"模式定位于做强做优做大国有资本，而改革国有资本授权经营体制将传统的基于政府权力的行政监管体系向国有资本出资人财产权利保护转化，《北京市国资委出资人监管权力和责任清单》明确了北京市国资委应履行的出资人职责，由此应以国有资本出资人制度为核心整合企业监管力量以确保国有资本做强做优做大。

主要参考文献

［1］袁东明：《地方国有资本投资运营公司探索实践》，载于《财新网》2016 年 10 月 26 日。

［2］王仲兵：《成本控制系统建构研究》，经济科学出版社 2008 年版。

［3］张贵林：《不断开创首都国资国企改革发展新局面》，载于《首都建设报》2018 年 3 月 28 日。

［4］北京市国企党建研究会课题组：《如何层层落实国企党组织管党治党责任》，载于《首都建设报》2018 年 3 月 23 日。

［5］赵林华：《开创新时代首都国企党建新局面》，载于《首都建设报》2018 年 3 月 5 日。

［6］陈清泰：《国企深层次体制问题要靠企业制度来解决》，载于《首都建设报》2017 年 3 月 6 日。